정영완 대학에서 회계학을 전공하고, 주식투자의 세계가 매력적으로 보여 증권계에 발을 들여놓았다. 대신증권을 거쳐 1995년 삼성증권에 입사하였다. 10년간의 현장 영업과 5년간의 지점장을 거쳐 현재는 삼성증권 투자전략담당으로 재직 중이다. 국내외 투자시장 동향을 분석·전망하여 올바른 투자 문화를 선도해나가고 있으며, 사내 직원 및 일반투자자들에게 자산배분을 통해 재테크 전략을 수립하는 데 도움을 주고 있다.

35세 때 국내 최연소 지점장으로 발탁되었으며, 2006년에는 국내증권계에 이바지한 바가 인정돼 증권협회 공로상을 받았다. 또한, 2001년, 2007년 두 차례에 걸쳐 매경 증권인상 금상을 수상하기도 하였다. 투자포럼 및 강연회를 통해, 자신의 투자마인드와 투자비법을 수많은 투자전문가와 개인투자자에게 전파하고 있어 〈자산관리〉, 〈장기투자〉 최고의 전문가로서 명성을 얻고 있다. 각종 언론 기고와 일반투자자들의 성공을 돕는 재테크 강연을 통해 대중들과 함께 호흡하고 있다. 저서로는 《내 인생의 30년 부를 결정짓는, 명품 투자학》이 있다.

도움 주신 분 : 김도현 연구원

경영학을 전공하고, MBA, State University of N.Y at Buffalo를 졸업하였다. 동부증권 국제부 입사를 시작으로 증권계에 발을 들여놓았으며, 2000년 삼성증권 투자정보파트에서 시황분석, Research Coordinator 업무를 담당하기도 하였다. 현재는 일반투자자와 PB를 대상으로 증시의 흐름에 대한 분석지원과 컨설팅 업무를 주로 맡고 있다.

1% 주식부자들의
이기는 투자법

정영완의
TOP-DOWN
톱다운 전략

정영완 지음

다산북스

영업 현장의 경험에서 만들어진
투자원칙과 철학

2008년 8월, 코스피지수가 1,400pt대까지 내려앉았다. 불과 몇 개월 전에 2,000pt대를 찍었는데 이후부터는 '나날이 바닥권'만을 향해 달려가고 있다. 이 지수대는 과거 2007년 4월 수준으로 회귀한 것이다. 이렇듯 5년에 걸친 증시의 활황기가 끝나면서 2007년 후반부터 2008년 8월까지의 1년은, 투자자에게 공포스러운 시장상황과 실망스러운 수익률만을 안겨주었다.

그렇다면, 왜 이렇게 주식시장이 바닥을 향해 달려가고 있는 걸까? 고유가에 취약한 한국 경제, 최장 기간 동안 매도세를 보이고 있는 외국인투자자들의 주식매도, 물가상승으로 인해 둔감해진 경기, 미국 및 글로벌 증시의 악재가 한국 증시에 직격탄을 날리는 등 여러 가지 악재가 겹치면서 한국의 증시는 빠른 속도로 과거의 코스피지수로 회귀하고 있는 중이다.

이런 하락사이클이 진행되는 시장에서 일반투자자들의 수익률은 어떨까? 아마도 고통과 더불어 힘겨운 사투(死鬪)를 벌이고 있지 않을까 짐작된다.

일반투자자들의 이런 사투는 시장의 하락 외에도 투자자와 투자기관 등 시장 참여자들의 그릇된 투자관 또한 수익률 하락에 한몫을 담당했을 것으로 생각된다.

먼저, 필자가 지난 20년 동안 투자의 현장에서 목도(目睹)한 현상은 일반투자자에게 있어 주식시장은 돈을 벌기 위한 시장이 아니라, 그냥 한번 질러보는 시장이거나, 빈번하게 사고팔기를 되풀이하는 시장에 불과해 보인 것이 사실이다. 공부는 하지도 않고 '시장도 좋아졌으니 나도 한번 참여해볼까?'라는 가벼운 마음으로 접근한 후 결과가 좋지 않으니 발을 빼는 투자자들이 다수이다 보니 시장이 건강해질 리 만무하다. 하지만, 이런 투자자들만 탓할 수만도 없다. 투자자들에게 막무가내식 주식투자를 권하는 환경 또한 수정되어야 할 부분이다.

가까운 서점에 가보면 마치 하나의 투자기법만 알면 주식투자의 달인이 될 수 있다는 식으로 써놓은 책들이 많은데, 그런 걸 보면 '아차' 싶을 때가 한두 번이 아니다. 어디 이뿐인가? 제대로 된 투자원칙을 알려주어야 하는 증권사나 투자기관들은 오로지 회전율을 높이기 위한 방편을 알리는 데 골몰하였다. 또한, 인터넷 사이트는 미확인 정보를 대량생산하는 공장으로 전락하면서 일반인들의 주머니를 녹여가는 전위대(前衛隊) 역할을 어김없이 하였다. 특히 온라인 영역이 확대되면서 저가 수수료가 등장하고, 바다이야기처럼 이루어질 수 없는 투자패턴이 연출되기도 하였다. 증권사의 홈트레이딩 시스템으로 몰려간 투자자들은 기관과 외국인들에게 유동성을 공급하는 역할에 충실하면서 사고파는 행위가 습관처럼 일어났다. 저가 수수료보다 몇십 배 비싼 세금에 대해서는 둔감하면서 말이다. 다시 말해 일반투자자들의 대부분은 성공투자를 할 수 없는 투자방식을 취해온 것이다.

우리나라의 증시는 '체격은 커졌지만 체력은 오히려 약해졌다.'라고 요약할 수 있다. 시장에 참여하는 주체자가 건강해야 시장도 건강하다. 2008년 들어 우리나라 증시는 내풍에 감기가 걸리고, 외풍까지 불면 앓아눕는 꼴이다. 악재를 견뎌낼 만한 내성이 부족한 탓이다. 하지만, 이러한 과정은 더 나은 투자환경이 만들어지기 위해 거쳐야 할 단계라고 여기기에 부정적으로만 생각하지 않는다. 더욱 중요한 것은 이제라도 우리가 어떤 자세로 주식투자를 바라봐야 하는지에 대해 생각해보고, 올바른 투자전략으로 나아가고자 노력해야 한다는 것이다.

우리나라 증시도 건강해지고, 더불어 각 개인의 자산도 건강해지는 투자전략은 없을까?

필자는 이 책을 통해 '1% 주식부자들의 비밀병기' 중 하나인 '톱다운(Top-Down) 투자전략'을 소개하고자 한다. 톱다운 투자전략은 Top(더 큰 투자환경)에서부터 down(종목)으로까지 타고 내려와 투자결정을 내리는 것을 의미한다. 즉, 콕 찍어서 한 종목만을 분석하고 투자결정을 하는 방식이 아니라 투자자 개인의 자산형태, 주가를 움직이는 투자환경, 종목이 몸담고 있는 업종환경을 고려하여 맨 나중에 투자종목을 결정짓는 투자전략을 말한다. 시장에서 잘 알려진 이 투자전략은 자산, 시장, 업종, 종목의 순으로 투자결정을 내리는 게 일반적이다. 하지만, 필자는 여기에 장기분산투자와 변동성 관리까지 덧붙여 정영완 식의 톱다운 투자전략을 제시하고자 한다. 필자가 바라는 건 주식 한 주를 통해 자산관리라는 좀 더 넓은 범위까지 고려하여 주식투자에 참여했으면 한다. 또한, 자산관리를 좀 더 고려한다면 장기분산투자와 변동성 관리가 중요하기에 톱다운 투자전략의 시작과 마무리를 이들에게 적극 맡겼으면 한다.

'정영완의 톱다운 투자전략'이란 나무 기르기와도 같다!

주식투자는 화창한 봄이 찾아와도(수익률이 높은 주식시장), 혹한 겨울이 찾아와도(수익률이 낮은 주식시장) 결코 쓰러지지 않을 나무를 심기 위한 '씨 뿌리는 작업'과도 같은 것이다. 골고루 씨를 뿌려주고(장기분산투자), 나무들이 모여 숲을 일구겠다는 목표(자산관리) 아래, 나무의 성장시기마다 필요한 양분이나 환경적 조건에 대해 알아보고(시장정보취득), 비교적 잘 자라는 종자를 찾아내어(종목투자), 각 분기, 계절마다 잘 자라고 있는지를 확인하고 관리하는(변동성 관리) 순서로 '씨앗'을 관리해야만 건강한 나무로 자랄 수 있다.

　필자가 제시하는 톱다운 투자전략에는 한결같이 주장하는 메시지가 있다. 그중에서 첫 번째는 시장이 하락할수록 빛을 발하는

'장기분산투자^(톱다운 첫 번째 단계)'를 맹신해도 좋다는 이야기다. 시장이 하락하면 모든 투자자들이 손해를 보고 울상을 지어야 하는데 '우는 사람' 옆에는 '방긋 웃고 있는 사람'도 존재한다. 그들은 '하루하루 잔고의 수익률'에 따라 투자결정을 하는 게 아니라, '자산관리 혹은 노후자금 마련' 등 좀 더 멀리까지 내다보고 투자하기에 잔바람에 마음이 휘청거릴 필요가 없는 사람들이다. 당연히 요즘처럼 시장이 하락할수록 추가분할 매수를 선택하게 되고, 손해를 보고 펀드를 환매하는 투자자들과는 다른 표정을 지을 수밖에 없는 것이다.

'장기투자는 미국에서나 가능한 이야기고 언제 무슨 일이 벌어질지 모르는 우리나라와 같은 환경에서는 초단기매매가 위험을 관리하는 좋은 수단이 될 수 있다.'라는 식의 시각을 가지고는 주식투자를 통해 돈을 벌기 어려운 것도 같은 이치다. 이와 같은 편견과 오해는 잘못된 투자결과에 대한 화풀이는 될 수 있겠으나 자산증식에는 커다란 마이너스 요인임이 분명하다.

두 번째는 '자산관리^(톱다운 두 번째 단계)'를 목표로 한 투자전략을 고수한다면, 시장의 맑고 흐림과 관계없이 좋은 결과를 맞이할 수 있다는 점이다. 물론 요즘처럼 좋지 않은 때에 투자결정을 하는 게 얼마나 두렵고 큰 용기가 필요한 일인지는 잘 알고 있다. 그래서 최대한 독자들에게 시장에 대한 신뢰와 확신을 심어주기 위해 체계적인 투자이론과 통계적 분석결과를 바탕으로 집필하였다. 주식시장에서의 이론은 실전투자의 바탕이 되어줄 뿐만 아니라 물론 투자의 방향,

데드라인, 타이밍까지 정해주는 결정적인 역할을 담당한다. 책 속에 기재된 톱다운 투자전략들 역시 단순하게 생각될 수도 있지만 확신만 갖고 지키기만 한다면 자산증식에 분명히 도움이 되는 원칙들이다.

세 번째는 주식시장의 올바른 메커니즘을 이해하는 데 노력을 기울여야 하며, 그러기 위해서는 주식투자와 관련된 '정보'에도 귀를 열어둬야 한다는 것이다. 단 이것저것 다 뒤져서 정보를 습득하라는 뜻이 아니다.

우리는 그동안 가지고 있던 주식시장 메커니즘에 대한 오해와 편견을 풀고, 올바른 시각으로 주식시장을 대해야 한다. 그래야 비로소 제대로 '돈을 벌 수 있다.'라는 사실은, 만고의 진리라고도 할 수 있는데, 증권기관(톱다운 세 번째 단계)을 그 파트너로 삼아 시장의 흐름을 파악해보는 것은 좋은 방편 중 하나다. 일부 투자자들 중에서는 엄격한 내부 관리 기준 및 법적 절차를 거쳐 발간된 증권업계의 정식 보고서는 외면하면서 정작 별다른 검증 절차를 거치지 않은 ARS 유료 투자정보는 신뢰하는 이들이 있다. 만약 이런 사람들이 있다면 증권사의 리서치 기관에 대해 오해하고 있는 것이다. 여러분은 공짜로 전문인력을 투자 비서로 부려도 될 만한 자격을 갖추고 있다. 톱다운 투자전략의 세 번째인 '시장정보 취득'에서는 보다 구체적으로 그리고 제대로 증권기관을 투자 비서로 써먹는 방법에 대해 제시하였다.

네 번째 종목투자(톱다운 네 번째 단계)를 할 때는 '변동성 관리(톱다운 다섯 번째 단계)'까지 고려한 투자선택을 하도록 하자. 톱다운 전략에서 종목투자보다 먼저 고려되는 '증시 및 업종환경을 고려한다.'라는 측면을 생각하면 된다. 시장이 좋지 않은 하락장일 때는, 공격적으로 투자에 나서는 상품보다는 하락세에 대한 방어가 강한 배당주 펀드나 한꺼번에 돈을 예치시키는 거치식 펀드보다는 분할매수 전략을 사용하는 적립식 펀드에 투자하는 것이 오히려 더 많은 수량을 살 수 있기에 장점으로 작용할 수 있다. 훗날 높은 수익률을 약속하는 장기투자로 '하락장에 맞는 세 가지 전략'으로 투자한다면, 변동성까지 고려하면서 동시에 좋은 수익률까지 기대할 수 있다. 이는 우리가 늘 궁금해하는 '어떤 종목'에 투자하느냐보다 훨씬 빠르고 직접적으로 '수익률'에 영향력을 행사한다.

톱다운 투자전략 중에서 한 단계씩 풀어서 설명했지만, 결국은 우리가 한 번쯤 들어봤음직한, 당장 실천 가능한 투자전략을 이야기한 것이다. 이제부터 중요한 건 실천이다. 투자이론에 해박해지기 위해, 혹은 자산가격의 움직임을 설명하는 그럴듯한 논리들을 배우기 위해, 혹은 잦은 매매를 통해 스트레스를 해소하기 위해 주식시장에 뛰어드는 개인투자자는 없다. 이것이 지금 개인투자자들에게 이론이나 전망이 아니라, 명확한 투자원칙이 필요한 명백한 이유다.

시장의 메커니즘을 알고, 시장의 성장을 믿고, 돈을 벌기 위한 투자의 방법을 하나씩 실천하고, 장기적으로 투자하여 제대로 투자수익을 올리려 하는 개인투자자들에게 이 책은 분명 도움이 될 것이라고 굳게 믿는다. 톱다운 투자전략이 이것을 가능하게 해주는 최적의 투자전략이라고 생각하는 것도 이러한 투자자들의 바람을 누구보다도 잘 알기 때문이다.

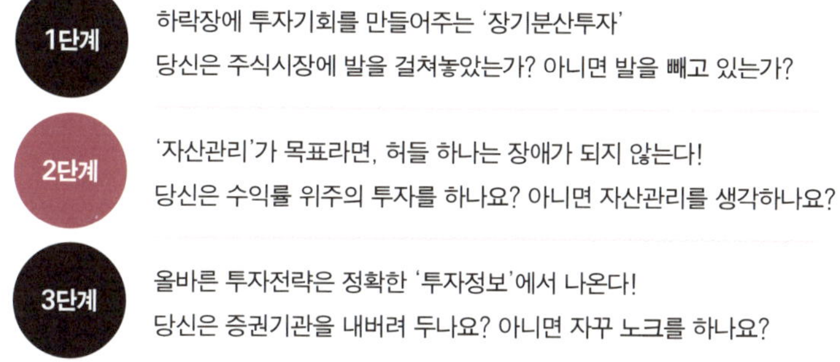

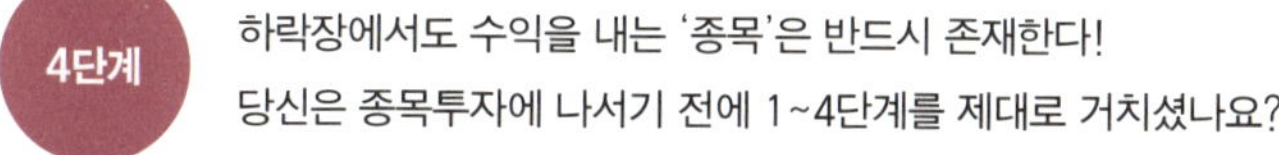

톱다운 투자전략은 보텀업(Bottom-Up) 투자전략과 상반되는 개념을 지닌 주식용어이다. 필자는 그동안 주식부자들을 컨설팅하면서 축적한 노하우를 접목시켜 시장에서 통용되는 투자전략과 '+알파'를 덧붙여 일반투자자들도 쉽고 올바르게 주식투자에 나설 수 있도록 '자산관리의 노하우'로서 '톱다운 투자전략'을 제시하였다.

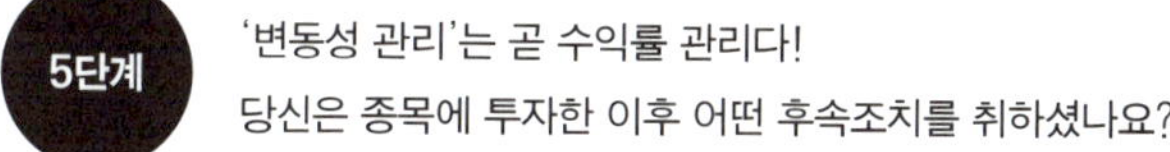

이 지면을 통해, 앙상한 뼈대에 살을 붙이고 윤기가 흐르게 최선을 다해 도움을 준 김도현 연구원에게 감사의 인사를 보낸다.

2008년 8월 정영완

톱다운 전략 01

장기분산투자
주식부자들은 장이 하락해도 이기는 투자를 한다

톱다운 전략 02

자산관리
주식부자들은 투자의 초심을 '주식투자'에서 '자산관리'로 재구성한다

시장정보 취득
주식부자들은 증권기관을 이용하여 증시^(투자) 정보를 취득한다

종목투자

주식부자들은 '종목선택'보다 '종목운영'에 관심을 갖는다

변동성 관리
주식부자들은 '리스크관리'로 주식계좌를 단속한다

특별한 이야기

증시하락에 대처하는 현명한 자세

2007년 10월, 종합주가지수가 1980년 탄생한 이래 꿈에서만 존재해 왔던 대망의 2,000pt대를 돌파할 때 지르던 투자자들의 환성을 아직도 많은 사람은 기억한다. 오죽하면 그 당시 나왔던 한 대형증권사의 시황 제목이 '돌도 씹어 먹는 주식시장'이었을까. 지금 잘 기억은 나지 않지만 당시 주식시장에서는 다음과 비슷한 내용의 말들이 나돌기도 했다.

● **주식시장이 상승하는 이유**

What?	Why?
금리가 내려가면, 주식시장은 상승한다.	넘치는 유동성으로 인해서.
금리가 올라가면, 주식시장은 상승한다.	결국 경기가 좋다는 증거니까.
기업실적이 나쁘면, 주식시장은 상승한다.	이미 실적이 바닥을 찍었으니까.
기업실적이 좋으면, 주식시장은 상승한다.	모멘텀까지 더해지니까.
유가가 하락하면, 주식시장은 상승한다.	가장 큰 악재해소로 인해서.
유가가 상승하면, 주식시장은 상승한다.	경기가 나쁘면 유가가 상승하겠나. 고로 무슨 일이 있어도 주식시장은 올라간다.

투자심리가 이 정도되면 그때까지 겁이 나서 주식시장의 상승을 관망만 하고 있던 가계들은 적금 해약이나 대출, 심지어는 보험을 해약해서 너도나도 주식시장에 뛰어들었다. 증권사에서 주식영업을 관리하고 있었던 당시 필자도 급격하게 증가하는 신용잔고를 어떻게 관리할지를 걱정하며 골머리를 앓았던 기억이 아직도 생생하다.

그후 불과 1년도 지나지 않은 2008년 8월, 코스피(KOSPI)는 거짓말처럼 1,500pt를 힘겹게 지키고 있다가 1,400pt대로 무너져 내렸다. 주가가 올라가면 모멘텀 매수로, 주가가 하락하면 저가매수로 대응하겠다고 큰소리치던 국내 유동성은 없어졌고, 그동안 대상승론을 펼치던 투자전략가들이 내놓는 여러 보고서도 성난 투자자들의 눈에는 구차한 변명으로밖에 보이지 않게 되었다. 대체 지난 1년이 안 되는 기간 동안 무슨 일들이 일어났고, 투자자들은 그것을 어떻게 받아들여왔는가를 알아보는 것으로 이야기를 시작해보자.

탐욕과 경쟁심리가 만들어내는 Boom & Burst 사이클

기본적으로 인간의 탐욕과 경쟁심리를 주요 동기유발 요인으로 사용하는 자본주의 경제에서 '버블의 생성과 붕괴'는 사회발전을 위해 피할 수 없는 변증법이다. 상식적으로 생각해봐도 항시 상상할 수 없는 규모의 거대자금들이 불과 몇 퍼센트의 단기적인 초과수익을 찾아 국경을 넘어 떠돌아다니는 금융시장에서 자산가격 버블의 생성과 붕괴를 피할 수 있다고 생각하는 발상 자체가 문제가 있는 것이다. 따라서 자본주의 경제에서 나타나는 버블의 원인 중 상당수는 경제주체들의 지나친 탐욕일 것이며, 그 버블이 붕괴한 원인 또한 지나친 탐욕의 결과에 대한 경제주체들의 자각일 것이다. 이러한 필연적인 버블의 생성과 붕괴 과정을 투자세계에서는 자산가격의 '붐 앤드 버스트(Boom & Burst) 사이클'이라고 말한다.

　　결국은 '금융시장을 지배하는 투자심리'라는 고상한 단어도 남보다 단 몇 퍼센트라도 초과수익을 올려야 하고, 남보다 한 발이라도 빨리 움직여 좋은 투자의 길목을 선점하고자 하는 탐욕과 경쟁심리를 좋게 표현한 데 불과할 것이다. 그러므로 주식시장이 지속적으로 상승할 수 있는가의 여부는 투자자들의 탐욕을 만족시킬 좋은 뉴스와 '아직 늦지 않았다.'라는 생각을 제공하기에 충분한 밸류에이션(Valuation)의 논리를 제공할 수 있느냐에 달렸다고 해도 큰 문제는 없다. 이러한 의미에서 볼 때, 2003~2007년 사이에 있었던 세계적인 자산가격의 상승과 2008년부터 경험한 급격한 버블의 붕괴는, 투자심리가 탐욕과 공포 사이에 오가며 창출된 'Boom & Burst 사이클'의 전형적인 예라고 볼 수 있다.

닷컴 버블 붕괴에서 크레디트 버블 형성까지

1999년의 주식시장을 경험했던 투자자라면 인터넷, 정보통신 등 소위 IT 기업의 이름을 달았다면 아무리 쓰레기 같은 기업이었다 하더라도 상상할 수 없는 주가를 기록했던 닷컴 버블(Dot.Com Bubble)에 대해 기억할 것이다.

* 자료 : 블룸버그(Bloomberg)

2000년 이후 극명하게 나타난 닷컴 버블의 붕괴와 이에 대한 중앙은행의 반응 그리고 이 반응이 야기한 결과를 살펴보면, 자산가격의 Boom & Bust 사이클에 중앙은행이 어떻게 대응했으며 그 대가가 무엇이었는지에 대해 잘 알 수 있다.

* 자료 : 블룸버그

당시 정상적인 상식을 가졌던 투자자들이 우려했던 대로 IT 기업들의 실적이 예상치를 밑돌기 시작하자 미국 주요 기술주들의 주가는 급락했고, 연준위(연방준비위원회, Federal Reserve Bank; FRB)는 기다렸다는 듯이 정책금리를 인하하고 이미 충분한 유동성이 있었던 금융시장에 추가적인 유동성을 공급하기 시작했다. 특히 9.11테러 이후 있었던 연준위의 공격적인 금리인하와 유동성 공급은 그야말로 투기세력의 입장에서는 눈물이 날 정도로 고마운 '돈이 흘러 넘쳐서 투자가 이뤄질 수밖에 없는' 환경을 만들어내는 데 크게 도움을 주었을 것이다. 이렇듯 단기간에 급속도로 금리를 내리고 유동성을 공급한 데 대한 결과는 너무도 자명한 다음의 세 가지로 나타났다.

1　단기금리 인하와 유동성 공급은 미국 무역적자의 근본적인 원인으로 지적되고 있는 미국 국민의 낮은 저축률(과도한 소비성향)을 유지시키는 결정적인 요인으로 작용했다. 이것에 대한 결과는, 싼 가격으로 미국에 소비재를 판매하는 아시아 신흥국가들의 외환보유고 확대와 무역수지 적자 누적으로 인한 달러화의 약세를 야기시켰다.

2　단기금리의 하락은, 부채에 대한 조달 코스트(Cost)를 낮추는 결과를 가져와 미국인들로 하여금 자신의 소득 대비 과도한 수준의 부채를 사용하도록 유도하는 요인으로 작용했다.

3　유동성의 급격한 확대는, 금융기관의 대출을 늘리는 요인이 되었고, 이는 곧 부채 레버리지(Leverage) 비율이 높은 부동산에 대한 투자 확대로 이어졌다. 이로 인하여 부동산 가격이 상승하였는데, 대출을 사용한 전면적인 부동산 투기로 발전하는 데는 그리 많은 시간이 걸리지 않았다.

여기에 달러화 가치의 하락과 아시아 신흥경제 국가들의 급속한 경제성장(미국인들의 과소비가 안겨준 막대한 달러가 기초가 된)은 필연적으로 국제 원자재 가격의 상승이라는 부수효과를 가져오게 하였다.

이런 자산가격 버블의 생성과 붕괴 사이클을 일부 전문가들은 과도한 유동성 공급이 초래한 '크레디트 버블(Credit Bubble)'이라고 비판한다. 즉 경기를 살릴 목적으로 공급한 유동성이 실물자산에 대한 투자보다는 금융기관의 대출로 활용되면서 쌓인 과도한 민간신용이 2008년 주가붕괴의 위기를 불러왔다는 평가이다. 따라서 상당한 경기침체의 위험을 무릅쓰고서라도 미국 연준위가 일부 투자자와 금융기관들이 탐욕을 부린 결과인 닷컴 버블의 붕괴에 대해 공격적으로 대응하지 않았다면, 혹은 조기에 파생상품을 이용한 금융기관들의 무분별한 대출에 대한 통제에 나섰다면 주택 가격의 하락이 전면적인 금융 시스템을 위협하는 요인으로까지는 발전하지 않았을 것이다.

Credit Bubble은 왜 붕괴했는가?

결론적으로 미국의 경기를 살리기 위해 투입된 막대한 유동성이 과소비와 과도한 대출을 부르고, 이렇게 늘어난 대출금은 주식 및 부동산에 대한 각종 투기로 이어져 2007년 상반기까지 놀랄 만한 자산가격의 상승으로 이어졌다. 이런 크레디트 버블로 인해 결국 2008년 들어서면서부터 미국 금융주들은 그 대가를 톡톡히 치르고 있는 상황에 놓여졌다.

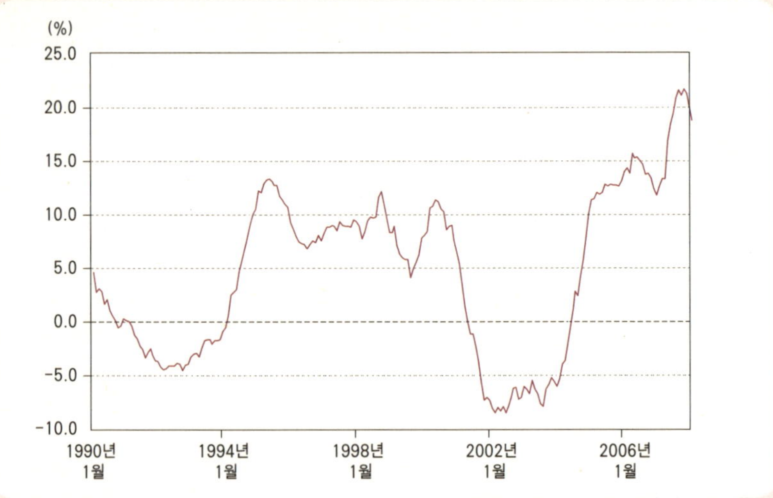

* 자료 : 블룸버그

건전한 상식을 기준으로 생각해봐도 유동성의 증가가 실물경제에 대한 투자가 아니라, 대출로 둔갑한 부동산 가격의 급등은 과소비로 이어지면서 경상수지 적자의 원인으로 작용하였다. 결국, 이런 경제 시스템은 아무 탈 없이 장기간 작동하지는 못할 것이다. 이러한 우려를 반영해 미국의 달러화 가치는 2001년 이후 지속적으로 약세를 보였으며, 사실 미국 주식시장도 다른 신흥국가의 주식시장 대비 큰 폭의 초과수익을 기록하지 못했다. 결국, 미국 연준위가 과도하게 늘어난 유동성과 대출 그리고 부동산 가격에 대해 경계의 눈길을 보내자 미국 부동산 경기는 급랭하였고, 신용도가 낮은 부동산 담보대출에 대한 부실 우려로 이어지면서 속칭 '서브프라임 위기'로 이어진 것이다.

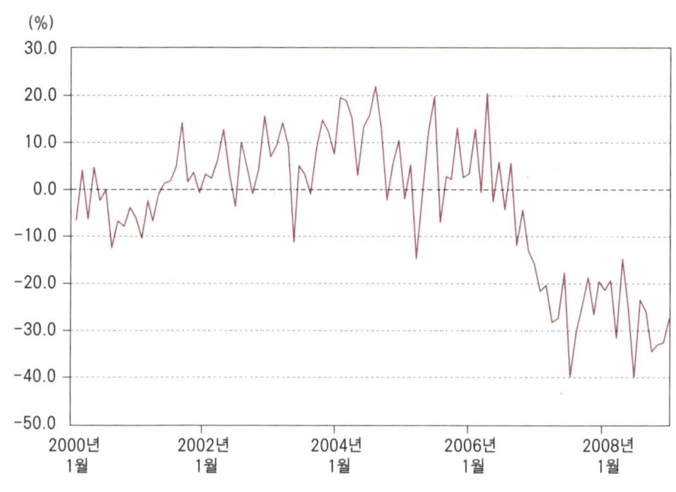

* 자료 : 블룸버그

그렇다면, 크레디트 버블의 붕괴가 미국 금융 시스템 전반의 위기로 확산한 이유는 무엇일까? 거기에는 여러 가지 이유가 있을 수 있겠으나 필자는 무엇보다 엄청난 파생상품의 존재를 들고 싶다. 즉, 기존의 대출을 유동화시켜 또다시 대출여력을 확보하는 MBO(Mortgage Backed Obligations)나 CDO(Collateralized Debt Obligations)의 존재로 인해 원칙적으로는 일부 모기지 업체로 한정되어야 할 주택담보대출 관련 손실이 눈덩이처럼 불어나게 된 것이다.

과도한 대출 및 자산가격의 버블(특히 부동산) 그리고 이러한 추세를 좇아 초과수익을 추구하는 금융기관들의 욕심이 무엇보다 문제였고, 이런 사안이 결코 미국이라는 한 국가에 한정된 문제가 아니었다는 점이다. 또한, 미국에 비해 다른 국가들의 상황이 좀 양호했더라도 이미 세계적으로 자본이동이 매우 자유로워진 지금 이러한 금융위기가 미국 한 국가에 한정될 것으로 생각했던 발상 자체가 너무 순진했다고 말할 수 있다. 그리고 그 결과는 2007년 하반기부터 2008년 3분기까지 두루 걸쳐 거의 전 세계 투자자들에게 전면적인 자산가치의 하락을 낳게 했다.

Credit Bubble의 붕괴와 새로운 투자기회

주식시장을 바라보는 필자의 관점에 매우 큰 영향을 끼쳤던 『Stocks for the Long Run』에서 제레미 시겔 교수는 "주식시장에서 가장 피해야 할 실수는, 고점에서 주식을 팔지 못하는 탐욕이 아니라, 저점에

그림5 **불경기 이후 10년 주가상승률** (MSCI World 지수 기준)

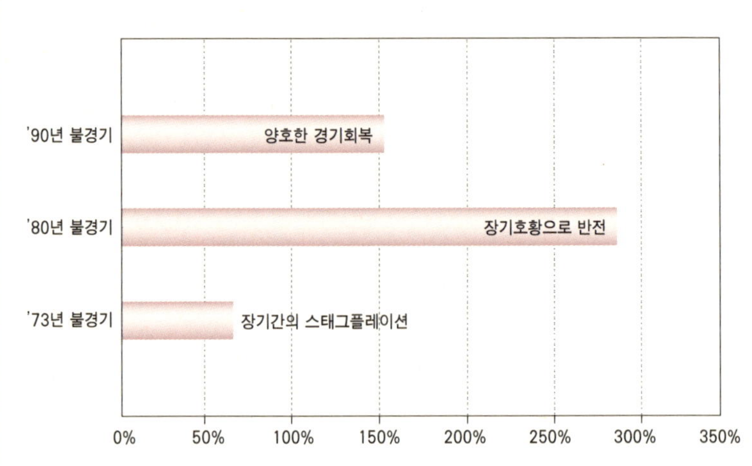

서 주식을 사지 못하는 두려움이다."라고 한결같이 주장하고 있다. 역사적으로 봐도 불경기와 금융 시스템의 붕괴, 그 외 각종 돌발악재들은 장기적인 주식시장의 침체를 불러오기보다는 오히려 투자의 기회로 작용했던 사례를 많이 찾아볼 수 있다.

앞의 그림에서 보듯 미국의 대표적인 불경기라고 할 수 있는 1973년, 1980년, 1990년 불경기의 예를 봐도 1970년대와 같은 장기적인 스태그플레이션 국면으로 진입하지만 않는다면, 불경기 하에서의 주식투자는 장기적으로 연 10% 내외의 수익을 기대할 수 있는 좋은 투자수단으로 작용했다는 사실을 알 수 있다. 특히 다음 그림, 코스피 움직임의 예를 보면, 투자자들이 예상하지 못했던 돌발악재로 인한 주가하락 후, 주식시장의 회복력이 매우 빨랐음을 알 수 있다.

 돌발악재 출현 시 코스피(KOSPI)**의 2년 수익률**

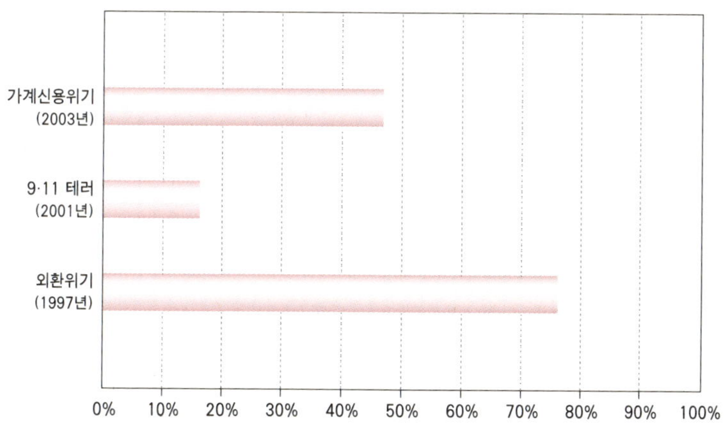

　그렇다면, 지금 주식시장 국면이 장기적으로 저점에서 매수할 기회인가, 아니면 주식시장에서 손을 떼야 하는 국면인가에 대한 의사결정은 크레디트 버블 이후 세계경제, 특히 선진국의 경제가 장기적인 스태그플레이션으로 진입하는가 혹은 항상 있어 왔던 불경기의 수준에서 끝나는가의 문제에 달렸다. 여기에 대한 필자는 분명하게 지금의 크레디트 버블 붕괴 국면은 장기적인 스태그플레이션으로 발전하지는 않을 것이며 따라서 불경기가 가시화되는 2008년 하반기는 주식을 저가 매수할 기회라고 내다 본다.

🔅 스태그플레이션으로 발전하지 않는 이유

스태그플레이션은 경기침체를 가리키는 스태그네이션(stagnation)과 인

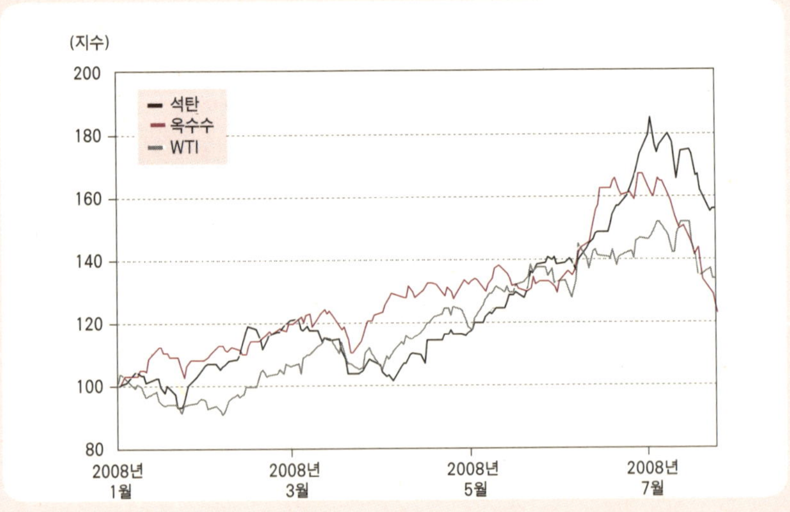

그림7 **국제 주요 원자재 가격 추이** (지수, 2008년 1월 100 기준)

* 자료 : 블룸버그

플레이션(inflation)을 합성한 신조어로, 경제불황이 지속하는 상황에서 물가상승이 일어나는 상태를 말한다.

우선, 필자가 장기적인 전 세계 경기의 스태그플레이션을 염려하지 않는 가장 큰 이유는, 전 세계적 물가상승을 주도하고 있는 국제 원자재 가격의 상승은 이제 어느 정도 한계에 도달했다고 판단하기 때문이다. 투자의 정상적인 상식선에서 생각해봐도 국제 원자재 가격의 상승을 초래한 원인이 소비경기의 과열이었다면, 전 세계적인 유동성 축소와 경기성장세 둔화가 가시화된다는 뉴스는 국제 원자재 가격에 분명한 악재이다.

더욱이 2008년 상반기 들어 국제 원자재 가격의 상승에는 정상적인 수요 이외에 투기적인 가수요가 상당히 포함돼 있으며, 나아가 순수하게 투기 목적으로 원자재 시장에 뛰어드는 자금의 규모도 막대하다. 이러한 투기적 자금들이 시장에서 이탈하기 시작한다면, 원자재에 대한 투기적 수요도 급격하게 감소할 것이다.

필자가 스태그플레이션을 염려하지 않는 두 번째 이유는, 일단 원자재 가격의 상승세가 완화되고 물가 걱정을 덜게 되면, 각국 중앙은행들은 다시금 가장 중요한 역할인 '적정한 유동성의 공급 의무'를 충실하게 수행할 것이기 때문이다. 특히 적정한 유동성이 공급되지 않으면서 발생한 대공황을 경험한 미국 연준위는, 역사적으로 소중한 유동성을 남용한 투기꾼들에게 벌을 주기보다는 지속적인 투자의욕을 고취시켜 고용과 경기를 유지시키는 대안을 택해왔다. 이것은 자본주의 사회에서 사회 정의나 불로소득에 대한 처벌보다는 투자와 소비의 활성화가 훨씬 더 중요하게 여겨지기 때문이다. 이 과정에서 불합리한 소득이 발생한다면, 이것은 과세 당국과 감독 당국이 생각할 문제일 뿐 중앙은행이 고민할 문제가 아니다.

불경기를 이기는 투자전략

기계적인 분산투자 만능주의를 비판하며 오히려 '잘 아는 종목들에 집중하는 전략'을 옹호하는 투자의 귀재, 워렌 버핏은 주식투자에 있어 반드시 피해야 할 세 가지 실수를 다음과 같이 열거하고 있다.

1   아무런 이유 없이 하는 단기매매!
2   소문에 휩쓸려 투자하는 뇌동매매!
3   불경기에 닥쳤을 때, 공포 심리에 주식을 매도하는 행위!

또한, 유럽의 유명한 투자자인 코스톨라니도 "경기활황은 투자자들의 적이며, 경기불황은 투자자들의 친구이다."라는 말을 했다. 결국, 경기불황이 오히려 투자자들에게 좋은 매수의 기회를 제공한다는 점은, 이미 대부분의 투자자에게 직간접 경험을 통해 입증된 주식시장의 보편 타당한 논리이다. 그러나 투자자들이 간과하기 쉬운 무서운 사실은, 이 보편 타당해 보이는 논리가 아무 종목, 아무 자산에나 통하는 논리가 절대 아니라는 점이다.

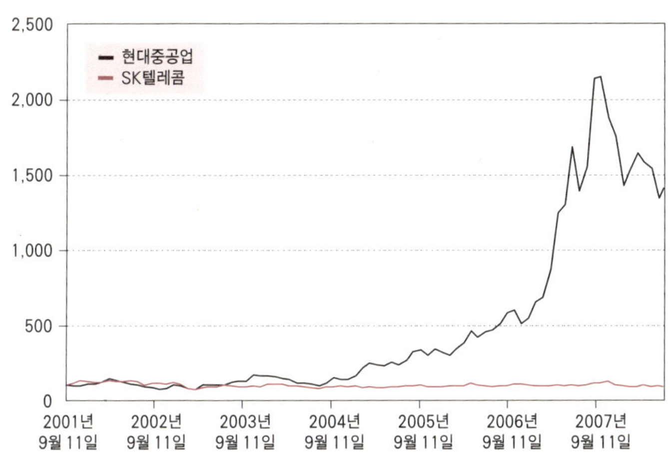

2001년 SK텔레콤은 누구의 처지에서 봐도 저가매수 대상 1위가 될 정도의 위풍당당한 우량주였다. 반면 2006~2007년 주식시장의 상승을 견인했던 조선, 증권, 건설주 등은 2001년의 시각에서 보면 그리 쉽게 손이 나가지 않는 2류 종목이었음도 분명한 사실이다. 즉, 아무렇게나 보이는 대로 덥석 대형주를 매수한 후 장기적으로 보유한다고 해서 자동으로 높은 투자성과가 나오는 것은 절대 아니라는 점이 문제이다. 삼성증권이 2006년 9월 연구한 바로는 1996년 9월 당시 시가총액 상위 50개 종목 중 1개 종목에 집중투자했다면, 상장폐지나 흡수합병 등으로 원금을 거의 날렸을 확률이 30%에 가까웠다. 그만큼 아무리 경기 사이클이 저점이고, 주식투자의 기회가 닥쳤더라도 특정 개별 종목에 대한 집중매수는 상당한 위험을 감수할 수밖에 없다. 따

라서 불경기에 투자하여 호경기에 수익을 얻는 역발상 투자전략이 성공하기 위한 전제조건으로 필자는 다음의 네 가지를 제시하고 싶다.

1 잘 아는 비즈니스를 하고 있는 익숙한 종목군에 투자하라!

투자의 달인인 워렌 버핏도 "주식투자는 비즈니스에 대한 투자이다."라고 언급한 바 있다. 그만큼 익숙한 종목에 대한 투자는 치명적인 결과가 나올 확률을 크게 줄여준다.

2 무조건 분산하라!

1996년 9월 당시 시가총액 50개 종목 중 상위 10개 종목에 균등하게 투자했다면, 10년 후인 2006년의 수익률은 무려 156%에 이르렀을 것이다.

3 시장을 이기려 하기보다는 따라가라!

계속 지적한 점이지만, 투자자들을 비이성적으로 만드는 가장 큰 요소는, 무모한 탐욕이다. 필자가 연구한 바로는 주식투자를 통해 기대할 수 있는 적정 수익률은 연 13% 내외이다.

4 유능한 컨설턴트를 반드시 확보하라!

혼자 투자해서 성공할 수 있다고 생각하지 말자. 인간은 탐욕 앞에서는 의외로 비이성적으로 행동하게 되고, 자기 과신에 빠지기 쉬워진다. 이렇듯 약한 존재인 인간, 즉 투자자는 성공적인 투자를 위해 충분한 경험과 자격 그리고 윤리의식을 가진 컨설턴트를 반드시 확보하는 것이 좋다.

장기분산투자

주식부자들은
장이 하락해도
이기는 투자를 한다

TOP-DOWN

주식투자를 통해 얼마를 벌고 싶은가를 물어보면 대다수 투자자는 "가능한 한 많이." 혹은 "따따블!"이라고 대답한다.

한국펀드평가에 따르면 국내 주식형 펀드의 수익률을 집계한 결과 1년 동안의 수익률은 15%에 그쳤던 반면 2년은 25%, 3년은 50%가 넘는 수익률을 올렸다고 한다. 톱다운 투자전략의 첫 번째 단계로 장기분산투자를 올린 이유이다. 계속해서 바닥권을 향해 달려가고 있는 하락장에서도 빛을 발하는 투자전략, 장기분산투자 전략에 대해 알아보도록 하자.

"장기투자도 예민한 꽃이에요."

이 말은 필자가 장기투자에 대해 잘못된 편견을 갖고 있는 투자자들에게 해주는 말이다. 많은 사람이 장기투자 하면 '비바람이 몰아쳐도 같은 자리에 뿌리를 내리는 나무'라고만 생각한다. 그래서 누구나 손쉽게 투자할 수 있는 대신 적은 수익률만을 보장해준다고 생각하지만 실제로는 그렇지 않다. 장기투자도 정확한 시장분석과 꾸준한 관심을 주지 않으면 금방 시들어버리는 꽃과 같으며, 결코 적은 수익률만을 보장하는 소극적인 투자방법이 아니다. 실제로 고액자산가들 대부분은 장기투자로 자산관리를 하고 있으며 좋은 수익률을 올리고 있다.

다만, 일반투자자 혹은 단기투자자들에게 '장기투자로 인한 수익률'은 피부에 와 닿을 만큼 큰 폭의 상승률이 아니므로 단기투자에 비해 관심을 덜 받고 있는 것이다. 그렇다면 이건 어떨까? 장기투자를 주식투자의 한 방법으로 보는 대신 자산관리의 한 방법으로 접근하는 것이다. '주식투자'보다 큰 그릇인 '자산관리'로 생각한다면 투자자들 역시 여유로운 마음으로 체계적인 관리를 해야겠다는 생각이 저절로 생겨날 것이다.

　어느 날 알고 지내는 지점장 한 분이 고객의 주식투자 포트폴리오를 점검해줄 것을 요청해왔다. 지점장 말에 따르면 그 고객은 몇 년 전에 주식투자를 시작했고 나름대로 수익은 올렸지만 그 수익률이 종합주가지수의 상승률을 크게 밑돌아 불만이 많았다고 한다. 그동안 필자가 주장해온 대로 자신은 철저한 장기투자 위주로 투자했으며 항상 나름대로의 가치관을 가지고 내재가치가 우량한 종목만을 골라 분산투자를 했으므로 종합주가지수보다 수익률이 낮을 이유가 전혀 없어야 한다는 것이 그 고객의 주장이었다.

　우선 필자를 놀라게 한 점은 보유하는 종목 수였는데, 대형주, 중형주, 코스닥 종목 및 심지어는 상장폐지된 종목을 합쳐 보유종목 수만 50여 개가 넘었던 것으로 기억한다. 종목의 수만큼 수익률 차이도 커서 어떤 종목은 투자원금의 다섯 배가 넘는 수익을 거둔 종목이 있는 반면 반 토막이 된 종목도 무수했고 더 이상 가치가 없다고 말할 수 있는 종목도 눈에 띄었다.

　왜 이렇게 많은 종목을 보유하고 계시냐는 필자의 물음에 고객은 "장기투자를 했기 때문에 한 번 매수한 종목은 수익률이 나기 전까지는 절대 안 팔았으며, 분산투자를 했으므로 될 수 있는 대로 많은 종류의 종목에 투자하려 했다."라고 대답했다. 물론 장기투자 및 분산투자는 안정적인 자산증식을 위해 필수적인 요소이기는 하나 이 고객의 투자결과가 말해주듯 아무렇게나 손에 잡히는 대로 투자하여 장기적으로 보유한다고 해서 무조건 큰 수익이 나는 건 아니다. 상식적으로 생각해봐도 장기분산투자를 통해 수익을 내기가 그렇게 쉽다면 누구나 다 주식투자를 통해 큰 부자가 되었을 것이다.

　장기분산투자는 그 고객이 생각하는 '아무 종목이나 많이 사서 무조건 보유하자.'라는 식의 원칙보다는 복잡하며, 말처럼 성공하기는 어려운 과정이다. 또한 투자자들의 개별적인 투자원칙과 스타일에 따라 달라지므로 "이렇게 하면 무조건 성공한다."라고 말하기도 어려운 과정이다. 그렇다면, 어떻게 장기 및 분산투자를 해야 좋은 수익률을 올릴 수 있을까? 필자가 생각해왔고 필자와 함께 많은 성공 스토리를 만들어낸 장기분산투자 프로세스에 대해 알아보도록 하자.

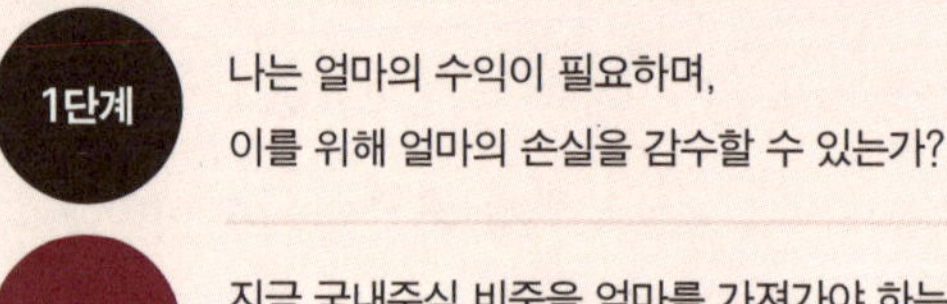

성공적인 장기분산투자를 위한 6단계 프로세스(Top-Down Approach, 톱다운 전략)

1단계 나는 얼마의 수익이 필요하며,
이를 위해 얼마의 손실을 감수할 수 있는가?

2단계 지금 국내주식 비중을 얼마를 가져가야 하는가?
직접투자해도 될 만한 시기인가?

3단계 어느 업종의 경기가 바닥권을 통과하여 상승하고 있는가?

4단계 그 업종의 대표주들은 어떤 것들이 있으며,
이들 업종의 1등과 2등 종목은 무엇인가?

5단계 특별히 나올 만한 악재는 없는가?
기대되는 뉴 플로(New-flow)들은 어떤 것들이 있는가?

6단계 지금까지 생각해왔던 여러 가정들은 아직도 유효한가?

동전 한 닢

주식투자를 통해 정기예금 금리 이상의 소박한 수익률을 원하는 투자자들이 있기도 하지만, 대부분의 투자자는 천문학적인 수익을 원하는 등 대박을 목표로 한다. 그러나 정작 이를 위해 얼마의 손실을 감수할 수 있는가를 물어보면 대부분의 투자자는 기대수익에 상응하는 투자위험을 받아들이려 하지 않는다. 이를 반대로 해석하면, '자신이 감수할 수 있는 위험이 어느 정도인가?'를 알지 못한다면 성공적인 장기투자를 할 수 없다는 걸 의미할 것이다.

적어도 주식으로 돈을 벌고자 하는 사람이라면 앞면에는 기대수익률이, 뒷면에는 감내할 수 있는 손실률이 새겨진 동전 한 닢을 오롯이 쥘 수 있어야 한다고 생각한다. 카론의 동전 한 닢을 기억하는가? 카론은 저승으로 안내하는 데도 죽은 사람에게 노잣돈을 요구한다. 저승으로 가기 위해서도 '동전 한 닢'이라는 수수료가 필요하다는 뜻으로, 협상에 자주 빗대어 사용되는 표현이다. 하물며, 이승에서 돈을 벌고자 하는 사람이 수익을 얻기 위해 감내해야 할 손실액을 생각하지 않는다는 건 공짜로 천국행에 몸을 싣겠다는 도둑놈 심보가 아니고 무엇이겠는가 이 말이다.

우리나라의 상장 종목 중 기대수익 단위를 기대위험 단위로 나눈 정보율(information ratio)이 1을 넘는 종목은 많지 않다. 즉, 연평균 기대수익이 10%인 종목의 기대위험은 10% 내외이거나 그보다 클 가능성이 높다. 만일 한 투자자가 연 15%의 기대수익을 기대한다면 최대 예상 손실을 통상적으로 제시하는 기대위험의 2배로 가정할 때 1년에 30%의 손실도 각오해야 한다.

따라서 이 투자자의 경우 1년에 30%의 손실을 감수할 만한 상황이 아니라면, 기대수익을 낮추고 보다 안전한 포트폴리오를 구성하는 것이 합리적인 투자방법일 것이다. 필자는 자신의 위험수준을 다음의 다섯 가지 유형에 맞춰 생각해본 후 매매 스타일을 결정할 것을 권하고 싶다.

● **투자자의 위험성향에 따른 기대수익률**

위험성향	기대수준(연)	투자스타일	투자가능범위
단기적으로라도 원금손실은 감수할 수 없다.	7~8%	주식투자 비중 30% 이하 간접투자 및 대안투자 중심	간접투자 중심
단기적인 원금손실은 가능하나 2~3년 이내로 원금을 회복해야 한다.	9~10%	주식투자 비중 40% 간접투자 중심	간접투자 중심
통상적인 수준의 원금손실은 충분히 감수할 수 있다.	11~12%	주식투자 비중 50~60% 일부분 직접투자	직접투자 가능
원금손실을 무릅쓰고 고수익을 추구한다.	13~14%	주식투자 비중 70% 고수익 추구	직접투자 가능
원금손실 가능성에 대해 우려하지 않는다.	15% 이상	주식투자 비중 80% 고수익 추구	직접투자 가능

종목의 모체

사자성어로 '평지돌출(平地突出)'이라는 말이 있다. "평지에 산이 우뚝 솟아난다."라는 뜻으로, 일상생활에서 사용하는 말로는 "개천에서 용 났다."로 대체할 수 있다. 하지만, 요즘에는 개천에서 용이 승천하든, 평지에서 산이 솟든 '주어진 환경' 이상의 결과가 나오는 걸 기대하기란 쉬운 일이 아니다. 투자된 환경이 좋아야 좋은 종자가 나올 수 있고, 맑은 공기와 시원한 물줄기를 받고 자라야 튼튼한 뿌리를 낼 수 있는 '투자 대비 성과'의 시대가 되었기 때문이다.

주식도 마찬가지다. 아무리 종목이 뛰어나고 전망이 밝다고 해도 해당 종목이 몸담고 있는 시장이 어둡다면 그 종목이 청신호에서 적신호로 바뀌게 되는 건 시간문제다. 그래서 대다수의 전문가가 "종목보다 시장이 우선이다."라는 말을 자주 하는 것이다. 어느 투자든지 '종목의 선택'보다 더욱 중요한 요소는 '자산의 선택'이다.

외국의 사례를 보더라도 투자수익의 90% 이상은 '자산의 선택'에 의해 좌우되며 '종목' 선별 능력에 의해 설명되는 비중은 단 몇 퍼센트 내외다.

 한국과 미국 증시의 상대수익률

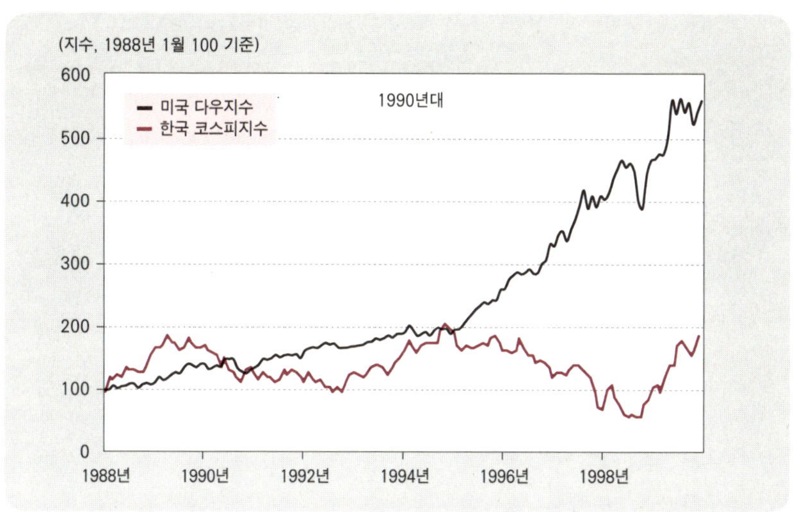

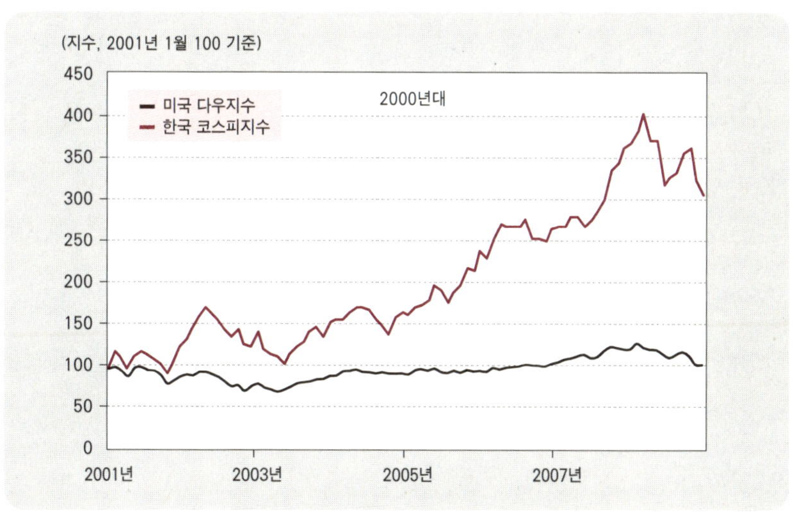

* 자료 : 블룸버그

이 차트를 보면, '종목'을 말하기 이전에 '자산'을 말해야 하는 이 유가 너무도 뚜렷하게 나타난다. 1980년대 후반부터 1990년대 말까지 무려 10년이 넘는 기간 동안 코스피는 미국 등 선진국 주식시장에 비해 변동성이나 수익률 측면에서 너무나도 무기력한 흐름을 보여왔다. 시장의 장기적인 추세라고 말할 만한 여지도 없었던 것이, 20년 동안 500~1,000pt라는 박스권에서 헤어나지 못했으며, 1990년대 말 외환위기에서 극명하게 드러났듯이 기업의 펀더멘털도 장기적인 투자가 가능한 수준이 아니었다.

반면, 동일한 기간 동안 미국 시장은 베이비부머들의 착실한 주식 수요가 뒷받침되고 부가가치가 높은 IT업종이 비약적으로 성장하면서 사상 유래가 없을 정도의 호황기를 맞고 있었다. 누구의 관점에서 보더라도 어느 시장에 투자해야 보다 쉽게 돈을 벌 수 있을지 분명했던 상황이라고 할 수 있다.

2005년 이후의 상황을 생각해도 비슷한 논리가 충분히 가능해진다. 선진국 시장은 급격한 주택 경기의 냉각과 성장성의 부재로 인해 고통을 받고 있었던 반면 중국이나 한국 등 이머징마켓(emerging market)들은 개선된 기업 펀더멘털과 비약적으로 늘어난 유동성을 내세우며 하루가 다르게 상승하고 있었기 때문이다. 당시 만일 선진국 시장에 투자하고 있었다면 '종목' 선택 능력이 아무리 뛰어났더라도 투자수익률이 신흥 시장의 수익률을 따라가는 일은 상상하기 힘들었을 것이다.

　지금까지 국내 주식시장은 전형적인 이머징마켓의 특성을 보여왔고, 따라서 선진국 등 세계 경기와 특히 국내 유동성의 강도에 따라 큰 폭의 변동성을 나타내고 있다. 물론 지금은 수급 상황이 크게 개선되어 과거와 같은 어이없는 수준의 변동성은 나타내지 않겠으나 세계 경기 및 국내 수급 환경에 따라 투자비율을 조정하는 전술적 자산배분은 반드시 필요할 것이다. 따라서 불확실성이 커지는 시기에는 전반적으로 해외투자의 비중을 늘리면서 국내투자는 잘 분산된 간접투자를 중심으로 유지해야 할 것이며 공격적인 직접투자를 하기 위해서는 국내 유동성이 비약적으로 늘어나는 시기를 노려볼 것을 필자는 권한다.

업종 날씨

우리는 별볼일없는 소모품을 비유하여 '장기판의 졸(卒)'이라는 말을 많이 한다. 주식투자도 마찬가지일 것이다. 한 종목을 매수하여 몇 년이고 보유할 생각이라면 모를까 어느 정도 트레이딩을 할 생각이라면 '종목은 졸이요, 업종은 차(車)'라는 생각을 가지는 편이 마음이 편하다고 말하고 싶다. 즉, 눈에 불을 켜고 종목별로 개별공시를 일일이 뒤지고 열심히 차트를 연구할 시간에 폭넓게 경제와 관련된 기사들을 살펴보거나 특히 거래 증권사에서 보내주는 업종과 관련된 보고서를 마음 편하게 살펴보는 편이 고수익을 올리는 데 훨씬 낫다는 것이다.

현대중공업의 주가가 2004년 이후 왜 이렇게 상승했는가에 대해서는 굳이 길게 설명할 이유가 없다. 물론 현대중공업 자체적인 경쟁력도 주가상승에 영향을 미쳤겠으나 결국 현대중공업이 믿을 수 없을 정도의 강력한 주가상승력을 보인 근본 원인은 '세계 조선업종의 메가사이클(megacycle)'에 있었다는 점은 누구도 부정하기 어려울 것이다. 여기서 흥미를 끄는 점은 현대중공업이 아니라 SK텔레콤이다. SK텔레콤을 비롯한 대형 통신주들은 2004년 이후 우리나라 주식시장이 비약적으로 상승하는 중에서도 전혀 주가가 상승하지 못한 몇 개 되지 않는 종목들 중 상당수를 차지하고 있기 때문이다.

SK텔레콤을 비롯한 주요 통신업종들의 주가가 종합주가지수 대비 매우 저조한 수익률을 보인 이유는 현대중공업의 주가가 폭발적으로 상승했던 이유만큼 명확하다. 즉, 날로 치열해지는 경쟁 속에서 신규 가입자 수는 한계를 보이고 있고 3G 등 기대했던 새로운 서비스마저 별 효과를 나타내지 못하는 업황을 볼 때 아무리 주식시장 환경

그림 10 **현대중공업과 SK텔레콤의 상대 주가 추이**(2003년 12월 30일 100 기준)

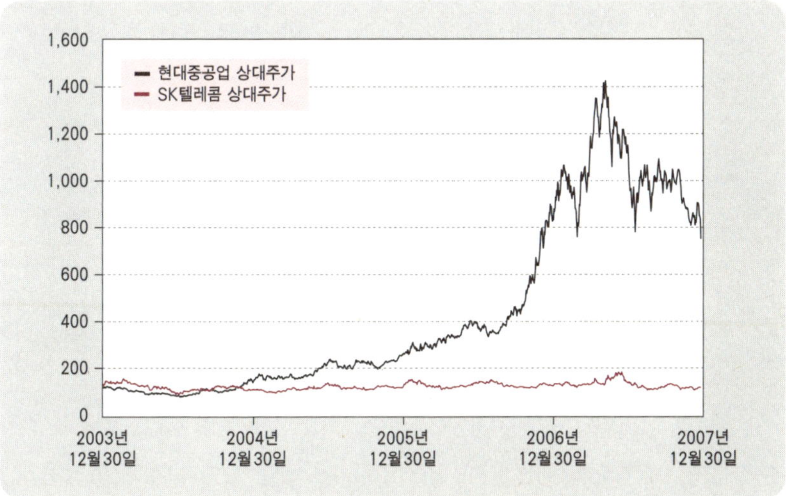

이 좋더라도 선뜻 무선통신업종을 매수할 만한 투자자는 많지 않았던 것이다. 실적을 봐도 그 종목의 차이는 극명하게 드러나는데, 현대중공업의 주당순이익이 2005년에서 2007년까지 11배나 증가하는 동안 SK텔레콤의 주당순이익은 20% 가까이 하락했다.

아무리 과거의 주가 대비 낙폭이 크고 단기적으로 가격매력이 생겼더라도 될 수 있는 대로 전반적인 업황의 사이클이 후퇴하는 종목(업종)에는 손을 대지 말아야 하는 이유가 여기에 있다.

필자는 다음과 같은 업종에는 장기적인 투자를 삼갈 것을 권하고 싶다.

> 1. 신규 경쟁자의 지속적인 진입으로 공급의 증가가 예상되는 반면 신규 수요의 창출에는 제약이 있는 업종
>
> 2. 향후 대규모의 설비투자가 지속적으로 요구되는 반면 기업의 실적은 큰 변화가 없어 현금흐름의 악화가 예상되는 업종
>
> 3. 원자재 가격이 상승함에도 불구하고 가격인상을 통해 최종 소비자에게 부담을 전가시키기 어려운 업종
>
> 4. 정책 당국의 각종 규제가 예상되는 업종

반면, 다음과 같은 특성을 가진 업종들은 전형적인 턴어라운드(turn around, 실전호전 주식을 말함) 업종으로, 다소의 밸류에이션 부담을 안

고서라도 장기적인 관점에서의 투자가 유망하다고 볼 수 있다.

1. 그간의 치열한 경쟁으로 경쟁력이 약한 경쟁자들이 몰락하면서 업종 내 구조조정이 충분히 진행된 업종

2. 폭발적인 수요의 증가로 최소한 향후 2~3년간은 예상 이상의 성장이 예측되는 업종

3. 정책 당국의 정책 변화에 따른 수혜가 예상되는 업종

종목선택

이제 '돈을 버는 포트폴리오 구성'을 위한 가장 어렵고 중요한 세 가지 단계에 대한 개략적인 설명이 끝났다. 4단계는 지나온 단계들에 비하면 매우 쉬운 단계인 '종목선택'이다. 종목의 선택이 상대적으로 간단한 이유는 투자할 자산과 시장 그리고 업종까지 정해졌다면 해당 업종에서 가장 시장점유율이 높은 종목과 두 번째로 높은 종목을 매수하면 되기 때문이다. 즉, 굳이 수많은 종목을 앞에 놓고 방황할 일이 아니라, 가장 유망해 보이는 자산 군에서 가장 유망해 보이는 시장에 있는 가장 유망한 업종들의 1등 종목과 2등 종목을 함께 매수하는 것이 투자 성공을 높이는 가장 간단한 방법이다. 투자대상 업종의 수는 네 개 내외이며, 따라서 투자 종목의 수는 8~10개 정도가 적당할 것이다.

여기서 주의할 점은 필자와 같이 톱다운 어프로치를 신뢰하는 사

람들은 단기적인 밸류에이션 부담에 대해서는 크게 개의치 않는다는
사실이다.

(앞서 언급했듯 Top-Down Approach는 자산 → 시장 → 업종 → 종목 순으로 투자대
상을 선별하여 추론된 분석 결과를 바탕으로 종목을 선정하는 방식이다. 좀 더 거시적인 시각에
서 종목을 발굴하는 전략이라고 할 수 있다. 반면 Bottom-Up Approach는 투자대상 선정의 출
발을 개별 기업의 가치에서 시작하는 것을 말한다. 종목을 맨 나중에 평가하는 톱다운 투자전략
과는 반대이다. 예를 들어 A라는 기업의 재무제표나 내사정보를 파악한 결과, 기업의 가치가 시
장에서 낮게 매겨졌다고 판단되면 그때 투자에 나서는 전략이다.)

이는 주식투자는 결국 '기대심리'를 예측하는 게임이며, 따라서
어느 정도의 가격부담이 나타나더라도 현 주가에 포함된 투자자들의
'기대'를 충족시킬 만한 뉴 플로(속칭 재료)가 이어진다면 가격상승의 추

 POSCO의 PER 추이

* 출처 : Datastream

세는 유지될 수 있다고 믿기 때문이다.

앞의 그림에 나타난 POSCO의 PER 추이를 보자. 과거 POSCO는 철강 주로서, 가치는 좋으나 성장성은 제한된 종목으로 널리 알려졌으며 보통은 PER 5~8배 정도 사이에서 거래돼왔다. 그러나 중국 등 신흥 국가들의 놀라운 경제성장으로 철강 수요가 증가하면서 POSCO의 기업가치는 레벨 업되었고, 이제는 PER 12배 이상이 전혀 이상해 보이지 않는 단계까지 도달한 것이다.

이처럼 업황이 호황 사이클에 접어들었을 때는 과거에는 생각지도 못했던 밸류에이션이 정당화되는 경우가 비일비재하기 때문에 과거의 기준에만 매달려 종목을 선별한다면 주가상승의 대세 사이클을 놓쳐버리기 십상이다.

포트폴리오 유지 관리

이제 포트폴리오도 구성했으니 유지 관리하는 일만 남았다. 포트폴리오를 관리할 때 주의해야 할 점은, 기왕 어느 정도 장기투자를 하기로 한 이상은 기술적 지표에 크게 신경 쓸 필요가 없다는 사실이다. 물론 종합주가지수가 방향성 없는 박스권에서 맴돌 때와 같이 기술적 지표가 유용한 국면은 분명히 있다. 그러나 지금까지 설명해온 '톱다운 전략'의 핵심은 자산 군에서 업종 및 종목으로 이어지는 중장기 투자매력도에 있으며, 기술적인 흐름은 이차적인 문제에 지나지 않는다는 것이다. 따라서 포트폴리오를 교체하거나 불가피할 경우 손절매를 해야 하는 상황에 이르기까지, 중요하게 생각해야 할 척도로 '시장과 업황의 중장기적인 매력도'가 우선되어야 함은 당연하다.

업종의 투자매력은 무엇을 통해 측정할 수 있을까? 그것을 양봉과 음봉으로 이뤄지는 차트 안에서 찾을 가능성은 희박하며 누가 만들었는지도 모를 수많은 매매 격언 속에 있을 가능성은 더더욱 없다.

잠깐 양봉과 음봉에 대해 언급하고 지나가면, 양봉은 장이 시작하고 최초로 매겨진 가격(시가)보다 장이 끝났을 때 매겨진 가격(종가)이 높을 때의 캔들 모양을 말하고, 반대로 종가보다 시가가 높게 나타낼 때의 캔들 모양을 보고 음봉이라고 한다. 양봉과 음봉은 투자의 방향을 알려주는 시곗바늘과도 같은 역할을 한다고 이해하면 된다. 업종의 투자매력을 알기 위해서는 누구에게 물어봐야 하는가? 그것은 당연히 해당 업종을 커버하고 있는 증권사 분석가에게 물어봐야 한다.

따라서 그들의 입에서 나오는 뉴 플로는 수백 가지의 기술적 지표보다 훨씬 무게를 두고 살펴봐야 한다. 특히 증권사 분석가들이 업종 전반에 대한 의견을 완곡하게라도 부정적으로 내는 일은 많지 않다는 점을 고려할 때, 그들 중 일부라도 자신이 커버하는 업종에 대해 부정적인 코멘트를 했다면 이는 중요한 시그널로 해석할 필요가 있다.

자산배분전략

성공적인 투자를 위해 마지막으로 점검해야 할 변수가 바로 자산배분 전략이다. 즉, 종목이나 업종을 떠나 해당 자산 및 시장에 대해 자신이 가지고 있던 견해가 유효한지를 주기적으로 살펴봐야 하는 것이다. 앞서 강조했듯이 종목 선별이 업종 선별을 이기기는 쉽지 않으며, 업종 선별이 자산 선별을 이기는 것은 더욱더 어려운 일이다. 어느 정도 투자를 활발히 하고 있는 투자자라면 느끼는 일이겠으나 개별종목을 찾기보다 시장과 자산을 찾는 편이 수익과 위험관리의 측면에서 훨씬 더 효율적이다.

성공투자를 위한 길은 의외로 쉽고 넓다. 우리가 애써 좁은 길을 갈 뿐이다. 앞에서 필자가 제시한 개별자산의 선정에서 종목으로 이르는 '톱다운 전략'은 지금도 수많은 기관투자자들이 활용하여 좋은 성과를 올리는 주식투자의 핵심 전략이다. 또한, 현재 개인투자자들이 마음만 먹으면 언제라도 활용할 수 있는 수많은 증권사 보고서 및 뉴 플로들을 고려할 때 개인투자자들도 소액투자로 충분히 시작하고 따라 할 수 있는 전략이기도 하다. 만일 업황 및 경기의 사이클에 따라 포트폴리오를 조정하는 일이 쉽지 않다고 느낀다면 수많은 증권사에서 제시하고 있는 모델 포트폴리오들을 참고해도 충분하다. 증권사의 모델 포트폴리오들은 필자가 앞서 제시한 업종별 투자매력에 근거해 종목투자 비중을 정하는 경우가 많기 때문이다.

증권사의 투자전략을 담당하면서 가장 많이 듣는 질문 중 하나가 '몇백만 원으로 시작할 수 있는 개인투자자를 위한 투자전략'을 가르쳐달라는 것이었다. 그럴 때마다 필자는 지금까지 이야기한 '톱다운 전략'에 대해 이야기해줬으며, 2005년 이후 필자의 제안에 귀를 기울인 투자자들은 아마 시장보다 월등한 성과를 올렸을 가능성이 크다(2005년 이후 우리나라 시장은 업황이 거의 최고의 투자 척도로 떠올랐기 때문이다.). 그러나 위의 제안에 만족하지 않은 투자자들도 상당수였으며, 그들이 원했던 투자전략은 "이번 주는 무엇을 사서, 손절매 원칙은 어떻게 가져가고, 어떤 매수 시그널은 눈속임이고, 어떤 것은 진짜이고……." 뭐, 이런 정도였을 것이다.

그러나 하루에도 몇 번씩 매매를 하고 기술적 지표를 따라 이것저것 종목을 골라보고, 매수단가에서 몇 퍼센트 오르면 팔았다가 몇 퍼센트 하락하면 손절매를 하고, 사설 투자 설명회나 전화 상담을 통해 정보를 얻었다고 매매를 하면 늘어나는 수수료 외에 남는 것이 무엇일까! 값싼 수수료 때문에 매매중독 증세가 심해지고 값싼 수수료보다 20배나 비싼 세금은 까맣게 잊고 사는 일반투자자에게 성공 신화가 찾아올 까닭이 없다. 이런 방식을 통해 일반투자자가 성공했다는 전설을 들어본 일이 필자는 없다. 다만, 그로 인해 증권사만 돈을 많이 벌고 있음을 증권사의 분기보고서를 통해 알고 있다.

성공투자를 위한 길은 의외로 넓다. 대부분의 주식투자자들이 마음 편하게 갈 수 있는 길을 골라서 남보다 한 발짝 먼저 가면 그만이며, 이러한 목표를 추구하는 전략이 필자가 이야기하는 '톱다운 전략'이다. 많은 개인투자자가 투자에 실패하는 이유는 자신이 하는 방식이 옳다고 믿기 때문일 것이다. 그러나 그렇지 않다. '시장만 항상 옳을 뿐'이다.

정영완의 TOP-DOWN 톱다운 전략

1% 주식부자들의 이기는 투자법

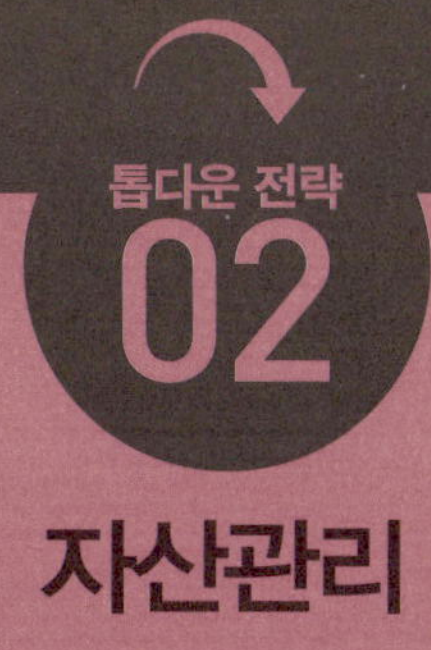

자산관리

주식부자들은 투자의
초심을 '주식투자'에서
'자산관리'로
재구성한다

멀리는 노후준비, 당장은 다달이 타는 월급이라도 관리를 해야 하는데 적금으로 붓자니 금리가 약하고, 어디에 투자를 해야 할지 망설인다면, 손해 보지 않고 수익률을 챙길 수 있는 '전략적 마인드'로 주식시장에 발을 담그라고 말하고 싶다. 그것이 바로 자산관리다. 단 당장 수익률에 춤추는 투자가 아닌 처음부터 장거리 경주라고 생각하고 임해야 하는 조건이 붙는다. 만약 이러한 마인드로 접근한다면 '춤추는 주식시장'에 일희일비(一喜一悲)하지 않고도 충분히 원하는 수익률을 가져갈 수 있을 것이다. 이것이 바로 두 번째 투자전략으로 자산관리를 선택한 이유다.

눈앞의 꽃이 아름답다고 해서 그것을 꺾으면 꽃은 본연의 아름다움을 유지할 수 있을까? 물론, 아닐 것이다. 처음에는 꽃을 보는 것만으로 만족하겠다고 생각하고 나중에는 꽃잎을 더 피울 때까지 기다리겠다고 하지만 결국 꽃잎의 목에 손을 갖다 대고 만다. 여기서 꽃은 주식투자에서의 수익률로 볼 수 있다. 대다수의 투자자들은 펀드투자를 통한 간접투자든, 주식투자를 통한 직접투자든 처음에는 '개인의 자산관리'라는 목표를 위해 주식시장에 입문한다. 하지만, '당장의 손익 결과'는 이러한 투자자의 초심을 잃게 만든다. 그래서 필자는 투자자의 초심을 굳건히 다지도록 하기 위해 종자돈도 만들지 말고 바로 투자에 나설 것을, 또 각 연령별로 투자 포트폴리오를 만듦으로써 주식투자를 자산배분 전략에 필요한 수단으로 접근하기를 강조한다. 인생을 살아가며 '중심을 잃지 않고 갈 길을 간다.'라는 것만으로도 우

리는 원하는 결과를 얻을 수 있다. 투자도 마찬가지다. 초심을 흐트러
뜨리는 당장의 손익 결과는 개인의 '라이프 재테크' 전체를 흔들 수
있음을 명심하기 바란다.

종자돈을 바라보는 눈

부자가 되는 방법 중 많은 투자자들에게는 상식화됐으나 개인적인 견해로는 납득하기 어려운 주장들에 대한 의견을 제시해보고자 한다. 첫 번째로 절세 전략 만능론에 대해 반론을 제기하고 싶다. 부자가 되는 것을 결정하는 가장 중요한 변수는 장기적인 자산배분 전략의 성공 여부이지 절세 전략과 같은 기법이 아니다. 기법은 일부분을 개선시켜줄 수는 있어도 전체나 본질을 해결해주지는 못한다.

샐러리맨이 절세를 대하는 첫 마음

근로자들이 직면한 재테크 상의 가장 큰 문제점은 원하는 재무목표 수준은 매우 높은 데 비하여, 이를 달성하기 위해 활용 가능한 금융자원의 규모는 제한적이라는 점이다. 가령 15년 동안 현재가치 기준 2억 원을 모아 아파트를 장만하려는 보통 근로자가 있다고 가정해보자.

통계청에 따르면, 2006년 우리나라 근로자 가계의 근로소득은 350만 원 내외지만 가계지출은 270만 원 정도이다. 어느 근로자가 지출 이후 잔액 중에 60만 원(1년에 720만 원)을 내 집 마련의 재무목표 달성을 위해 모두 저축한다고 가정한다. 만일 집값 상승률이 연간 3%, 저축금액이 연간 5% 늘어난다고 가정할 때 과연 비과세 예금을 선택하는 전략이 보통예금을 선택하는 전략에 비해 이 근로자의 재무목표를 달성하는 데 얼마나 도움이 될까를 생각해보자(이 경우, 현재 아파트 구입을 위해 2억 원은 15년 뒤 3억 1,000만 원으로 변해있게 된다.).

● **확정금리형 예금을 통한 내 집 마련 계획의 결과**

투자상품 종류	15년 뒤 목표금액 (주택가격)	15년 뒤 적립금액	목표달성 여부
5% 확정금리형 상품	3억 1,000만 원	2억 3,000만 원	불가능
5% 확정금리형 비과세 상품		2억 4,000만 원	불가능

* 참고 : 과세와 비과세의 결과는 차이가 없음

예에서 알 수 있듯 이자소득에 대해 세금이 매겨지는 예금을 선택하든 세금이 매겨지지 않는 예금을 선택하든 집값이 크게 하락하지 않는 한 이 근로자가 확정금리형 예금을 통해 재무목표를 달성할 가능성은 거의 없다. 물론 15년 뒤 손에 쥐는 금액은 다소 차이가 있겠지만 집을 살 만큼 충분한 금액이 모이지 않는다는 점에는 차이가 없는 것이다. 그 이유는 간단하다. 근로자가 15년 뒤 내 집 마련을 하기 위해서는 연간 9% 정도의 수익이 필요한데 과세가 되거나 되지 않거

나 확정금리형 자산군(Asset Class)에 투자해서는 국세청이 돈을 오히려
보태주지 않는 한 이 수익률의 달성이 불가능하기 때문이다. 즉, 아무
리 절세 전략의 귀신이라 할지라도 투자 가능 금액과 재무목표를 고
려한 자산배분 전략 자체가 잘못되어 있는 상황에서는 재무목표를 달
성하지 못한다는 결과는 변함이 없는 셈이다.

매우 명쾌한 현실이면서도 잘 알려지지 않은 부분은 실질금리
의 급락으로 인해 확정금리형 절세상품의 투자매력은 크게 떨어진
반면, 배당투자의 투자매력은 크게 상승했다는 점이다. 지난 2005년
1,000만 원을 투자할 경우를 예로 들면 이자율이 10%의 경우 이자소
득 관련 소득세가 모두 비과세된다고 가정할 때 1년에 절약되는 세금
은 15만 4,000원(전체 수익률 기준 1.54%)에 이른다. 1,000만 원은 우리나라
보통 근로자 연봉의 20~30%에 달하는 금액으로 일반 근로자들이
한 해 투자하기는 결코 쉽지 않은 금액이다. 그러나 현재와 같이 명
목금리 수준이 5%대까지 하락한다면 절약되는 세금은 7만 7,000원
(0.77%)에 지나지 않게 된다.

즉, 불과 친구 몇 명과 맥주 한잔 마실 만한 초과수익의 유혹에
이끌려 수익률이 훨씬 더 우월할 수 있는 자산들에 대한 투자를 포기
한 것이다. 반면, 동일한 금액을 포스코에 투자하여 배당을 받았다고
가정할 경우 동사는 2005년에 주당 8,000원의 배당을 지급했으므로
당시 기준으로 주가가 높았던 24만 원에 매수했더라도 배당수익률만

3% 이상을 건졌으며 자본차익(원금의 2배 수준)과 배당소득에 대해서는 전액 비과세이다. 이것이야말로 꿩 먹고 알 먹는 절세 전략이 아니겠는가. 바로 이점 때문에 필자는 오늘도 확정금리형 비과세 상품을 찾아 은행창구를 기웃거리는 우리나라 '짠돌이 근로자'에게 그 시간에 차라리 믿음직한 재무적 조언자를 구해보라고 말씀드리고 싶은 것이다.

확정금리형 상품을 이용한 세액공제의 혜택

다만, 절세상품의 선택에 있어 소득공제라는 부분이 포함된다면 이야기가 크게 달라진다. 연말만 되면 모든 언론의 재테크 관련 기사가 세액공제 전략으로 도배가 되다시피 하지 않는가. 그럼 이번에는 연말마다 세액공제의 단골 메뉴로 등장하는 연금저축의 예를 들어보자.

연금저축은 불입액 중 최고 300만 원을 공제한다. 필자의 판단에 의하면 300만 원은 우리나라 보통 근로자들의 평균 정도의 생활을 유지하면서 연간 저축할 수 있는 금액의 30~40% 정도로 결코 적은 금액이 아니다. 가입 첫해 근로자의 소득세율이 22%라면 소득공제로 인한 효과는 66만 원이다(물론, 돌려줄 소득세가 있다는 전제하에). 그야말로 '짭짤한 효과'라고 할 수 있는데, 다만 여기서 한 가지 주의해야 할 점은 가입기간이 늘어날수록(공제혜택을 유지하기 위해서는 만기까지 들고 가야 하는 연금의 특성상 그럴 수밖에 없다.) 소득공제의 효과는 급격하게 하락한다는 점이다.

	납입한 금액	세액공제	적립금액	연금수익률	세액공제 수익률	전체 연 수익률
가입 1년	3,000,000	660,000	3,000,000	5	22.00	27.00
가입 2년	3,000,000	660,000	6,150,000	5	10.73	15.73
가입 3년	3,000,000	660,000	9,457,500	5	6.98	11.98
가입 4년	3,000,000	660,000	12,930,375	5	5.10	10.10
가입 5년	3,000,000	660,000	16,576,894	5	3.98	8.98
가입 6년	3,000,000	660,000	20,405,738	5	3.23	8.23
가입 7년	3,000,000	660,000	24,426,025	5	2.70	7.70
가입 8년	3,000,000	660,000	28,467,327	5	2.30	7.30
가입 9년	3,000,000	660,000	33,079,693	5	2.00	7.00
가입 10년	3,000,000	660,000	37,733,678	5	1.75	6.75

　도표에서 나타나듯이 불입 1∼4년째까지는 세액공제 효과로 매우 큰 기대수익률을 예상할 수 있으나 5년이 지나가면 세액공제의 효과가 크게 떨어지게 된다. 또한 세액공제를 유지하기 위해서는 10년 이상 불입을 해야 하며 55세가 되어야 찾을 수 있는 등 제한요건들이 있다는 점은 기억해주기를 바란다.

　그럼 개인연금저축은 어떨까? 개인연금저축의 가장 큰 약점은 그 수익률에 있다기보다는 소득공제 효과를 극대화하면서 불입할 수 있는 금액이 적다는 데 있다. 즉, 소득공제를 해주는 금액이 제한이 된다는 말이다. 예를 들어, 이자가 연 복리 5%로 계산되고 20년 뒤 탈 수 있다 가정하더라도 만기에 수령할 수 있는 금액은 1억 원 내외가

된다. 1억 원이면 매우 큰 금액인 것 같으나 이 금액을 현재가치로 따져보면(물가상승률 3% 가정) 6,000만 원이 안 되는 정도이다. 은퇴 후 노후생활을 위해 필요한 자금이 현재가치 기준 4억 원 이상은 있어야 한다는 상황에서 불충분한 금액인 셈이다. 따라서 개인연금저축은 '반드시 가입해야 하는 상품'임에는 큰 이견이 없으나 세액공제로 인한 수익률을 극대화하면서 동시에 노후생활을 위한 충분한 대비를 하기는 어려운 상품이라는 점을 고려해야 할 것이다.

♪ 재테크 입문자들의 첫사랑, 시드머니를 대하는 첫 마음

두 번째는 소위 "종자돈부터 모아라."라는 주장에 대한 반대 의견이다. 종자돈을 모아 한번 크게 승부를 거는 전략보다는 작은 돈이라도 꾸준하게 목표수익률을 고려해 장기적으로 운용하는 전략이 우월한 성과를 기록할 것으로 필자는 믿고 있다. 정말이지, 여느 재테크 서적에서 빠지지 않고 등장하는 통장 쪼개기, 청약통장, 비과세상품 가입 여부 등에 부자의 운명이 달려 있지 않다는 것을 강조하여 말하고 싶다. 부자가 되는 속도를 빠르게 해줄 수는 있을지언정 부자가 되는 가장 큰 변수인 연자산수익률에 변수로 작용하기는 어렵기 때문이다.

그럼 여기서 종자돈 재테크에 대해 구체적으로 알아보도록 하자.

종자돈에 대해 이야기를 하기 전에 분명히 한 가지 확실해 해두고 싶은 부분이 있다. '시드머니를 모아 승부를 내는 전략'은 자산관리(Asset Management)가 아닌 단순한 투기(Speculation)라는 점이다. 즉, 부동산 정책의 허점을 노려 금융자산의 대부분을 투자하여 특정 지역 아파트의 급매물을 매수하는 전략이 결과에 따라서는 부자가 되는 방법은 될 수 있을지언정 자산관리라는 이름을 붙여 권할 만한 전략은 아니라는 말이다. 이는 재테크 전략이란 개인별 리스크를 수용하는 수준과 이에 따른 최적의 분산투자 전략을 제시하는 맞춤형 종합 자산관리의 일부분이며 단순히 '안 되면 말고'의 식으로 "어떻게 하면 돈을 많이 벌 수 있다."라며 족집게 강의를 하는 수준이 아니기 때문이다.

목돈 마련 후 공격적 투자 전략과 'Slow and Steady' 전략의 차이에 대해 알아보자. 종합자산관리 전략과 목돈을 모아 투기를 하는 전략과의 차이점을 비교하기 위해 우리나라 전형적인 두 근로자의 예를 들어볼 것이다.

두 근로자 모두 연봉이 5,000만 원 수준이며 연봉의 20% 수준인 1,000만 원을 노후생활 대비를 위해 투자한다고 가정한다. 이 중 근로자 A씨는 자신의 자산관리자와 상의를 한 결과 연수익률 8%를 목표로 투자를 하기로 했으며, B씨는 시드머니가 모일 때까지 연 기대수익률 5%로 보수적인 투자를 하다가 4년 정도에 한 번씩 연 20%의 수익이 기대되는 자산에 공격적으로 투자하기로 했다. 그리고 B씨는 연 20%의 수익을 기대하는 공격적인 투자에서 두 번 모두 성공한다.

● **근로자 A씨와 근로자 B씨의 자산운용 계획 비교**

	자산운용 계획	목표수익률
A씨	자산관리자와 상의 후 분산투자로 결정	연평균 8%
B씨	열심히 종자돈을 모은 후 잘되면 20%의 수익이 기대되는 자산에 단기투자	종자돈 모일 때까지 5% 4년에 한 번씩 20% 수익을 목표로 단기투자

과연 꾸준하게 '잽'을 날리는 A씨와 힘을 비축했다가 결정적인 시기를 노려 큰 펀치를 날리려고 하는 B씨의 투자수익률 중 어떤 전략이 우월할까?

A씨와 B씨의 10년 투자결과를 보면 B씨의 뛰어난 투자타이밍(4~5년에 한 번씩 과감히 위험자산에 투자해도 연 20%의 수익을 내는) 선택 능력에도 불구하고 10년 투자한 결과를 보면 그리 큰 차이가 나지 않는다(A씨는 166백만 원, B씨는 164백만 원). 문제는 수익률 측면에서는 큰 차이가 나지 않으나 위험 측면에서는 큰 차이가 난다는 점이다. 투자위험을 측정하는 연수익률의 표준편차를 보면 A씨는 그리 크지 않은 데 반해, B씨는 매우 클 것이기 때문이다. 간단히 말해, B씨는 A씨에 비해 주식 등 위험자산에 투자하는 타이밍을 골라 단기투자를 하는 위험을 부담했음에도 불구하고 이에 만족할 만한 반대급부인 초과수익률을 얻지 못한 셈이다.

만일 위험자산에 대한 투자시점을 고르는 전략의 실패 가능성을 고려한다면 "시드머니를 모아 한 방을 노려라."라는 재테크 전략이 얼마나 위험한 전략인지 더욱더 극명하게 드러나게 된다. 앞의 예에서 등장한 B씨가 이번에는 2년에 한 번씩 고수익을 노려 위험자산에 투자한다고 가정하자. B씨는 10년 동안 다섯 차례, 연수익률 20%를 목표로 위험자산에 투자를 해 네 번은 성공했으나 한 번은 20% 손실을 보았다(다섯 번 투자 타이밍을 노려 네 번 성공했으니 성공률은 80%나 된다. 주식시장의 어느 전략가보다 뛰어난 시장예측 능력을 갖추고 있는 셈이다). 두 사람의 수익률은 어떻게 될까?

자, 이제 결과를 살펴보자. B씨는 2년마다 단기적으로 투자할 자산을 찾아야 했고 이에 대한 단기투자에 대한 위험도 부담해야 했다. B의 시장예측 능력도 성공률 80% 정도로 매우 훌륭했음에도 불구하고 10년에 걸친 성과는 자산배분 전략에 의한 안정적인 전략을 택한 A씨에 비해 결코 높지 않다(A씨는 166백만 원, B씨 162백만 원). 만일 B씨의 시장예측 성공 가능성이 80%가 아닌 60%로 떨어진다면 오히려 A씨보다 수익률은 10% 정도 저조할 것이다(다섯 번 위험자산에 대한 투자 중 두 번째, 세 번째 투자에서 실패한다고 가정했을 때의 결과 내용이다).

위 예에서 제시하는 교훈은 매우 명확하다. 장기적인 금융시장의 추세를 예측하는 합리적인 자산배분 전략이 뒷받침될 수 있다면 장기적으로 안정적인 수익률을 노리는 전략이 시드머니를 모아 투기적으로 한 방을 노리는 전략보다 우월한 성과를 올릴 가능성이 크다는 평범한 진실이다. 즉, 열심히 돈을 모아 단기 몰빵투자로 자산을 불려보자는 전략은 전략 자체가 매우 위험할뿐더러, 웬만한 시장예측 능력이 받쳐주지 않는다면, 시장 진입 타이밍을 노린 투기적 몰빵투자는 부자가 되는 방법이 될 수도 있고 부자들만이 가진 노하우가 될 수도 있으나 '신용불량자'로 통하는 가장 빠른 지름길이 될 수도 있음을 명심해야 한다. 자산을 불리기 위해 필요한 사람은 '족집게 도사'가 아니라 금융시장의 장기추세를 예측하고 이에 따라 합리적인 자산배분을 할 수 있는 자산관리자이다. 여러분은 이런 사람을 가지고 있는가? 그렇다면, 여러분은 부자로 가는 길의 반 이상은 넘어서고 있는 것이다.

변화무쌍 주식에 대처하는 첫 마음

재테크 상식 중에서 "금리가 상승할 때는 단기적으로 자금을 운용하고 금리가 하락할 때는 만기가 긴 상품에 가입하라."라는 표현이 있다. 물론, 이 표현은 고등학교나 대학교 경제 관련 시험문제로는 훌륭하게 쓰일 수 있을 것 같다. 그러나 필자의 경험에 비추어 볼 때 과연 금리변화에 따라 보유자산의 만기구조를 바꿔나간다고 해서 우리나라의 평범한 근로자가 부자가 될 수 있을지에 대해서는 의심하지 않을 수 없다. 금리가 상승하는 가장 큰 이유는 인플레이션 때문이며 인플레이션이 발생하는 이유는 유가 급등과 같은 특수한 경우를 제외한다면 경기호전으로 인해 투자 및 가계소비 등이 늘어나기 때문이다.

또한, 금리가 상승하는 이유는 기업실적이 좋아지고 자산가격이 상승하면서 중앙은행이 속도조절에 나섰기 때문이다. 필자가 생각할 때 금리상승 초기에 가장 합리적인 재테크 수단은 어느 정도까지는 인플레이션에 대한 헤지 기능이 있는(즉, 금리가 오르더라도 가격이 상승할 수 있는) 주식, 부동산, 실물자산 등에 대한 투자비중을 늘리는 전략이다. 단순히 금리상승에 따라 보유자산의 만기구조를 바꿔나가는 전략은 인플레이션의 위협으로부터 돈을 지키는 전략은 될 수 있을지언정 돈을 버는 전략은 되지 못한다. 돈에 대한 방어본능이 강할수록 돈을 축적하는 길과는 거리가 멀어지는 셈이다.

주식투자 격언 중 "지금은 나쁘지만 5 ∼ 10년 후 좋아질 업종에 집중투자하라."라는 말이 있다. 참으로 고개가 끄덕여지는 말이다. 하지만, 좋은 경우보다는 나쁜 경우가 많기 때문에 개인투자자들의 입장에서는 이 속담은 잊어버리라고 말하고 싶다.

증권시장에서 내로라하는 애널리스트들도 웬만한 경우가 아니면 10년 이후의 업황까지 예측하기는 상당히 어렵다. 예를 들어, 지금으로부터 약 8년 전인 2000년 초, 우리나라 조선업종이 2008년 들어 이렇게 대호황을 맞으리라고 예상했던 조선업종 전문가는 많지 않았다. 그렇다면, 전문가들도 예측하기 어려운 10년 이후의 개별업종 경기 사이클 변화를 개인투자자들이 성공적으로 예측할 확률이 얼마나 될지 의심하지 않을 수 없다. 개별종목에 대한 투자도 마찬가지다. '지금은 좋지 않지만 몇 년 이내면 크게 호전될 기업'(대부분 신 사업 진출 등을 통해)을 찾아내기만 한다면야 누구나 꿈꾸는 대박을 맞이할 수 있다. 하지만, 해당 기업을 수시로 방문하거나 내부정보 등을 접하기 어려운 개인투자자들이 어떤 기업이 몇 년 뒤에 좋아질 수 있다는 것을 알아내기는 상당히 힘들다.

오히려, 획기적으로 개선되는 종목들을 찾아 투자하고 싶은 개인투자자들의 성향을 교묘히 이용하여 갖가지 신사업 진출 등을 미끼로 주가를 움직이려는 음모에 휘말릴 가능성이 크다. 필자의 주장은 간단하다. 섣부르게 바이오, 엔터테인먼트, 환경사업 등 신 사업의 간판을 내건 개별종목에 투자하느니 자산가치 대비 저평가되어 있으면서 안정적인 배당을 지급하는 검증된 가치주에 투자하는 편이 부자가 될 가능성이 높다는 것이다. 만일 저평가된 종목을 발굴하여 투자하고 싶다면 거기에 맞는 운용전략과 장기적으로 안정적인 운용수익률을 가지고 있는 스타일펀드에 투자하는 게 좋은 결과를 기대할 수 있을 것이다.

그렇다면, 재테크의 핵심은 무엇인가? 결국, 중장기적인 자산군(주식, 채권, 해외상품 등)별 수익률을 예측하고 각각에 대한 투자비중을 정하는 자산배분 전략이다. 한 연구결과를 봐도 결국 자산배분 전략이 장기적인 수익률의 90%를 결정하며 나머지 10%만이 기타 기법들의 결과라고 한다. 지금이라도 가계 자산운용의 한 단면만을 강조하는 소위 재테크 상식들의 편견을 깨고 작은 자산이라도 장기적으로 재무목표를 달성하기 위해 어떻게 배분해나갈 것인가를 두고 고민해보자.

이렇듯 자산배분 전략을 세워놓고 한 발짝씩 나가다 보면 의외로 부자로 가는 길이 쉽게 보일 것이다. 필자가 안타까워하는 또 하나의 부분은 우리나라의 근로자들이 아직도 혼자의 노력으로 부자가 되려고 한다는 점이다. 아마 그동안 증권사들을 비롯해 일부 금융기관들의 잘못된 영업관행의 영향인 것으로 보여 더욱 안타깝다. 그러나 성공적인 자산배분 전략을 수립하고 이를 유지해나가기 위해서는, 매일 금융시장의 변화를 접하고 대응을 해나가기 위해서는 재무적 조언자의 도움은 필수다. 합리적인 자산배분 전략을 함께 할 수 있을 정도의 재무적 조언자를 구할 수 있다면, 부자로 가는 길의 반 이상은 지난 것이나 다름없다.

당신의 내일가치

인생의 가치를 알고 싶다는 근원적 욕구

우리는 가끔 '지금부터 나에게 남아 있는 인생의 가치를 측정해본다면 어느 정도일까?'를 생각한다. 물론, 필자가 감히 세상에서 가장 소중하다고 할 수 있는 추상적인 생명의 가치를 돈으로 재보자고 제의한다는 뜻은 절대 아니다. 다만, 우리에게 남은 짧은 인생 동안 우리는 얼마의 금전적 부가가치를 창출할 수 있으며 이 수치가 현재의 소득 대비 얼마나 차이가 나는지를 알고 싶다는 증권쟁이 특유의 궁금증이 다시 한 번 도졌을 뿐이다.

인생의 가치를 측정하는 척도로서 필자가 잠시 생각해본 지표는 LVER, 즉 'Life Value to Earning Ratio(Life Value/연간소득)'이다. 여기서 말하는 'Life Value'와 연간소득의 정의는 다음과 같다.

Life Value(인생의 가치) =
남은 노동기간 동안 발생하는 근로소득의 현재가치 + 순자산가치

(순자산가치 = 자산의 현재가치 − 부채)

연간소득 =
정기적으로 발생하는 근로소득 + 정기적으로 발생하는 금융소득(일회성 소득 제외)

오늘의 가치가 '30'이라면,
내일의 가치가 '31'이 되도록 노력하자!
여기에서 '1'이라는 상승값(차이)이
비록 지금은 하찮고 작은 수에 불과할지 모르지만,
먼 훗날 '100'이 만들어지는 데 없어서는 안 될
중요한 상승값으로 작용할 것이다.

이렇게 정의된 LVER은 기업의 가치를 측정할 때 사용되는 PER (시가총액/당기순이익)과 비슷한 지표가 되는데, 이 개인지표가 높은 사람들의 주요 특징을 살펴보면 다음과 같다.

1 순자산 규모 등 다른 조건에 큰 차이가 없다면 나이가 많은 사람의 LVER보다 나이가 젊은 사람의 LVER이 높을 것이다.

2 비슷한 조건이라면 상대적으로 안정적인 소득원을 가진 사람의 LVER이 소득원이 불확실한 사람에 비해 높을 것이다. 이는 그 사람의 미래 소득을 현재가치로 환원할 때 사용되는 할인율이 상대적으로 매우 낮을 것이기 때문이다.

3 다른 조건이 큰 차이가 없다면 자산수익률(금융소득/투자자산)이 높은 사람의 LVER이 높을 것이다. 이는 복리의 효과로 인해 시간이 흘러갈수록, 양자 간의 순금융자산(금융자산-이자지급성부채) 차이가 매우 커질 것이기 때문이다.

결국, 한 개인의 LVER이 높다는 의미는 나이가 젊고 안정적인 직장을 가지고 있으며, 재테크가 뛰어난 사람이라는 뜻일 가능성이 커진다.(결혼정보회사들이 선호할 만한 배우자들이 바로 LVER이 높은 사람이 아닐까?)

그렇다고는 하지만, 앞의 세 가지 조건을 모두 다 갖추지 못했다고 해서 실망하지는 말자. 이 중에서 한 가지만이라도 갖추었다면, LVER을 높여나가기 위한 자격은 충분히 갖추고 있는 셈이다.

　LVER을 높이기 위한 방법은 뭘까? 명확한 계산을 해보지는 않았으나 필자가 대략 계산한 우리나라 보통 근로자들의 LVER은 대략 30세의 경우 12~14배 수준, 40세는 8~10배 내외, 50세는 6배 내외인 것으로 판단된다.

　그렇다면, 어떤 방법으로 우리 인생의 미래가치를 높여, LVER을 한 단계 레벨업시킬 수 있을까? 주위의 사람들 중 나름대로 미래가치의 상승을 통해 LVER을 높인 예를 찾아보면 그 해답을 발견할 수 있을 것이다. 필자가 생각하는 LVER 레벨업 전략을 정리해보면 다음과 같다.

　첫 번째는 안정된 소득원을 개발하는 것이다. 소득이 안정되면 같은 소득이라도 미래가치에 대한 할인율이 하락하면서, LVER이 크게 높아지게 된다. 최근, 공무원 및 공기업에 대한 젊은 세대의 관심이 증가하는 가장 큰 이유도 결국은 LVER을 높이기 위한 시도이다. 필자가 'Dow 10 전략'(205쪽 참고) 등을 소개하며 "안정적인 배당을 지급하고 주가마저 저평가된 대형우량주는 놓치지 마라."라고 계속해서 권하는 이유도 바로 여기에 있다고 할 수 있다.

　두 번째는 투자수익률을 높이는 일이다. 우리나라 근로자들이 처한 재테크 환경은 한정된 자금을 가지고 장기간에 걸쳐 큰 자금을 준비해야 한다는 특징이 있다. 시간이 지날수록, 미래 노동의 현재가치는 하락할 가능성이 크며 여기서 잃은 미래노동의 가치는 투자를 통한 순 금융자산의 축적을 통해 상쇄할 수밖에 없을 것이다.

자본주의 사회에서 우리가 성공적인 인생을 살고 있는가를 알기 위해서는 남아 있는 삶의 가치가 현재 삶의 가치 대비 얼마나 더 큰가를 측정해야 할 것이다. 이러한 의미에서 LVER을 기준으로 우리의 삶을 바라볼 때 우리의 미래는 전혀 새로운 의미로 다가올 수도 있지 않을까 생각한다. 지금, 우리 자신에게 한번 물어보자. 우리 자신에 남아 있는 삶의 미래가치는 얼마나 될 것인지에 대해 말이다.

● 우리나라 보통 근로자들의 LVER 추정

30대 초반	40대 초반	50대 초반
13배 내외	9배 내외 (순자산 1억 원 가정)	6배 내외 (순자산 2억 원 가정)

* 참고 : 초임 – 3,000만 원 가정 (50세까지 근무 가정)
　　　임금상승률 연 3%, 5년마다 20% 특별 임금상승 가정 (승진 등의 요인)
　　　근로소득 할인률 – 30대 7%, 40~45세 12%, 45~50세 17%, 50대는 22%

만기의 허와 실

어느 날 메일을 확인하다 3년 전 가입했던 주식형 적립식 펀드의 만기일이 지났다는 내용의 편지를 받았다. 많은 적립식 펀드가 은행을 통해 판매가 이뤄졌으니 이런 일이 일어났겠으나 주식형 상품에 만기라는 꼬리표를 굳이 붙여놓은 업계의 관행은 필자로서는 여전히 이해하기 힘들 뿐이다. 만기라는 단어는 확정된 기간, 금리조건, 상환액 등을 가진 저축형 상품에나 어울릴 법한 단어이며 장기투자의 먼 미래를 믿고 자금을 운용하는 주식형 상품과는 거리가 있기 때문이다.

영속기업을 가정하는 주식에 특정한 만기가 있을 리가 없으므로 주식에 투자하는 주식형 적립식 펀드에도 당연히 만기라는 개념은 없다. 따라서 만기가 돌아왔으니 돈을 찾을지 말지를 고민하는 것 자체가 부질없는 일이다. 적립식 펀드에는 투자기간이 길수록 높은 수익률을 올릴 가능성이 커지고 동시에 투자위험은 줄어드는 복리의 마술

이 있을 뿐이다. 3년 동안 꾹 참고 수익률을 불려놓았건만 달랑 만기라는 이유 하나만으로 '지속될 수 있는 마술'을 버릴 이유가 뭐가 있겠느냐 이 말이다.

 S&P500지수의 투자기간별 투자성과 (1990 ~ 2007년)

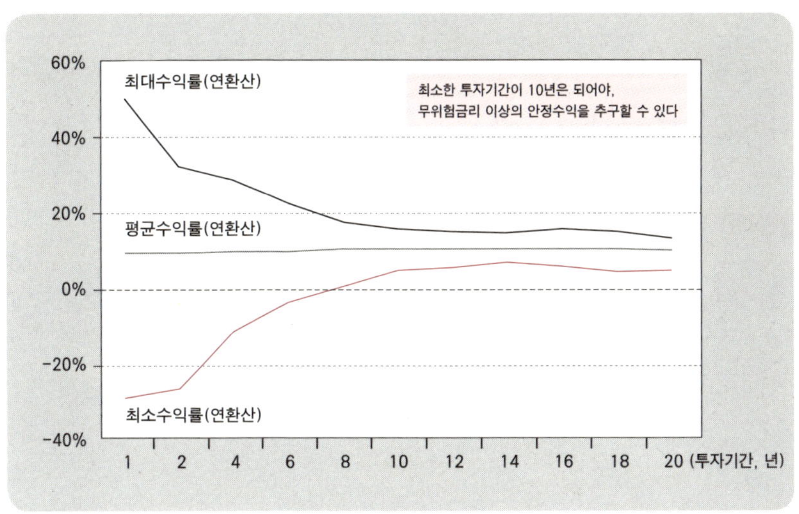

* 자료 : 삼성증권

이 그림은 미국의 대표지수인 S&P500지수의 투자기간별 수익률을 나타내고 있다. 예를 들어, 투자기간을 1년으로 할 경우 평균적인 기대수익률은 연 10% 수준이나 수익률의 범위는 연 -30 ~ 50% 정도로 대단히 크다. 반면, 투자기간을 12년으로 잡을 경우 평균적인 기대수익률이 연 10% 수준이라는 점에는 변화가 없지만 수익률의 범위는 연 7 ~ 16% 수준으로 상당히 안정적이라는 점을 알 수 있다. 즉, 1980년 이후 대세상승을 경험했던 미국 시장에서도 주식자산에 투자하면

서 무위험금리 수준 이상의 안정수익을 추구하기 위해서는 투자기간
이 최소한 10년 이상은 되어야 한다는 점을 이 그림은 말해주고 있는
셈이다.

개인투자자들을 만나보면 "당신이 이야기하는 장기투자는 대체
몇 년 정도를 말하는 것입니까?"라는 질문을 많이 받는다. 이 질문에
대해 필자는 "12년 정도는 되어야 장기투자라고 말할 수 있을 것입니
다."라고 대답한다.

그림13 **투자기간별 S&P500지수의 연간 수익률/연간 표준편차** (1990~2007년)

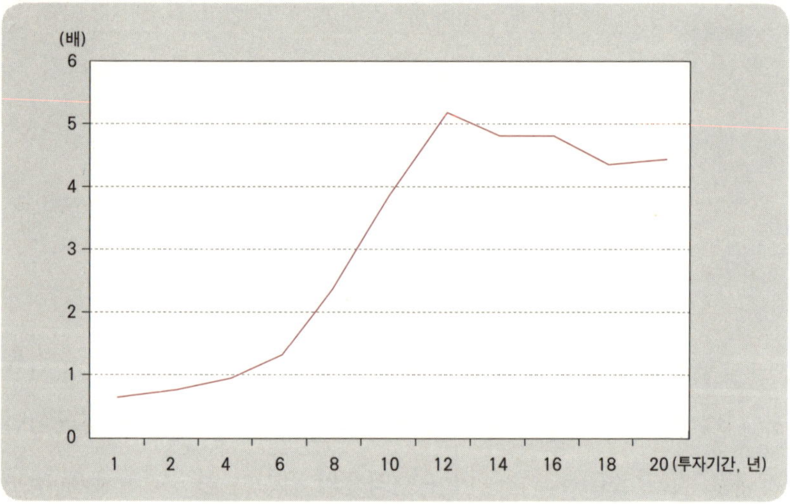

* 자료 : Datastream

이 그림은 투자의 효율성을 측정하는 지표로 많이 사용하는 연
간수익률/연간 표준편차를 통해 기간별 투자성과를 분석한 결과이다.
예상했던 대로, 투자기간이 5년 미만일 경우 기대수익률에 비해 투자

위험이 높아 장기투자에 비해 비효율적인 투자가 되고 있음을 보여
주고 있다. 그러나 투자기간이 12년에 이르면 연 환산한 12년간 투자
수익률의 평균은 11%인 데 반해 12년 투자수익률의 연 환산 표준편
차는 2%로, 가장 효율적인 투자성과를 보여준다. 따라서 미국 시장의
예를 볼 때 주식시장에 투자하여 효율적인 투자성과를 기대할 수 있
는 투자기간을 12년 정도로 판단하는 것이다.

투자자 중에는 12년이면, 한 자녀를 초, 중, 고 교육하는
기간과 같다며 까마득하게 멀게만 생각하는 이들이 있다.
하지만, 여기서 말하는 12년용 자산주머니의 용도는, 지금
당장 지출해야 할 생계비용을 말하는 게 아니라, 미래에 사
용할 노후자금을 말한다.

앞서 설명한 바와 같이 주식형 적립식 펀드에 없는 것은 바로 만
기다. 굳이 가장 효과적인 투자기간을 말하라면 '최소 12년 정도는 투
자해야 주식시장의 매력을 최대한으로 활용할 수 있을 것'이라고 대
답하고 싶다. 그렇다면, 주식형 펀드에 있는 것은 무엇인가? 그것은
바로 노후생활 설계에 대한 해답이라고 할 수 있다. 즉, 주식투자의 최
대 장점인 장기투자를 통한 복리효과의 극대화와 함께 투자기간을 분
산함으로써 나타나는 리스크 관리 효과를 모두 갖고 있기에 주식형
적립식 상품을 통한 노후생활 설계가 가능해지는 것이다.

주식형 적립식 펀드에 투자하고 있다면 이 점은 꼭 기억해두자. 돈을 찾을지를 고민해야 하는 관점에서라면 적립식 펀드는 만기가 없다. 구태여 만기를 설정하고 싶다면 최소한 12년 이상은 투자한다는 원칙만이 있을 뿐이다.

두렵지 않은 나이듦

앞에서 적립식 펀드의 장기투자를 이야기하면서 언급한 12년이라는 투자기간에 대해 대부분의 독자들은 "12년이라는 투자기간이 너무도 길다."라는 것과 "증시가 고점이므로 환매를 해야 한다."라는 생각을 가질 수도 있을 것이다. 이제껏 주식시장에서 경험해보지 못한 고주가와 지난 3~4년간(적립식 펀드가 일반화되기 시작한 2004년 이후) 불입해온 적립식 펀드의 수익률이 제법 괜찮아 보일 테니 수익을 실현하고자 환매의 욕구가 생기는 것도 무리는 아니다. 그러나 12년이라는 세월이 너무도 먼 장기투자라는 논쟁에 대해서 필자는 "최소한의 적립식 투자기간은 12년으로도 부족하다."라고 말하지 못한 걸 후회하고 있다. 또한, 지금이 환매의 적기라는둥, 고점에 왔으니 수익을 실현하자는둥 하는 단순한 논리에 대해서는 적립식 투자의 원칙과 노후생활에 대한 준비 상황을 물어보고 싶다. 길수록 안전한 적립식 투자의 기본 원칙을 지켜서 좀 더 안정된 노후대비를 하고자 한다면 다음의 두 가지는 반드시 지켜져야 할 것이다.

♪ 코스트 애버리지 효과에 대한 신뢰

첫째, 코스트 애버리지 효과에 대한 신뢰이다. '코스트 애버리지'란, 우리가 시간을 분배하여 투자에 나서게 되는데, 이때 발생되는 펀드 좌당 매입단가의 변화를 말한다. 적립식 펀드와 거치식 펀드의 차이점을 설명할 때 가장 많이 등장하는 말이기도 하다. 과거 2〜3년, 지금처럼 증시가 상승할 것으로 기대하지 못하고 있던 상황에서도 적립식 펀드에 가입할 수 있었던 것은 마켓 타이밍에 따라 수익률의 편차가 발생하여 원금손실의 가능성이 큰 거치식 투자의 위험성을 벗어나고자 하는 것이 가장 큰 이유였다.

그림 14 코스트 애버리지 효과

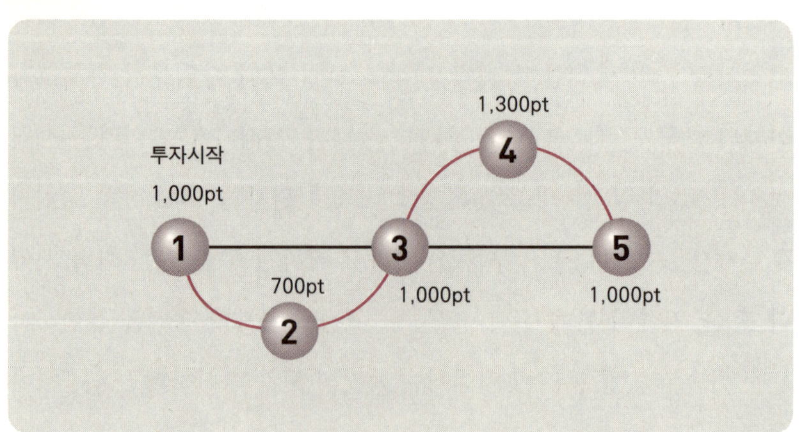

찾는 시점	적립식 투자	목돈투자
2	-30%	-30%
3	21%	0%
4	49%	30%
5	5%	0%

코스트 애버리지 효과의 기본은 장기투자밖에 없는 것이다.

적립식 펀드 투자는 시장이 하락하여도 월 단위로 투자금액을 분산시키기 때문에 장기투자를 하면 할수록 평균 매입가격을 하락시켜 단기적인 마켓 타이밍에 대한 부담 없이 투자기간이 길수록 높은 수익률을 올릴 가능성이 커지고 동시에 위험이 줄어든다는 장점을 가지고 있다. 다시 말해서, 적립식 펀드는 고위험 고수익 상품이 아니라 낮은 위험에 안정적 수익을 추구하는 상품인 것이다. 그런데 조금 개선된 시장상황과 수익률을 언급하며 고점 운운하는 마켓 타이밍을 이야기한다면 안정성과 수익성을 담보하는 적립식 투자의 근간을 흔드는 것이라 할 수 있다. 원칙 없는 투자와 시장 타이밍에 대한 과신이 과거 증시투자자들에게 얼마나 큰 아픔을 주었는지를 생각해볼 필요가 있다.

🎵 노후대비를 위한 준비 시간

둘째는 노후대비를 위한 준비 시간을 단기간으로 잡으면 안 된다는 점이다.

짧아진 소득기간과 늘어난 수명으로 인해 노후대책이 필요하다는 이야기들이 어렵지 않게 들리고 있는데, 노후에 대한 현실적인 걱정에 대해서 적립식의 만기를 운운하는 사람들이 어떠한 대처와 준비를 하고 있는지 궁금하지 않을 수 없다. 자녀교육비의 증가, 대출금리의 상승 등 소득증가에 비해 늘어난 지출구조로 여유자금은 그렇게 많지 않은 상황이기 때문이다.

2006년을 기준으로 도시 근로자 가구의 월평균 소득은 344만 3,399원이었고, 가계지출을 차감한 여유자금은 75만 8,649원이었다. 타이트한 지출관리로 여유자금의 60%인 45만 5,189원을 적립형 상품으로 최소한의 투자기간이라고 이야기한 12년 동안 투자한다고 가정하자. 그리고 투자수익률은 1981~2006년까지의 국내 주식시장 연평균수익률인 10%를 감안한다면 12년 후 손에 들어오는 금액은 1억 2,688만 76원이다. 길다고 생각한 12년을 적립해서 과거의 연평균수익률 정도로 운영하였을 때의 만기금액은 통계청이 제시하는 60세 이상 2인 가구의 한 달 최저생활비와 여유생활비를 합한 196만 원을 90세까지 30년 동안 유지하기 위한 비용인 약 7억에는 턱없이 부족한 금액인 것이다. 부족한 투자금액을 만회하기 위해 위험을 감수하며 더 높은 수익률을 추구하는 것과 월 투자금액을 늘리는 것은 한계가 있음을 인정한다면 계산은 간단해진다.

이러한 이유로 필자가 제시한 투자성과를 위한 최소한의 적립식 투자기간인 12년도 노후대비를 위한 투자기간으로는 부족한 시간이다. 남들보다 빨리 시작하지 못했다면 남들보다 길게 오랫동안 투자해야만 안정된 노후를 준비할 수 있다는 현실을 받아들여야 할 것이다. 그렇다 하더라도 지금의 적립형 투자가 미래의 노후를 보장해주지 못하는 것에 대해서 실망할 필요는 없을 것 같다. 그나마 적립형 펀드 가입을 시작하여 수익성을 개선한 투자자들은 현명한 투자자라 할 수 있기 때문이다. 같은 금액을 5.0% 정기적금으로 저축하였다면 12년 후의 금액은 8,993만 7,872원으로 줄어들어 적립형 투자자와의 만기금액 차이는 더 커진다.

결론적으로, 투자의 원칙을 지키고 안정된 노후를 생각하는 장기 투자자라면 지금의 1,400 ~ 2,000pt 증시에 고점을 운운하는 마켓 타이밍이나 적립형 펀드의 만기에 연연해 할 필요가 없을 것이다. 길게 투자할수록 안정된 수익률을 보여준다는 적립식 투자의 원칙은 변함이 없거니와 지금의 증시는 달라진 국내경제의 체력과 펀더멘털에 대한 신뢰를 보여주기 때문이다.

우리 아이 조기 부자 만들기

부자아빠를 소재로 한 도서가 밀리언셀러가 되었고 펀드 이름에도 '부자아빠'가 등장한 지 오래다. 부자아빠에 대한 사회의 광범위한 공감대 혹은 환상의 밑바탕에는 우리나라 특유의 자녀에 대한 무한책임론(?)이 똬리를 틀고 있을 터이다.

지난 6년간 한국의 사립대 평균 등록금 인상률은 45.3%로, 물가 상승률인 21.4%의 두 배를 넘어섰다고 한다. 무한책임이란 무게에 억눌려 감당하기에는 사립대들의 처사가 지나치고 학부모의 억울함은 커져만 간다. 그렇지만, 이 땅의 부모는 부자아빠의 희망을 결코 포기할 수 없다.

대한민국 사회에서 부자아빠가 되는 것이 얼마나 어려운지를 우리 모두는 잘 알고 있다. 얼마 전 신문사에서 일반인들을 상대로 조사한 부자의 기준은 약 20억이라고 한다. 20억. 대다수 봉급쟁이 아빠들의 억장이 무너지는 소리다. 그렇다면, 부자가 되는 꿈을 포기해야만 하는가? 어느 유머 책에서 "포기는 배추 셀 때만 하는 말이다."라고 적힌 걸 본 적이 있다. 발상의 전환부터 해보자. 부자아빠가 되기는 힘들어도 부자 아이 만들기는 생각보다 수월할 수 있다. 약간의 수학과 금융 상식을 동원하여 우리 아이 부자 만들기에 동참해보는 것은 어떨까? 꼭 돈을 많이 버는 아빠만이 능력 있는 아빠라고 할 수는 없다. 필자에게도 아들 둘이 있다. 실제로 내 아이들에게 사용하는 부자 교육 방법이기도 하다.

📱 1단계. 투자기간 설정 : 언제까지 투자할 것인가?

뚜렷한 투자기간 및 금액도 없는 계획은 막연한 바람으로, 색이 바래고 결국에는 유야무야될 수 있다. 목표가 세워지면 당신의 자녀와 함께 프로젝트 실천에 대해 서로의 의지를 공유해보자. 살아 있는 경제 교육, 지금부터 시작이다. 가장 먼저, 언제까지 투자할 것인지에 대해 생각해보자.

한국교육개발원에 따르면, 자녀 1인당 대학 졸업 비용은 약 1억 5,000만 원이라고 한다. 구체적 계산을 위해 몇 가지 가정을 해보자. 당신의 자녀 한국이는 열 살이며, 지금부터 10년간 매달 당신의 월급 중 일부분을 저축하기로 했다. 당신은 한국이가 성인식을 치르게 됐을 때 부자의 길로 들어설 수 있는 종자돈으로 1억 5,000만 원을 만들어주기로 목표를 정했다. 10년 후 한국이는 당신이 만들어준 종자돈

1억 5,000만 원과 생생한 금융지식을 바탕으로 부자가 되는 길로 힘차게 나아갈 수 있게 된다. 꼭 스무 살이 아니어도 좋다. 대학교 1학년 때 어학연수 비용으로 보태주거나, 또는 자녀가 취업하여 첫 재테크를 하게 될 때 "너는 이미 통장이 있단다."라며 첫 월급을 탄 자녀에게 건네는 것도 멋진 기념선물이 될 수 있다. 요즘은 돌 반지 또는 아이에게 들어온 돈을 그대로 놔두거나 소진시키는 것이 아니라 아이 이름으로 된 펀드통장을 만드는 아빠들이 부쩍 늘었다고 들었다. 한 살이라도 어렸을 때부터 이러한 목표를 설정하고 펀드에 적금을 불입해준다면 아이가 커서 해주고 싶은 걸 못 해준다는 가장으로서의 죄책감에서 상당히 벗어날 수 있을 것이다.

🎵 2단계. 종자돈 마련 : 자녀에게 필요한 종자돈은 얼마인가?

10년 후 1억 5,000만 원의 자금을 마련하기 위해 당신은 평범한 적금을 선택한다. 매달 얼마를 부어야 할까? 연간 이자율을 5%라고 가정하면, 매달 100만 원씩 납입해야 한다. 정확히 10년 후 계좌에 1억 5,000만 원하고도 600만 원이 찍혀 있을 것이다. 매월 100만 원이라는 액수가 그다지 부담스럽지 않다면, 자녀에게 절약정신과 복리의 힘을 가르치면서 목표를 달성할 수 있다. 하지만, 100만 원이 부담스러운 분들도 분명 있을 것이고, 불어난 액수가 성에 안 차는 분도 있을 것이다. 그렇다면, 다른 대안이 있다. 훨씬 적은 금액으로 100만 원의 적립 효과를, 아니 그 이상의 종자돈을 만들 수 있는 비법을 알아보는 것이다.

3단계. 투자마인드 : 10억의 자산보다 '올바른 경제개념'을 상속하라

확정금리를 주는 예금은 위험이 없는 대신 반대급부에 대한 기대 역시 낮을 수밖에 없다. 적당한 위험을 수반하지 않으면 결코 돈을 벌 수 없다. 주위를 둘러보라. 어떤 부자가 적금이나 예금으로만 그들의 부를 이룩했는지. 위험은 기회를 수반하게 마련이며, 따라서 우리 목표는 기회의 확률을 높이고 위험의 확률을 낮추는 것이지 위험을 제거하는 것은 아니다.

매일 경제뉴스를 탐독하고 주식시장과 금리변화에 귀를 기울이며, 이를 바탕으로 얻은 정보를 올바로 분석함으로써 기회의 확률을 증가시키고 위험의 확률을 감소시킬 수 있을 것이다. 이러한 노력과 그에 따른 성과 보상이 투자의 매력이며, 당신이 자녀에게 가르쳐야 할 참다운 경제교육이자 투자마인드이다.

약간의 위험을 감수하고 투자의 바다로 뛰어들 당신에게 용기를 줄 몇 가지 안전장치들이 있다. 장기투자의 성과는 여러분들의 불안감을 불식시키기에 충분하다. 과거 미국, 심지어는 짧은 역사의 한국 주식시장이 이를 확인시켜주고 있다. 더욱이 미국은 돈을 2배로 늘리는 데 예금계정이 주식시장보다 평균 3배가 더 걸렸다는 실증 자료는 당신의 자신감에 확신을 심어줄 수 있을 것이다.

	미국(25년) (1983.1~2008.1)	한국(25년) (1982.12~2007.12)
주식투자 연평균 수익률	12%	11.1%

* 자료 : S&P500, KOSPI

주식은 단기적인 변동성이 높은 투자수단이지만 앞의 표에서 보듯이 장기적인 수익률은 예금의 그것과 비교할 수 없이 높다. 연평균 수익률이 11%라고 가정하면 적금 대신 주식형 펀드에 투자했을 경우 당신의 투자금액은 10년 후 2억 2,000만 원이 되어 있을 거란 얘기다.

게다가 일정한 금액을 지속적으로 투입하는 경우 주식 매입 평균 가격을 낮추는 효과(코스트 애버리지 효과, cost averaging effect)로 인해 투자시점에 대한 위험(마켓 타이밍 리스크)을 감소시키는 역할을 기대할 수 있다. 명심해야 할 사항은 장기적립투자는 마라톤과 같아 페이스를 잃지 말고 꾸준해야 한다는 점이다. 다시 말해, 장기투자에 마켓 타이밍은 없으며 바로 지금이 레이스를 시작할 때라는 말이다. 이를 바탕으로 매달 70만 원을 주식펀드에 적립했을 때 결과를 살펴보자. 물론 연평균 11%의 수익률을 가정했을 때이다.

납입액(원)	10세(현재)	20세	30세
70만 원	0원	1억 5,300만 원	4억 3,500만 원

* 자료 : 10세부터 20세까지 10년간 매월 70만 원 투자 가정
20세 이후에는 신규투자 없이 펀드 자체가 증가한 금액
세금 감안 전

놀랍지 않은가? 당신은 겨우 10년 동안 매월 70만 원을 적립했을 뿐인데 앞서 제시한 월 100만 원의 예금수익을 넘어섰다. 당신 자녀는 대학 졸업 후 사회로 나아갈 때 적립된 돈을 밑천으로 더 많은 투자기회를 잡을 수 있게 된다. 적립된 금액을 추가투자 없이 계속 둔다

면 당신의 자녀가 마흔 살이 될 때 이미 10억이 넘어 있을 가능성이 높다. 그야말로 돈이 돈을 버는 것이다. 목돈을 만들기가 어렵지 만들어진 목돈은 스스로 진화하게 마련이다. 다시 말하지만, 꿈을 이루기 위해 필요한 건 저축이 아니라 투자다. 앞서 제시한 투자계획에 동참하는 순간 이미 당신의 자녀는 부자가 될 자격을 갖추는 셈이다.

인생퇴직금 마련하기

회사를 그만두면 기업에서 퇴직금을 주듯, 인생에서도 열심히 달린 자신에게 '인생퇴직금'을 줘야 한다. 그러기 위해서는 한 살이라도 젊었을 때 미리미리 '나를 위한 인생퇴직금' 준비작업에 들어가야 한다. 그게 열심히 살아온 자신에게 줄 수 있는 최고의 노후선물이기 때문이다. 그렇다면, 어떤 방법으로 '인생퇴직금'이라는 주머니를 채워나갈 수 있을까?

절약해서 돈을 모아도 노후생활에 대한 해답이 존재하지 않는다면 정말이지 로또 당첨 외에는 답이 없는 걸까 하는 농담 반 진담 반 얘기를 자주 하게 된다. 더불어, 구체적으로 몇 퍼센트 수익률을 목표로 가계자산을 운용해야 하는가에 대한 진지한 토의도 수없이 하고 있다. 과연 흥부처럼 의무를 묵묵히 다하는 우리나라 근로자들의 소박한 꿈, 로또에 당첨되지 않아도 은퇴 후 큰 무리 없이 생활할 수 있는 정도의 여유자금을 우리는 꿈꿀 수 있을까?

　이 질문에 대한 답은 결코 쉽지는 않으나, 치밀한 계획과 자산운용이 뒷받침된다면 은퇴 후 생활 대비의 꿈은 실현 가능하다고 필자는 말하고 싶다.

　22년 후 은퇴자산으로 필요한 금액이 8억 원, 은퇴기간이 20년, 은퇴 후 생활비를 현재가치 기준 월 200만 원으로 가정하고 계산해보면 은퇴 후 필요한 자금은 약 8억 원 정도가 된다. 첫 취직(28세 가정) 이후 퇴직 시까지(50세 가정) 22년의 기간 동안 약 6~7억 원(퇴직금 1억 원 가정)의 금융자산을 형성할 수 있다면 노후생활에 대해서는 어느 정도 해답이 되는 셈이다. 그렇다면, 이 정도의 금융자산을 형성하기 위해서 몇 퍼센트의 투자수익률이 필요할지에 대해서 계산해보자.

직장생활 초기 : 가장 높은 저축률과 공격적인 자산운용 가능

직장생활을 시작하는 20대 후반에서 30대 초반의 기간은 상대적으로 소득규모는 적으나 그만큼 지출도 많지 않아 향후 자산형성을 위한 시드머니를 만들 수 있는 기간이다. 전체 소득에서 저축할 수 있는 비율이 높고 큰 규모의 자금이 필요한 경우가 적어 공격적인 자산운용이 가능한 기간이기 때문이다. 상대적으로 자금의 여유가 있고 고위험자산에 대한 투자부담이 적은 이 기간 동안 금융자산을 마련하지 못한다면 30대 이후의 자산운용은 어려워진다. 따라서 주식에 대한 직접 및 간접투자, 해외주식 투자 등 확정금리형 상품에 비해 높은 수익을 기대할 수 있는 자산의 비중을 높이고 고위험&고수익 전략을 추구할 수 있는 이 시기를 잘 활용하라고 충고하고 싶다. 이 기간의 목표 투자수익률은 10.5% 내외가 적당할 것이다.

● **28~32세 기간 동안 자산운용 예** (월 수익의 35%를 투자)

투자대상	투자비중(%)	투자목적	목표수익(%)
주식 직·간접투자	80	장기투자를 통한 고수익 추구	12(세후)
단기금융상품	20	비상 유동자금 마련	4(세후)
목표수익률(연간)	10.5		

직장생활 중반 : 본격적인 자산형성기

30대 초반에서 40대 초반까지는 소득을 높일 수 있는 기회가 나타나면서도 은퇴까지는 시간이 많이 남아 있어 본격적으로 재산을 형성할 수 있는 기회의 시기이다. 따라서 이 때에는 주식뿐만 아니라 고수익 채권 및 해외상품, 부동산 관련 상품, ELS 등 다변화된 자산 포트폴리오를 형성하여 안정과 수익을 동시에 추구할 수 있는 전략이 필요하다. 이 기간의 목표 투자수익률은 9% 정도가 적당할 것으로 판단된다.

● **32~42세 기간 동안 자산운용 예**(월 수익의 15~20%를 투자)

투자대상	투자비중(%)	투자목적	목표수익(%)
주식 직·간접투자	40	장기투자를 통한 고수익 추구	12(세후)
고수익 상품	40	수익과 위험의 균형 추구	7.5(세후)
		(고수익채권, 해외채권형 상품, 부동산 관련 상품, 상품펀드, ELS 등)	
단기금융상품	20	비상 유동자금 마련	4(세후)
목표수익률(연간)	9		

다만, 이 시기는 많은 근로자들이 가정을 형성하면서 상대적으로 지출이 늘어날 수 있고 내 집 마련을 위한 계획도 세워야 할 시기다. 그만큼 지출에 대한 관리도 필요하다. 이때 가장 중요한 의사결정

중 하나는 주택 마련인데, 자칫 무리한 대출을 통해 무조건 넓은 평수의 주택을 장만한다면 중년 이후 상당히 큰 재정적 위험에 처하게 될 수 있으므로 자신의 예상소득 및 가족 수를 고려한 의사결정이 요구된다.

주택대출 관련 원리금을 상환한 이후에도 지속적으로 투자해서 은퇴 후를 준비해야 하며, 그 규모로는 현재 소득의 최소 15% 정도가 적당하다고 필자는 판단한다.

직장생활 후반 : 은퇴자산 마련기

40대 초반 이후에는 소득은 매우 높으나 은퇴시기가 그만큼 가까이 오고 있음을 인식하지 않을 수 없다. 이 시기는 가족 구성원들이 성장하면서 각종 불가피한 지출이 크게 늘어나 총 소득 대비 은퇴 후 생활을 위한 투자금액의 비중이 가장 낮아지게 된다.

따라서 주식 등 위험자산에 대한 투자비중은 유지하되 주식 포트폴리오를 안정적인 현금흐름을 기대할 수 있는 배당주 및 가치주 중심으로 재편하여 전체 자산의 안정성을 높이는 전략을 고려해보는 것이 좋다. 즉, 안정적인 재산증식에 역점을 두며 은퇴 후 생활에 본격적으로 대비할 시기가 40대 초반에서 50대까지라고 생각한다. 이 기간의 목표 투자수익률은 8% 정도가 적당할 것이다.

● **42~50세 기간 동안 자산운용 예** (월 수익의 10%를 투자)

투자대상	투자비중(%)	투자목적	목표수익(%)
주식 직·간접투자	40	높은 자본차익보다는 안정적인 현금흐름 추구(배당 및 밸류펀드, 고배당주 및 가치주)	10(세후)
고수익 상품	40	수익과 위험의 균형 추구 (고수익채권, 해외채권형 상품, 부동산 관련 상품, 상품펀드, ELS 등)	7.5(세후)
단기금융상품	20	비상 유동자금 마련	4(세후)
목표수익률(연간)	8		

필자가 제시한 연령별 자산운영 계획은 하나의 예에 지나지 않는다. 각 개인별 사정에 따라 은퇴 후 생활을 위한 재산 형성 계획은 크게 달라질 것이다. 또한, 각종 경제 상황 및 투자 가능한 상품의 종류 등도 개인 자산운용 계획에 큰 영향을 미치게 된다.

다만, 여기서 필자가 강조하고 싶은 것은 20대 후반에서 30대 초반에는 10%대 초반, 30대 중반에서 40대 초반에는 8~10%, 40대 후반에는 은행금리 이상의 수익률을 목표로 가계자산을 운용한다면 은퇴 후 생활에 대한 대비가 어느 정도는 가능하다는 것이다. 직장생활 초기부터 20년 이후를 내다본 중장기 투자에 나서고, 비록 위험은 없으나 금리수준이 매우 낮은 단기금융상품은 재산증식보다는 비상시 쏠 유동자금을 마련하는 차원에서 활용하는 게 바람직하다. 결국, 은퇴 후 생활 대비의 꿈은 이루어질 수 있으나 치밀한 계획과 효율적인 자산관리라는 전제가 필요하다.

브라보! 마흔 재테크

최근 언론의 기사 내용을 보면 우리나라 퇴직 근로자들은 평균 보유하고 있는 금융자산이 7,000만 원이 안 된다고 한다. 걱정스러운 수준이 아닐 수 없는 것이, 계산에 의하면, 2인 기준으로 은퇴 후 최소한의 생활을 유지하려 해도 은퇴 후 금융자산은 3억 원 내외가 필요하며 어느 정도 생활수준을 유지하려 한다면 최소한 7~10억 원이 필요하기 때문이다.

예를 들어, 다음 그림에서 나타나듯이 은퇴생활자들이 평균적으로 보유하고 있다는 7,000만 원 정도로 은퇴자금 7억 원을 만들고자 했을 때 자금이 필요한 기간이 15년이 남았다면 연 17% 정도의 수익률을 목표로 운용을 할 수 있으나, 은퇴자금이 본격적으로 필요한 기간이 3년 뒤라면 연 115%의 수익률을 올려야 한다. 정상적인 투자로는 도저히 이 정도 수익률을 올릴 수 없을 것이다. 더불어, 투자기간을 짧게 가져간다면 투자 리스크를 충분히 관리할 수 있다는 믿음 또한 재고되어야 한다. 대개는 투자와 관련된 리스크를 충분히 인식하고 있더라도 단 몇 개월 혹은 몇 주의 투자기간 동안 큰일이 나겠느냐 하는 유혹을 떨쳐버리지 못한다. 내일모레 은퇴를 앞두고 있는 투자자들에게 다른 방도가 없으니 고수익, 고위험의 투자상품에 돈을 묻으라고 종용할 수는 없는 노릇이다.

그림 15 은퇴까지 남은 기간과 목표수익률 비교

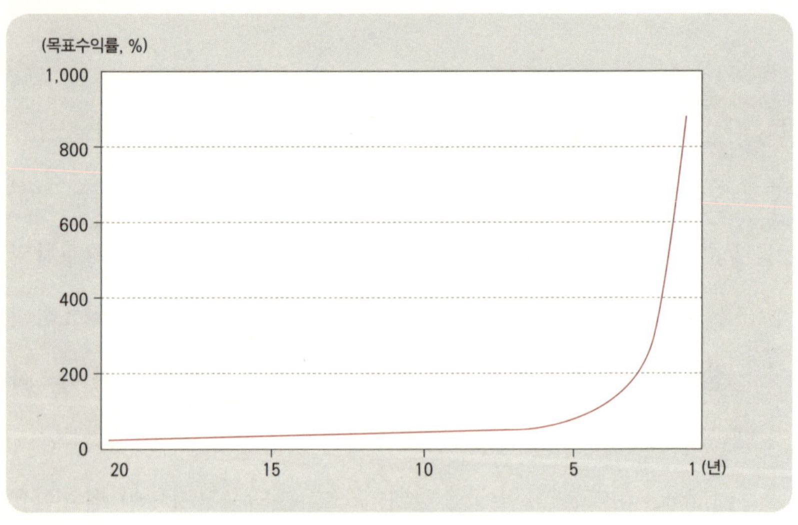

필자는 40대에 주식투자를 시작한다는 것은 늦었다고 생각한다. 20대, 30대에는 커다란 투자실패를 하더라도 그 손실을 만회할 만한 시간적 여유가 있지만 특별한 재산을 가지고 있지 않은 40대 이후 근로자들은 투자실패를 만회할 만한 충분한 여유를 가지고 있지 못한

100

경우가 많다. 따라서 은퇴 이후를 대비해야 하는 자금을 검증되지 않은 테마나 재료보유종목에 투자한다면 단 한 번의 투자실패가 회복하기 어려운 재무적 충격으로 발전할 가능성이 매우 높다. 주식투자 자체의 위험은 분산투자와 장기투자를 통해 회피할 수 있으나, 검증되지 않은 투기적 개별종목에 대한 투자위험은 회피할 수 있는 방법이 매우 제한적이라는 점을 기억해둘 필요가 있다.

앞서 지적한 바와 같이 40대 이후에는 20대, 30대에 비해 상대적으로 장기적 관점에서의 투자가 어려워지고 위험자산에 대한 투자비중을 확대시키기도 쉽지 않을 가능성이 높다. 그러나 현재의 금리 상황과 인플레이션의 영향을 고려할 때 위험자산에 대한 투자를 무작정 회피만 할 수도 없으며 외국처럼 인플레이션에 대비할 수 있는 상품이 많은 것도 아니다. 그만큼 40대 이후에는 주식 등 위험자산에 대한 투자는 필요하되 한 번의 투자실패가 미래 생활에 치명적인 악영향을 미치지 못하도록 리스크를 관리하는 지혜 또한 동시에 갖춰야 한다. 물론 상대적으로 공격적인 투자를 할 수 있는 여유를 가진 20대, 30대 때 장기투자를 시작한다면 더욱더 유연성 있는 투자계획이 가능할 것이다.

40대는 재산증식을 위한 투자 이외에도 여러 가지 자금소요가 급격하게 증가하는 기간이며, 따라서 예상치 못하게 큰돈이 필요한 경우가 발생하기도 하는 시기이다. 성공적인 투자의 기본이라고 할 수 있는 우량종목에 대한 장기투자 원칙을 지켜나가기보다는 그때그

때의 재무적 필요성에 따라 주식투자의 비중을 변화시킬 수밖에 없는 것이 40대 이후 투자자들이 처한 현실이다. 우리나라 주식투자자들이 원금손실 가능성에 매우 민감하게 반응하는 이유도 주식투자 인구 연령 대부분이 40대 이상이라는 점과도 깊은 연관성이 있다. 따라서 주식투자의 패턴도 30대, 40대 초반의 투자에서 변화가 있어야 한다. 필자는 중년의 투자자들에게 다음과 같은 투자패턴을 권하고 싶다.

그림 16 **연령별 주식 보유 비율 분포** (누적)

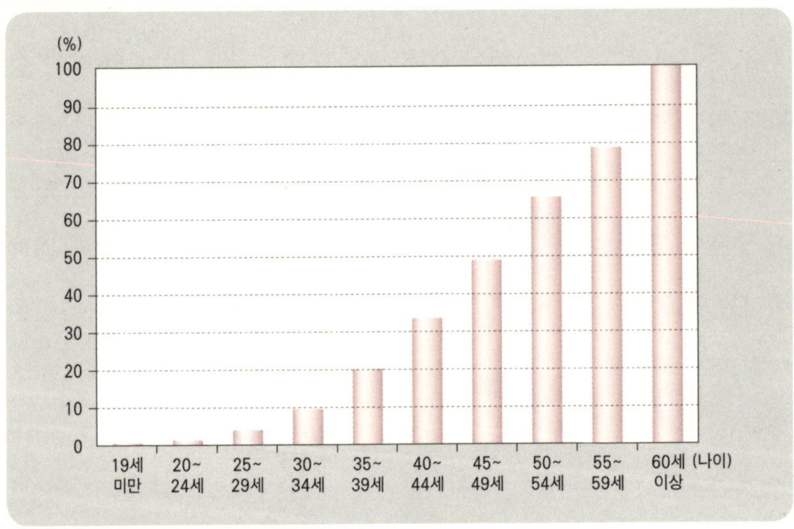

* 자료 : Datastream

102

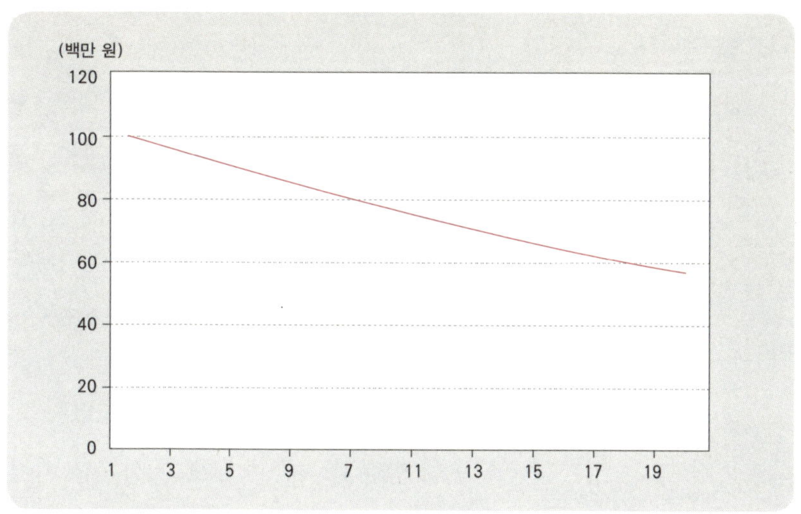

위 도표에서는 연간 물가상승률을 3%로 가정했을 때 현재 1억
원의 실질가치가 20년 후에는 5,000만 원까지 하락하는 흐름을 보이
고 있다. 따라서 투자대상을 정할 때 물가상승률의 영향을 고려하지
않는다면 상당히 큰 재무적 위험을 감수해야 하기 때문에 인플레이션
은 재무설계에 있어 반드시 극복해야 하는 적이다.

이러한 점을 고려하여 외국에서는 TIPS(Treasury Inflation Protected
Securities)나 각종 변동금리부채권, REITs 등 상대적으로 안정적인 수
익을 기대할 수 있으면서 동시에 인플레이션 위험을 회피할 수 있는
상품들이 발달해 있다. 반면, 우리나라는 인플레이션에 의한 재무적
위험은 외국과 비슷한 데 비해 주식투자 등 위험자산의 투자비중 조
정 이외에는 인플레이션 위험에 대비할 수 있는 대안이 부족한 실정

이다. 중년 이후를 대비한 투자계획에도 주식투자의 비중은 반드시 필요한 것인데도 말이다.

20대는 청년기 재테크 방법으로 나아가야 한다. 이제 막 돈을 벌기 시작할 때이므로 공격적인 투자를 해도 이익의 폭이 크지 않은 대신 손실의 폭도 높지 않다. 때문에 자신에게 맞는 투자방법을 찾기 위해 일정한 수험료를 치른다는 의미에서도 공격적인 투자방법을 찾아나서야 한다.

30대는 황금기 재테크 방법으로 나가야 한다. 40대는 중년기 재테크 방법으로 쓰고도 남을 만큼 충분한 자금을 모으기 시작할 때이며, 50대 이후부터는 노년기 재테크 방법을 사용해야 한다. 특히 여기에서는 필자와 같은 또래인 40대를 위한 재테크 방법을 알려주고 싶은데, 필자가 생각하는 중년기 재테크 방법은 다음 세 가지로 요약할 수 있다.

● **중년기 재테크 방법**

투자방법	메인투자	금액확대
직접투자 → 간접투자	성장주 → 가치주	소형주 → 배당주

주식투자 시, 중년 이후 은퇴를 대비하는 투자자라면 성장주보다는 가치주의 비중을 늘리고, 특히 안정적인 배당을 지급하는 종목들

의 투자비중 확대에 대해 고려할 것을 권한다. 중년 이후에는 갑작스러운 실직이나 직장 이동으로 인한 소득감소 등의 이유로 현금흐름이 불안정해질 가능성이 높으며 상대적으로 안정적인 현금흐름을 제공할 수 있는 배당관련주들의 중요도가 더욱 커지게 된다. 반면, 배당금을 지급하지 않는 성장주의 경우 은퇴 이후 생활자금 확보를 위해 주식투자 비중의 일부를 매도해야 할지도 모른다. 즉, 보유주식의 주수가 지속적으로 줄어들 가능성이 높아진다.

또한, 배당을 안정적으로 지급하는 종목은 주가변동성이 상대적으로 크지 않고 약세장에서도 하방경직성이 클 가능성이 높다는 장점을 가지고 있다. 물론 상대적으로 큰 위험을 감수하고 투자하는 성장주만큼 높은 자본차익을 기대하기는 어렵겠지만 안정적인 현금흐름과 배당성향을 유지하는 종목들은 투자자들의 신뢰도가 높은 만큼 어느 정도 시세차익을 기대할 수도 있다.

금연 재테크

WHO 보고서에 의하면, 2008년 초를 기준으로 남자는 세계 인구의 47%, 여자는 12%가 담배를 피우고 있다고 한다. 보건복지부의 발표 자료를 보면 우리나라의 흡연 인구도 만만치 않아 성인 남성 전체의 흡연율은 45.9%로 나타나고 있다. 그러나 "건강을 해치는 담배 그래도 피우시겠습니까?"라는 경고 문구에는 "네, 물론 그래도 피울 것입니다."라고 답하던 흡연자들이 담뱃값 인상에는 반응을 보였으며, 특히 담뱃값 인상 이전에 비해 저소득층의 흡연율이 크게 떨어졌다는 언론보도가 필자의 관심을 끌었다.

이렇듯 돈 문제에 대해서는 의외로 큰 반응을 보이는 흡연자들에게 필자가 꼭 전해드리고 싶은 말이 있으니 금연의 금전적 효과는 생각보다 크다는 것이다. 샐러리맨의 슬픔을 달래주는 흡연마저 돈과 맞바꾸고 싶지 않다고 외치고 싶은 분들도 있겠으나, 금연 재테크는 우리가 생각하는 것 이상으로 좋은 재테크 수단이 될 수 있음을 알려주고 싶다.

예들 들어, 하루에 담뱃값으로 3,000원을 지출하는 흡연자가 금연을 결심하고 그 돈을 저축하기로 했다고 생각해보자. 3,000원이 작다고 느껴지면 일주일에 2만 1,000원이라고 생각하고 4주를 곱해보면, 한 달(30일)에 9만 원이라는 적지 않은 금액이 나온다. 돈의 가치를 현재를 기점으로 생각할 때는 그야말로 없어져도 모를 만큼의 최소 단위지만 조금만 더 멀리 생각해보면 절대로 무시할 수 없을 만큼의 큰 금액으로 변한다는 사실을 명심해야 한다.

지금도 필자의 귓전에는 "왜 하필이면 담배야?"라는 흥분된 목소리가 들리는 듯하나, 담배를 사랑하는 분들이여, 잠시만 흥분을 가라앉히고 천천히 생각해보자. 만일 흡연자가 금연으로 저축한 돈을 연리 4.5%로 운용한다면 미래에 다음과 같은 일이 가능해진다.

● **금연을 통해 할 수 있는 일들** (연 4.5%로 운용 시, 담뱃값 상승률 연 3% 가정)

		10년 뒤	20년 뒤
미래 적립금액		1,700만 원	4,800만 원
현재가치(할인률 4%)		1,200만 원	2,200만 원
할 수 있는 일(현재가치 기준)	생활비	4.6개월	8.6개월
	자동차	소형차	중형차급
	전자제품	63인치 벽걸이 TV 최고급 전기오븐 고급사양의 컴퓨터	63인치 벽걸이 TV 최고급 홈시어터 고급 오븐레인지, 프로젝터

* 자료 : 통계청

10년 동안 금연을 하고 그 돈을 매년 적립해나가면 별다른 리스크를 지지 않고도 작은 차를 한 대 더 사거나 생각지도 않았던 최고급 가전제품을 몇 개 구입할 수 있다. 만일 20년을 모은다면 타고 다니던 차를 중형차로 바꾸고 집안의 전자제품을 모두 최고급 사양으로 바꾸는 것도 가능할 것이다. 무엇보다 금연을 통해 자금을 꾸준히 적립해나가면 10~20년 뒤 비상 시기에 5~9개월 정도는 버틸 수 있는 비상자금을 확보할 수 있다는 점도 매력이다.

10년을 금연해서 1,000만 원 정도(현재가치 기준)를 모으느니 차라리 10년 동안 담배를 계속 피우시겠다는 흡연자도 분명 있을 것이다. 그러나 이러한 흡연자분들도 만일 금연을 해서 적립한 자금을 연평균 8% 정도로 운용했을 때의 결과는 어떨까를 생각해본다면 의견을 달리 할 수도 있을 것이다.

● **연 8%로 운용했을 때의 결과**

		10년 뒤	20년 뒤
미래 적립금액		2,100만 원	7,000만 원
현재가치(할인률 4%)		1,400만 원	3,200만 원
할 수 있는 일(현재가치 기준)	생활비	5.5개월	12.5개월

* 담뱃값 상승률 연 3% 가정
* 자료 : 통계청

담배를 끊어서 10년 동안 저축을 한 결과

현재가치 기준 1,400만 원 정도를 모을 수 있다면 의외로 유용하게 활용할 수 있을 것이다. 우선 40대 중반 자녀교육비가 급증하는 시기에 큰 도움이 될 수도 있으며, 5 ~6개월 정도의 생활비라면 가계 비상예금 자금용으로도 적절한 수준의 금액이라고 할 수 있다. 20년 동안 담배를 끊고 그 자금을 연 8% 금리 수준에서 운용한다면 자녀가 대학교에 진학할 시 학자금으로 활용할 수 있을 만한 금액인 3,000만 원 이상의 금융자산이 자신의 구좌에 들어오는 셈이다. 자녀의 미래를 준비한다는 차원에서 장기적으로 금연을 통해 모은 자금을 운용해 나간다면 미래 자녀의 대학 학자금 수준의 자금도 마련이 가능한 것이다.

그림18 **1996년 이후 10년간 시가총액 상위 10개 종목에 분산투자했을 시의 수익**

* 자료 : 유가증권시장, 삼성증권

25년간 우리나라 주식시장의 평균수익률도 연 10%를 상회한다. 그렇다면, 장기적으로 연 8%의 수익은 가능한 것일까? 이 질문에 대해 필자는 충분한 수준의 장기투자 및 분산투자가 이루어진다는 전제 하에 가능한 결과라고 말하고 싶다.

1981년부터 2006년 우리나라 종합주가지수의 연평균수익률은 10%를 상회하고 있다. 만약 펀더멘털이 우수하고 시가총액이 높았던 일부 종목들을 선정해서 투자했다면 결과는 훨씬 더 좋았을 것이다.

적립식 펀드로 주식투자를 하면 원금손실 위험이 있지 않느냐고 일부 투자자들은 말할지도 모른다. 물론 2008년 현재처럼 악재가 발생할 경우 주식시장이 장기간 침체에 빠질 수도 있다. 그러나 필자는 이 대목에서 "금연으로 돈을 모으지 않고 20년간 흡연을 한다면 어떤 결과가 나왔을까?"라는 반문을 던져보고 싶다. 금연을 통해 미래를 위한 자금을 적립하는 계획이 수포로 돌아간다고 하더라도 건강을 지키는 결과가 되고 예상외로 장래 큰 도움이 될 자금을 모을 수 있다면 금상첨화이지 않은가. 흡연자들은 적극적으로 고려해볼 만한 자산증식 계획이다. 투자손실을 걱정하는 흡연자에게 이런 말을 전하고 싶다. "최소한 적립식 펀드는 당신에게 폐암이나 죽음을 가져오지는 않습니다."라고 말이다.

재테크를 하기 위해 종자돈부터 마련하자는 바보 같은 생각은 집어치우자. 종자돈은 말 그대로 재테크를 목적으로 마련되어야 할 일정한 금액을 말한다. 그러나 왜 재테크를 하는 시기를 뒤로 미뤄야 하는가? 1,000만 원 이상의 종자돈을 마련하기 이전에 단돈 3,000원으로 재테크를 시작한다면 1,000만 원이라는 종자돈 주머니를 마련하고 난 이후에 시작하는 것보다 훨씬 빨리, 더 높은 수익률을 올릴 수 있는데 말이다. 기억하라. 10억이고 100억이고 돈을 쌓아놓고 사는 부자가 아니라면 재테크의 출발점은 1,000만 원이 아니라 바로 주머니 속의 잔돈부터 시작되어야 한다는 사실을 말이다.

정영완의
TOP-DOWN
톱다운 전략

1% 주식부자들의 이기는 투자법

TOP-DOW

시장정보 취득

주식부자들은
증권기관을 이용하여
증시(투자)정보를
취득한다

TOP-DOWN

톱다운 전략으로 시장정보 취득을 뽑은 이유는 올바른 투자는 정확한 투자정보에서 나오기 때문이다. 특히 이번에는 투자정보 습득에 있어 증권기관을 이용하라는 미션을 제시해볼까 한다.

'증권기관을 활용하라.'라는 미션은 다소 투자자들에게 생소할 수도 있을 것이다. 하지만, 가만히 생각하면 주식투자를 하는 데 있어 증권기관과 투자자는 떼려야 뗄 수 없는 공생관계에 있다. 그럼에도, 투자자들은 지나치다 싶을 만큼 증권기관에 무심하다. 투자자는 증권기관에서 내놓은 리포트를 통해 경제, 시황, 기업 분석에 필요한 정보를 취득하고 자신의 계좌를 만들어 매매를 한다. 또 증권기관은 투자자들에게 필요한 정보를 제공하고 자사에 계좌를 개설(開設)하도록 유도, 투자자에게 매매수수료를 취한다.

이렇듯 직접적으로 얽혀 있음에도 불구하고 투자자들은 증권기관의 진입장벽이 높다고만 생각하고 더 이상 곁에 가려고도 하지 않는다. 절대로 그게 아닌데도 말이다. 필자는 투자자들이 증권기관에 대해 갖는 편견, 진입장벽을 거두라고 권하고 싶다. 필자가 알고 있는 주식부자들은 사소한 의문점이라도 투자정보에 관한 것이라면 반드시 전문가에게 자문한다. 적극적으로 정보를 취하겠다는 의지가 확고한 것이다. 개인투자자들 역시 증권기관을 자신과 함께 할 투자파트너라고 생각한다면 무엇보다 먼저 증권기관을 제대로 알고 활용하는 노력이 선행되어야 할 것이다.

개인투자자들은 '**수익률**'에 민감한 코를 가졌지만,
주식부자들은 '**정보습득**'에 민감한 코를 가졌다.
수익률은 변하지 않는 '**결과의 값**'이지만,
정보취득은 결과의 값을 변화시켜줄
터닝포인트이기 때문이다.

회전율 상위종목

증권선물거래소에서 '2006년 상반기 상장주식 회전율'이라는 자료를
발표한 적이 있었다. 그 자료에 의하면, 2006년 상반기 우리나라 상장
주식 회전율은 174%가 되는데, 비록 2005년 상반기에 비해 58% 감
소했으나 아직도 이 비율은 뉴욕증권거래소의 1년 총회전율보다도
높은 수치이다(뉴욕증권거래소의 회전율은 연 90~130% 수준). 또한, 뉴욕증권거
래소뿐만 아니라 세계 각국의 거래소들과 비교해보아도 우리나라 주
식시장의 시가총액 대비 거래수준은 단연 세계 선두권을 형성하고
있다.

시가총액과 상장주식수가 많으며, 외국인과 국내기관들의 거래
비중이 높은 KOSPI 시장과 일반인들의 전유물인 KOSDAQ 시장의
평균회전율이 174%인데, 이를 KOSDAQ 시장만 놓고 보면 엄청난
회전율이 일어나고 있음을 알 수 있다.

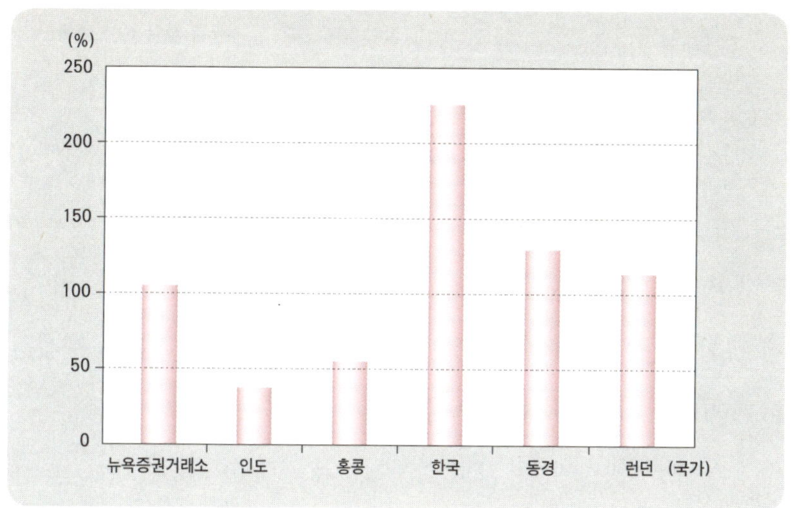

* 자료 : WFC (World Federation of Exchange)

　　필자가 2006년 당시 정말로 궁금했던 점은, 우리나라 시장의 회전율을 세계 선두권으로 끌어올린 주요 종목들은 펀더멘털상 어떤 특성을 가지고 있으며, 주가를 움직인 기본적인 재료는 무엇이었고, 2008년 약세장에서 나타난 결과는 무엇인지에 대한 해답이다. 이 질문들에 대한 답을 찾을 수 있다면 표면적으로 나타나는 세계 1위 회전율이 환영해야 할 만한 현상인지, 아니면 증권업계와 관련된 이해당사자들이 힘을 합쳐 최소한 세계 중위권 이하로 끌어내려야 할 상황인지에 대한 답을 찾을 수 있을 것이다.

● **회전율 상위 10개 종목과 시가총액 상위 5개 종목의 거래량지표 비교** (2006년 7월)

	회전율 상위 10개 종목	블루칩 상위 10개 종목
평균 시가총액	519억 원	36조 원
평균 거래대금	1조 원	16조 원
2007년 4월~7월까지의 하락률	20%	11%

위 도표에 나타난 지표 중 흥미로운 점은 우리나라의 대표 블루칩 상위종목들은 120일 평균회전율이 30~70%에 불과하여 세계의 다른 거래소 평균치와 큰 차이를 보이지 않는다는 점이다.

즉, 우리나라 시장의 대표 블루칩들의 거래량이 비정상적으로 크기 때문에 우리나라 시장의 회전율이 높다고 보기는 어렵다는 점을 앞의 그림이 말해주고 있다. 또 한 가지 눈여겨볼 점은 지수하락 시 시가총액 상위종목들의 하락폭에 비해 평균적으로 회전율 상위종목들의 낙폭이 2배 정도 높다는 점이다.

이상의 내용을 종합해보면, 우리나라 시장의 회전율을 비정상적으로 높이는 데 큰 영향을 미치는 종목들은 시가총액 상위종목들이 아니라, 상대적으로 가격변동폭이 큰 중소형주들이라는 것을 알 수 있다. 물론, 이들 종목들은 지수하락 시에는 나름대로 수급이 안정된 대형주에 비해 낙폭이 매우 크다는 점도 알 수 있다. 그렇다면, 회전율 상위종목들이 이러한 위험을 무릅쓰고서까지 과격한 매매에 임할 만한 펀더멘털을 가지고 있는지 알아보자.

매출합계	5,220억 원
영업이익 합계	150억 원 적자
순익 합계	238억 원 적자
영업적자 종목 수	10개 기업 중 5개
흑자기업의 평균 영업이익	11억 원
흑자기업의 평균 순이익	7억 원

위 도표는 집단적인 비교를 가능하게 하기 위해 회전율 상위종목들의 2005년 실적 기준 주요 수익지표들의 합계를 계산한 결과이다. 우선 PSR(주가/주당 매출액)의 경우는 1배 정도로 큰 무리가 없어 보인다. 문제는 수익성인데 이들 기업들 중 영업흑자를 내는 기업의 비율은 50%밖에 안 된다는 점에 주목할 필요가 있다. 더욱이 흑자를 내는 기업들의 평균 영업이익 및 순이익은 각각 11억 원과 7억 원에 불과하다. 물론, 위의 내용들은 2005년의 경우이며 특정 시기에 극적인 실적 턴어라운드를 기대할 수 있다고 말할 수도 있다.

이 논리가 설득력을 얻기 위해서는 거래소 평균 수준인 PER 10배 기준(시가총액은 120일 평균 적용)을 적용하여 회전율 상위종목들의 수익총액 규모가 최소한 500억 원은 상회할 필요가 있다. 그렇다면, 기업당 평균 순익규모가 50억은 상회해야 하는데, 2005년 실적 기준으로 가장 순익규모가 큰 기업의 경우도 순익이 10억 원 정도에 머물고 있는 상황이다.

즉, 한두 개 업체의 극적인 턴어라운드 가능성까지 배제할 수 없으나 이러한 점을 고려해도 이들의 가치가 고평가됐다는 점을 지적하지 않을 수 없다. 그렇다면, 이들의 주가가 한때나마 상승을 하고 시장의 주목을 받았던 원인은 무엇일까?

필자의 견해로는 최소한 한 종목은 '서해에서 유전을 개발한다.'라는 재료였을 것으로 보이고 바이오벤처를 인수한다는 소문으로 주가가 상승했던 기업도 있다. 한 기업은 공장매각으로 큰 폭의 매각차익이 기대된다는 소문이 떠돌았기 때문이고, 우회상장에 관련됐다는 소문이 돌며 주가가 상승한 경우도 있는 것 같다. 물론 M&A는 이러한 회전율 상위종목들의 단골메뉴이며 몇 가지 이유로 인해 불성실공시 법인으로 지정된 경우도 있다. 전반적으로 봤을 때 장기적인 업황호전이나 수익성 회복 등 펀더멘털의 중장기적인 개선과 관련된 내용으로 주가가 등락을 했다기보다는 내부자가 아닌 경우 진위를 판별하기 힘들고 어느 경우에는 납득하기 어려운 일회성 재료로 인해 투자자들의 관심을 끈 경우가 많다는 것이 개인적인 판단이다.

만일 회전율 상위종목들이 장기적이고 추세적인 상승을 한 보험 및 제약업종, 혹은 시장에서 전면적인 재평가를 받고 있는 건설업종, 업황호전이 예상보다 지속되고 있는 조선업종 등이었다면 다소 무리는 있을 수 있으나 나름대로 납득할 수 있는 매매였다고 말할 수 있을 것이다. 그러나 결과적으로 판단할 때 다음과 같은 이유로 필자는 우리나라 시장의 비정상적인 회전율이 펀더멘털의 장기적인 호전과는 상당한 거리가 있으며, 높은 회전율 자체가 많은 소액투자자들에게

120

끼친 부정적인 영향도 클 것이라 판단한다.

1   회전율이 비정상적으로 높은 종목들은 기관투자자나 외국인투자자들의 선호 종목과는 매우 거리가 먼 중소형 종목들이 대부분이며, 이들 종목은 지수가 하락하면 블루칩들에 비해 매우 큰 낙폭을 보여 소액투자자들에게 큰 피해를 입혀왔다.

2   회전율이 높은 종목들은 합리적인 수준에서 적정 주가를 측정할 수 있는 펀더멘털도 갖추지 못한 경우가 많으며, 그나마 펀더멘털이 갖춰졌다고 하더라도 납득이 가지 않을 정도로 고평가된 경우도 상당 수였다.

3   회전율 상위종목들의 주가상승 이유 자체도 어떤 경우에도 도저히 이해할 수 없는, 어떤 경우는 이해는 할 수 있으나 진위 여부는 그 누구도 판단할 수 없는 애매모호한 재료나 소문에 근거한 경우가 대부분이고, 그나마 1회성 재료에 그쳐 주가하락 시마다 큰 피해가 발생하곤 한다.

이러한 종목들의 주가가 하락할 때마다 투자자들이 입은 막대한 피해의 대부분은 결국 주가의 상단부에서 매수에 나섰던 소액투자자들이 번번이 떠안아왔던 것이 현실이다. 그리고 무엇보다 중요한 점은 이러한 통계자료가 매년 반복되어 발표되었고, 수많은 피해 사례가 나타나고 있음에도 불구하고 최근까지 과도한 회전의 유혹에서 우리나라의 소액투자자들을 보호할 수 있는 보호장치 및 교육체제가 상당히 미흡하다는 것이다. 그렇다면, 이러한 회전율의 폐단이 지속되고, 투기적 매매의 위험성이 널리 인식되고 있음에도 불구하고 아직까지 이러한 관행이 지속되는 근본적인 이유는 무엇일까?

회전율 제조공장

앞서 설명했듯이, 우리나라의 회전율은 세계 1위 수준이나 실상 이렇듯 높은 회전율에 큰 기여를 해온 '고 회전 종목'의 기업내용이나 재료는 초라하기 짝이 없었다. 고점에서 거래량 지표 등 기술적 지표에만 의존하여 추격매수에 나선 소액투자자들에게 많은 피해를 입히는 경우들이 너무 많았었다.

그러나 소액투자자들이 큰 피해를 입었음에도 불구하고 막상 매매를 대행해준 증권회사들이 막대한 수수료를 벌어들인 점은 부정하기 힘든 사실이다. 오히려 과도한 미수거래에 대한 관계당국의 강도 높은 조치가 있기 전까지, 비정상적으로 높은 매매회전율은 우리나라라는 시장환경에서 당연한 결과인 것으로 받아들여지는 것이 증권업계의 관행이었으며, 과도한 매매에 대한 위험을 투자자들에게 적극적으로 알리려는 시도 또한 미흡했다는 것이 필자의 견해이다. 그렇다면, 과도한 회전율의 피해자는 누구이고, 이를 통해 이익을 본 이들은 누구일까 궁금하지 않을 수 없다. 여기서 궁금증에 대한 답을 전하려 한다. 금융감독원의 발표 자료에 의하면, 시장이 활황이었던 2005년 국내 증권사들의 총자기자본은 17.9조 원이며 세후순이익은 증시활황에 힘입어 3.2조 원을 기록했다.

● **국내 증권사 요약 손익계산서** (2005년) (단위 : 억 원)

영업수익	144,026
수수료 수익	58,741
주식위탁수수료 수익	39,348
영업이익	28,954
경상이익	35,546
당기순이익	31,891

* 자료 : 금융감독원

자, 지금부터 국내 주요 증권사 주주들이 요구하는 수준의 ROE (자기자본이익률)를 만들어내기 위해 유지해야 하는 거래대금 수준은 얼마인지, 아주 간단한 계산을 해보도록 하자.

우선, 우리나라 증권사 주주들이 경영진에 요구하는 ROE 수준은 12%라고 가정한다(이는 국고채 금리에 8% 내외의 리스크 프리미엄을 적용한 결과로서, 증권업의 변동성을 감안할 때 낮은 수준이라고 판단할 수 있으나 필요 거래대금 수준을 보수적으로 산출하기 위해 낮은 ROE라도 감내할 수 있는 우호적인 주주들을 가정했다.). 그리고 현재의 자본수준이 유지된다고 가정한다면 증권사들은 최소한

2조 원 이상의 순익을 창출할 필요가 있다(17.9조×12%=2.15조). 2조 원 이상의 순익을 창출하기 위해 필요한 영업수익 규모에 대해서는 너무나 많은 유동적인 변수가 있어 명확한 수치를 제시하기 어려운 측면이 있으나(매매손익이나 파생상품 매매손익 등) 2005년의 당기순이익/영업수익 비율인 22%를 적용하여 9.8~10조 원 규모로 가정한다.

증권사들의 ROE 12%를 위해서는 최소한 연 180%의 회전이 필요

2005년 손익결과에 의하면, 증권사 영업수익의 41%가 수수료 수익이며, 이 중 67%가 주식 위탁매매 수수료로 구성돼 있다. 앞에서 산출한 ROE 12% 유지를 위한 영업수익 규모에 이 비율을 적용했을 때, 증권사들은 1년 동안 최소한 2조 7,000억 원 정도는 매매수수료로 벌어들여야 한다는 결론에 도달하게 된다(10조 원×41%×67%).

만일, 1년 동안의 영업일을 250일로 가정하면 하루에 우리나라 증권사는 110억 원 정도를 벌어야 하고, 평균수수료를 0.20%로 가정했을 때 ROE 12% 유지를 위해 필요한 거래대금은 5조 4,000억 원에 달하게 된다(국내 증권사를 통한 거래대금 기준). 2006년 7월 현재 기준으로 보면, 거래소와 코스닥시장의 시가총액을 합하면 680조 원 내외가 되므로, 다소 보수적으로 보아 필요한 거래대금이 5조 원 수준이라고 가정해도 우리나라 증권사들의 ROE 12% 유지를 위한 연회전율은 최소한 180%는 되어야 한다.

♪ 시가총액 상위종목 중 연회전율 180%를 상회하는 종목의 비중은 크지 않음

그러나 이 대목에서 우리나라 증권사들이 직면한 큰 문제가 있는데, 이는 시가총액 상위 10개 종목 중 국내 증권사를 통한 거래는 물론 외국계 증권사를 통한 거래를 포함한 전체 거래를 기준으로 보아도 연회전율 180%를 상회하는 종목의 비중이 적다는 것이다. 즉, 다음 도표에 나타나듯이 우리나라 전체 시가총액의 70% 이상을 차지하고 있는 대표 블루칩 50개 종목 중 증권회사들이 만족할 수 있을 정도 이상의 회전율(연 180% 이상)을 보이는 종목의 비율은 22%에 지나지 않는다.

● **시가총액 상위 50개 종목의 연회전율** (2006년 7월)

100% 이하	23개
100~180%	16개
180% 이상	11개

♪ 장기투자자들의 보유비중이 증가하면서 대표 블루칩들의 회전율은 더욱더 하락할 전망

증권회사의 입장에서 더욱 심각한 문제는 향후 우리나라의 대표 우량주들에 대한 기관투자자 및 외국인투자자 등 장기투자자들의 보유비중이 증가하면서 대표 블루칩들의 회전율은 더욱 크게 하락할 가능성이 상당히 높다는 점이다.

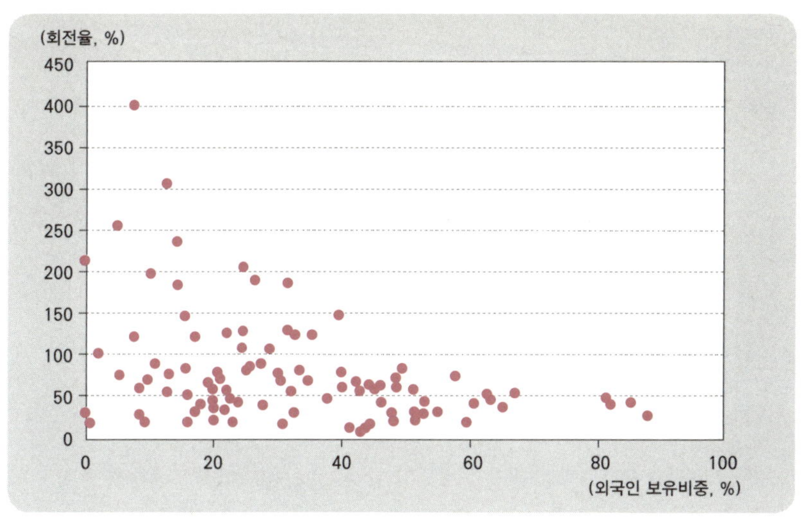

* 자료 : 증권선물거래소(KRX)

위 도표는 우리나라 대표 100개 종목의 외국인 보유비중과 120일 회전율을 나타내고 있는데, 시각적으로도 외국인 비중이 높은 종목일수록 회전율이 줄어드는 모습을 보이고 있으며, 사실 양 변수 간의 상관관계를 계산하면 상관계수는 -0.38 정도이다.

예를 들어, 시가총액 상위 100개 종목 중 외국인 보유비중이 40%를 상회하는 종목들의 연평균회전율은 93%에 불과하며 연 180%를 상회하는 종목은 하나도 없다. 즉, 장기투자자들의 보유비중이 늘어나면서 유통물량 수가 줄어들게 되면 자연히 이들 우량종목들의 회전율은 하락할 수밖에 없으며, 향후 기관투자자들의 보유비중이 더욱 증가할 것이라는 전망을 고려할 때 대표 우량주들의 회전율 하락 현상은 더 커질 것으로 판단된다.

자, 이제 생각을 좀 정리해보자. 2005년 기준 전체 수수료 수익의 67%를 주식 위탁매매 수수료에 의존하는 증권회사들의 입장에서 보면, 어느 정도 주주들이 납득할 수 있는 수준의 ROE를 창출하기 위해서는 일평균 주식거래대금이 5조 원 수준은 유지될 필요가 있다. 일평균 거래대금 5조 원을 유지하기 위해서는 최소 연평균회전율이 180%를 상회할 필요가 있는데, 이 부분에서 벌써 무리한 회전의 빌미가 제공되는 것이다(평균수수료를 0.2%로 가정하고 산정한 회전율이 180%이지만 수수료가 0.015%로 하락한 사정을 반영한다면 회전율은 급격히 상승하여야만 ROE 12%를 맞출 수 있다.). 물론 시가총액 상위 대형주 등 비교적 안정적이고 투자자들이 큰 피해를 입을 가능성이 적은 대형 블루칩들을 통한 회전율 연 180%가 가능해진다면 문제는 간단해질 수 있다. 그러나 막상 뚜껑을 열어보면 시가총액 상위 블루칩 중 연평균회전율 180%를 만들어낼 만한 종목 자체가 많지 않다는 점이 증권회사의 입장에서는 고민이다. 더욱이 장기투자자들의 비중이 더욱 증가하고 유통물량이 감소하면서 우량 블루칩들의 회전율은 앞으로 더욱더 떨어져갈 것이다. 그리고 이들 종목들에 대한 개인투자자들의 매매 참여 비중은 하락할 가능성이 높다.

　이러한 상황에서 증권업계에 종사해온 우리들의 선택은 무엇이었는지 곰곰이 되짚어보기를 필자는 간곡히 권유한다. 물론 고객수익 위주의 경영을 위해 내부 통제 기준을 강력하게 강화하고 투자자들의 이익보호를 위해 일시적인 시장점유율 하락도 감수하는 경우도 있는 등 긍정적으로 발전하는 모습도 예전에 비해 많이 찾아볼 수 있다. 그리고 과도한 미수매매를 막기 위한 관계 당국의 조치도 장기적으로 환영할 만한 변화이다. 그러나 아직도 일부에서는 우량 블루칩들의 떨어지는 회전율을 대신할 만한 종목을 발굴하여 무리하게 회전시키는 빌미를 만들어내려는 시도를 계속하고 있는 것은 아닌지 한번 따져볼 필요가 있다. 펀더멘털과는 거리가 먼 각종 무수한 테마 및 수혜주들이 난무하고, 때만 되면 초단타매매를 장려하는 각종 이벤트 광고들이 언론매체를 채우는 이유는 무엇인가? 장기투자 문화의 정착과 투자자 보호라는 명제는 전면에 내세우면서도 결국은 새로운 재료와 이벤트를 시장에 던져 블루칩들의 부족한 회전율을 채워줄 만한 종목과 테마를 창출해내는 데 열중해왔던 것이 증권업계의 모습은 아니었는지 고민해볼 필요가 있다. 증권업계는 회전율을 확대 재생산하는 곳이 되어서는 안 된다. 이는 곧 회전율의 생산이 고객의 부를 창출하는 데 도움이 되기 힘들기 때문이다.

고객의 수익을 창출하지 못하면, 고객의 장기적인 신뢰를 얻기 어려울 것이며, 이렇게 될 경우 증권업계의 가장 중요한 고객인 개인 직접투자자들의 시장이탈은 점차 가속화될 것이다. 또한 투자자들의 신뢰 상실은 점차 증권업계의 본업으로 등장하고 있는 간접상품시장마저 초거대 금융기관들에게 잠식당하는 결과를 가져올 것이다. 과도한 회전의 자제와 내부통제의 강화, 수익구조의 다변화로 대변되는 최근 일부 증권업계의 변신 노력이 성공적으로 지속되기를 기원한다.

투자정보의 부재

접근할 수 있는 정보가 어느 때보다 넓어졌음에도 불구하고 개인투자자들은 오히려 정보 조작이나 단편적인 정보의 잘못된 해석이라는 새로운 위험에 노출되어 있음을 앞에서 지적하였다. 향후에도 다음 세 가지 원인으로 인해 개인투자자들이 체감하는 정보의 부익부빈익빈 현상은 심화될 것이다.

1　개인투자자들은 남보다 빨리 단편적인 정보를 습득하는 데 성공하더라도 이 정보의 진위 여부를 파악하는 데 상당한 어려움을 겪게 된다.

2　정보가 사실로 나타나더라도 궁극적으로 주가에 미칠 영향을 종합적으로 판단할 수 있는 '+알파' 정보들이 부족할 가능성이 크다.

3　아주 운이 좋아서 습득한 정보가 사실임이 밝혀지고 추가적인 정

보 또한 획득하는 데 성공하더라도 계량적인 분석을 통해 해당 정보가 주가에 얼마나 큰 영향을 미칠 수 있는지에 대한 판단을 하기 쉽지 않다.

개인투자자 A씨의 이야기

주식시장에 경험이 없는 개인투자자들이 혼자 힘으로 주식시장의 움직임에 맞서 수익을 얻으려 할 때 직면할 수 있는 문제들을 가상 투자자인 A씨의 예를 들어 살펴보도록 하자. A씨는 최근 건설 회사를 다니는 B라는 친구로부터 한 달 이내에 대규모 수주가 있을 것이라는 정보를 들었다. 이 정보만을 가지고 주식투자를 해서 수익률을 올리기 위해서 A씨는 몇 번의 성공적인 투자의사 결정을 해야 할까?

결코 돈 벌기가 쉽지 않은 A씨. 우선, A씨가 직면한 문제는 친구의 말이 사실인지 아닌지 확인하는 것이다. 여기서부터 A씨의 고난이 시작되는데, 거짓말을 했을 수도 있는 친구 외에는 정보의 사실 여부를 확인할 수 있는 방법이 A씨에게는 없기 때문이다. 그럼에도 불구하고, 만일 A씨가 백방으로 노력하여 다른 경로를 통해 기업의 수주 소문이 사실이라는 점을 확인했다면 어떻게 될까?

정보의 진위를 확인하더라도 기업의 수익 및 현금흐름에 미치는 영향을 모르면 오히려 독이 될 수 있다. A씨가 소문으로만 듣던 수주 사실을 확인했더라도 돈을 벌기 위한 A씨의 고난은 이제 시작 단계일 뿐이다. 왜냐하면, 수주의 금액이 얼마인지, 예상 비용은 얼마나 투입되는지, 기간은 얼마나 걸릴 것이며, 특히 공사기간 중 예상외의 부실 요인이 발생할 가능성은 얼마나 되는지에 대한 종합적인 판단을 해야 하기 때문이다. 이 과정이 필요 없다고 생각하는 분들은 외환위기 이전 우리나라 대형 건설업체들을 위기로 몰아간 큰 변수 중 하나가 해외 건설 부분에서의 저가 수주 혹은 부실 수주였다는 점을 기억할 필요가 있다.

불굴의 투지를 가진 A씨가 밤을 새워 연구를 한 끝에 친구로부터 들은 정보의 사실을 확인하고 향후 실적에 미칠 영향에 대한 점검도 완료했다고 가정해보자. 그러나 불행히도 A씨의 고생은 여기서 끝나지 않는다. 왜냐하면, 이러한 실적이 투자대상 기업의 가치를 얼마나 상승시킬지에 대한 판단을 하지 않는다면 지금까지의 고생은 사실상 투자의사 결정에 도움을 주지 못하기 때문이다. 엄청난 노력을 들여 주가상승 잠재력이 큰 기업을 잘 골랐다고 하더라도 투자한 기업의 가치에 대한 확신이 없어 상승 초기 국면에서 주식을 팔아 치웠다면 많은 기회비용과 매도 후 주가상승에 따른 소외감 이외에는 A씨에게 남는 것은 별로 없을 것이다.

이 예에서 알 수 있듯이, A씨가 좋은 정보를 습득하는 데 성공하더라도 이를 투자수익률로 연결시키기는 결코 쉽지가 않은 것이 현재의 투자환경이다. 그러나 이 대목에서 생각할 수 있는 문제는 신뢰할 수 있는 투자 파트너를 A씨가 처음부터 확보했다면 이렇게까지 고생할 이유가 과연 있었겠느냐는 의문이다. 즉, 자신을 대신해서 정보의 진위를 확인하고, 이 정보가 향후 기업실적에 미칠 영향을 측정하며, 마지막으로 이 수주가 가시화됐을 때 기업가치가 얼마나 상승할 수 있을지에 대해서까지 조언해주는 파트너를 가지고 있었다면 A씨는 수월하게 투자의사 결정을 할 수 있었을 것이다.

🎵 투자 파트너

그렇다면, A씨의 모든 고생을 대신해줄 수 있는 투자 파트너는 과연 존재하는 것일까? 이 질문에 대해 필자는 존재하고 있으며 향후에도 이들의 신뢰도는 더욱 증가할 것이라고 자신 있게 대답하고 싶다. A씨의 예를 든다면, 수주 소문의 진위로부터 실적 추정, 목표주가 산정에 이르기까지 A씨가 필요했던 모든 정보는 해당 기업을 분석하고 있는 대형 증권사의 애널리스트라면 이미 알고 있을 가능성이 상당히 높다. 따라서 A씨 입장에서는 신뢰할 수 있는 리서치 하우스를 가진 증권사와 거래를 시작하고 증권사를 통해 관심 대상 기업에 대한 보고서 및 해당 증권사 리서치 하우스의 종합적인 의견을 얻는 편이 효율적인 투자대안이 될 수 있다.

필자가 안타깝게 생각하는 부분 중 하나는 여러 이유로 인해 개인투자자들 사이에서 대형 증권사들의 리서치 하우스를 불신하는 경향이 크다는 점이다. 심지어 일부 개인투자자들은 리서치 하우스가 투자자들의 이익보다는 실체를 이해하기 어려운 일부 세력을 위해 활동하고 있다는 주장을 하기도 한다. 그러나 필자는 개인투자자들에게 증권사 리서치 하우스에 대한 불신은 투자활동에 전혀 도움이 되지 않는다고 진심으로 충고한다. 2005년 이후 대세상승국면에서 큰 수익을 거뒀던 조선, 증권, 내수, 건설 업종들은 증권사 리서치 하우스들의 강력 추천 업종이었으며, 외국인 및 기관투자자들이 투자하여 큰 수익을 낸 종목들의 대부분도 오래전부터 이들의 단골 추천 종목이었다는 점을 강조하고 싶다.

지금까지 개인투자자들이 기관투자자들에 비해 대세상승국면에서 만족할 만한 수익률을 올리지 못한 가장 큰 원인에 대해 필자는 기관투자자들은 증권사의 리서치 하우스를 투자 파트너로서 신뢰했고 개인투자자들은 그러지 않았기 때문이라고 지적하고 싶다. 증권사 리서치 하우스를 지금과 같이 불신만 한다면 향후에도 기관투자자들이 주도하는 시장국면에서 개인투자자들은 지속적으로 소외될 수밖에 없다.

우리나라 리서치 하우스들도 이제는 신뢰할 수 있는 수준이다. 비교적 장기간 외국인들이 우리나라 시장에 강한 영향력을 행사하면서 한때 증권시장에서는 '외국계 증권사 보고서'들이 국내 증권사 리서치 하우스의 보고서보다 투자자들의 신뢰를 더 얻었던 일이 있었다. 그러나 지금 상황은 외국인들이 시장을 좌지우지하던 시절과는 매우 다르다. 국내 대형 증권 리서치 하우스의 시장영향력도 눈에 띄게 증가해 있다.

예를 들어, 필자가 근무하고 있는 삼성증권은 홍콩 유력 경제지인 〈아시아 머니〉가 실시한 2006·2007 브로커스 폴(Brokers Poll) 중 한국 지역 평가에서 리서치 서비스, 해외 주식 영업, 베스트 애널리스트 등 9개 전 부문에서 1위를 차지한 바 있다. 이는 아시아 전역을 통틀어 초유의 일이며, 특히 리서치 부문에서 세계적인 투자은행을 큰 격차로 따돌렸다는 점은 국내 리서치 하우스의 경쟁력이 외국계 리서치 하우스에 비해 떨어지지 않음을 보여주는 지표이다.

2005년 이후 두드러진 현상이지만, 미래에도 신뢰할 수 있는 투자 파트너야말로 신뢰할 수 있는 수익을 올릴 수 있는 가장 중요한 요인으로 작용할 것이다. 이미 외국인 및 기관투자자들로부터 검증된 투자 파트너를 활용하여 기관화 장세의 흐름에 동참할 것인가, 아니면 혼자 걸어가야 할 가시밭길을 계속 걸을 것인가의 문제에 대해 개인투자자들은 조만간 결정을 내려야 할 것이다.

매매수수료의 재발견

1990년대 후반 이후 진행된 온라인(online) 경제의 급속한 확산은 주식 트레이딩(trading) 서비스의 기본구조에도 매우 큰 영향을 미쳐왔다. 과거, 증권사 영업직원을 통해 이뤄지던 주식거래가 PC방에서, 가정에서, 일부의 경우지만 직장에서까지 이뤄지고 인터넷에는 각종 투자정보가 넘쳐흘러 웬만한 개인투자자들이 기관투자자 못지않은 투자정보에 접근이 가능하다. 이러한 온라인 거래의 급속한 확산은 필연적으로 주식투자에 수반되는 매매수수료를 급속하게 감소시켜왔고, 대부분의 투자자들에게 이제 거래비용은 거래 금융기관을 선택함에 있어 가장 중요한 요인 중 하나로 간주되고 있음이 사실이다. 그러나 중요한 문제는 과연 주식 매매수수료의 급격한 하락이 "개인투자자들의 재무목표를 달성하는 데 실질적으로 얼마나 큰 도움을 주었는가?"라는 질문에 대한 대답이다.

자본주의 사회에서 재화 및 서비스 가격의 하락을 반가워하지 않을 소비자는 없다. 그러나 만일 서민이 애호하는 주종인 '소주'의 가격이 하락하여 가계부담이 완화된다면 좋은 일이겠으나, 이로 인해 소주의 소비가 증가함으로써 장래 의료비 지출이 급증하게 된다면 '가격인하'가 오히려 가계에 큰 악영향을 미쳤다고도 말할 수 있다. 주식의 '거래비용'도 마찬가지다. 거래비용의 하락이 같은 기대수익에 대한 요구수익률(required return on investment)을 낮춰 장기적인 투자성과에 큰 도움을 준다면 쌍수를 들고 환영해야 할 것이나, 이로 인해 필요 없는 매매가 유발되고 심지어는 '매매중독증'까지 걸리게 된다면 가격인하가 오히려 재무목표 달성에 큰 해악을 미쳤다고 볼 수도 있다.

비용 없이 거래를 할 수 있다는 환상을 버려라

필자는 '거래비용'을 판단함에 있어 개인투자자들이 범할 수 있는 큰 실수는 다음의 두 가지라고 생각한다.

첫째, '거래수수료'가 매우 큰 폭으로 하락하면서 실제로 '아무런 비용 없이 마음대로 거래를 할 수 있다.'라는 환상을 가질 수 있다. 그러나 제반 세금 등을 고려한다면 전체 거래비용 중 거래수수료가 차지하는 비중은 낮으며 투자자들이 부담하는 모든 '투자비용(cost of investment)'에 포함하여 생각한다면 그 비중은 헤비 트레이더(heavy trader)가 아닌 이상 크다고 말할 수 없다. 즉, 거래수수료가 줄어들었어도 투자자들이 부담해야 하는 직간접비용은 생각만큼 줄어들지 않았다.

둘째, 거래비용이 아무리 낮아지더라도 그것이 주식투자를 통해 부를 창출하고자 하는 재무목적의 달성에 영향을 미치지 못하거나 오히려 장애물로 작용한다면 아무런 소용이 없다. 따라서 개인투자자들이 진정으로 고려해야 하는 비용은 '거래의 비용(cost of transaction)'이 아니라 재무목표 달성을 위해 지불하는 모든 비용의 합계인 '전략의 비용(cost of strategy)'이다.

결국, 많은 개인투자자들이 주식 직접투자를 통해 성공하지 못한 이유는 '재무목표'의 달성에 도움을 주는 비용만이 지출할 가치가 있으며, 아무리 낮은 수준이라도 자신의 부의 증가에 이바지하지 못한다면 지출할 이유가 없다는 평범한 사실을 잊어버렸기 때문이다. 말하자면, '거래의 목적'과 '투자의 목적'이 다를 수 없음을 생각하지 못해 재무목표 달성에 도움이 되지 않는 거래를 서슴없이 한 결과라고도 볼 수 있다. 거래수수료가 낮아지더라도 개인투자자가 투자목적 달성을 위해 지출해야 하는 비용의 종류는 예상외로 많으며 '전략의 비용'에 대한 효율적인 관리가 없다면 재무목표 달성은 요원하기만 하다는 점을 인식해야 할 것이다.

💰 돈을 벌려면 전략의 비용을 효율적으로 지출하라

필자가 정의하는 '거래를 위한 비용'과 '전략을 위한 비용'의 구분은 다음과 같다. '거래를 위한 비용'이란 주식을 거래하기 위해 지불하는 명시적, 묵시적인 비용을 말한다.

> **거래를 위한 비용 = 매매수수료 + 세금 + 호가 스프레드(spread) + 호가변화**

'전략을 위한 비용'이란 재무목표를 위해 투자자가 감수해야만 하는 모든 비용을 말한다.

> **전략을 위한 비용 = 거래를 위한 비용 + 투자를 위한 비용 + 기회비용**

'거래를 위한 비용'은 거래 과정에서 지출되는 비용이며, 투자를 위한 비용(cost of capital)은 재무목표 달성을 위한 리스크 때문에 부담하는 비용이고, 기회비용(opportunity cost)은 투자활동으로 인해 부담하는 비용을 말한다.

● **'전략을 위한 비용'의 구분**

구분	명시적 비용		묵시적 비용	
	통제가능 비용	통제불능 비용	통제가능 비용	통제불능 비용
거래를 위한 비용	매매수수료	제반 세금		호가 스프레드 호가변화
투자를 위한 비용			기업 고유 위험 정보 획득 비용	주식시장 위험
기회비용				CD금리

🔖 투자전략에 있어 '공짜 매매'란 없다

'거래를 위한 비용'의 구체적인 구성요소들은 다음과 같이 정의할 수 있다.

매매수수료 : 거래 증권회사에 지불하는 매매수수료
각종 세금 : 증권거래세 및 농특세
호가 스프레드 : 매도호가와 매수호가의 차이로 인해 지불하는 비용
호가변화 : 시장상황에 따라 호가가 지속적으로 변화하면서 지불하는 비용

'투자를 위한 비용'은 보통 우리가 말하는 투자요구수익률에 투자정보 획득 비용을 합한 개념으로 정의한다.

주식시장 위험 : '주식'이라는 위험자산군에 투자하기로 결정함으로써 감수하는 변동성
기업 고유 위험 : 잘 분산된 포트폴리오가 아닌 개별종목에 투자하기로 결정함으로써 감수하는 변동성
정보 획득 비용 : 필요한 투자정보를 획득하기 위해서, 혹은 불확실성 투자정보로 인해 지불하는 비용

'기회비용'은 주식시장에 투자하는 기간 중 지불한 이자비용(91일 CD금리)으로 정의한다.

이상과 같이 투자전략 달성을 위해 소요되는 비용들을 정리한다면, 저가 수수료는 성공적인 투자의 핵심요인이 아님을 알 수 있다. 즉, 개인투자자가 주식 직접매매를 통해 재무목표를 달성하기 위해서

는 의외로 많은 비용을 지불해야 하며, 그 전체 비용 중 매매수수료가 차지하는 비중은 적은 일부분에 지나지 않는 것이다. 아무리 매매수수료가 적어지더라도 지불해야 하는 세금, 변동성, 기회비용, 증권시장의 유동성 등에 변화가 없다면 실제로 개인투자자가 부담해야 하는 전체 투자비용에는 거의 변화가 없어지기 때문이다. 오히려 매매수수료의 감소가 변동성이 큰 종목에 대한 단기매매나 과도한 회전율로 이어진다면, 결국 매매수수료는 매매수수료대로 지불하면서 매매와 관련된 세금지출이 급격히 늘어나고, 특히 '투자를 위한 비용'이 크게 증가해 결국 전체적으로 지출하는 비용이 수수료 인하 이전에 비해 크게 증가할 가능성도 충분히 존재한다.

♬ '전략을 위한 비용'의 구성 비중

● 현대건설의 총 투자비용 분석 (1년 보유 후 매도 가정)

비용의 종류		비용(%)	비고
거래를 위한 비용	매매수수료	0.20	매수, 매도 0.1% 가정
	제반 세금	0.30	거래세 및 농특세
	호가 스프레드	0.16	현대건설 주가 6만 원, 호가차이 100원 가정
투자를 위한 비용	주식시장 위험 프리미엄 비용	5.50	주식시장에 대한 리스크 프리미엄 5.5% 가정
	기업 고유 위험 비용	2.75	현대건설의 베타 1.5 가정
기회비용	91일 CD금리	5.00	
전략을 위한 비용(합계)		13.91	

앞에서 제시된 현대건설의 예를 통해 알 수 있듯, 전체 '전략을 위한 비용' 중 '거래를 위한 비용'이 차지하는 비중은 매우 적으며 '거래를 위한 비용' 중에서도 매매수수료가 차지하는 비중은 매우 적은 수준이다.

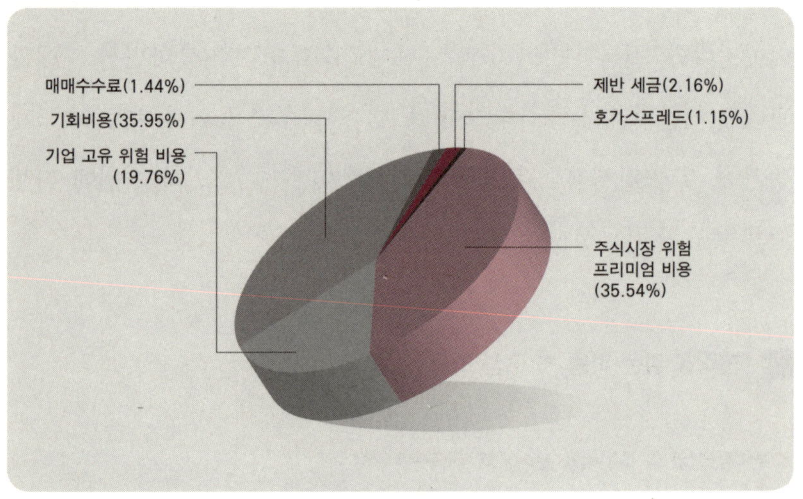

그림21 현대건설의 '전략을 위한 비용' 비중 (1년 보유 가정)

* 자료 : 삼성증권

따라서 '거래를 위한 비용'이 '투자를 위한 비용'에 비해 의미 있는 수준까지 상승하기 위해서는 정상적인 투자자에 비해 회전율이 매우 높아져야 할 것이다. 예를 들어, 1년에 각각 매수와 매도 1회의 매매를 하는 투자자와 매수와 매도를 10회 이상 반복하는 투자자의 기회비용은 다같이 '무위험 금리'로 동일할 것이나 거래비용은 10배 이상 차이가 날 것이기 때문이다.

⚡ '전략을 위한 비용'은 생각만큼 크게 하락하지 않는다

그렇다면, '거래를 위한 비용'이 전체 '전략을 위한 비용' 중 의미 있는 비중을 차지하기 위해서는 연간 몇 번의 매매를 해야 할까? 간단하게 온라인 주식매매의 매매수수료를 0.1%로 가정할 때, 거래비용이 가장 기본적인 '투자를 위한 비용'인 10.5%(무위험 금리 5% + 주식투자에 대한 리스크 프리미엄 5.5%)를 상회하기 위해서는 연간 21회전의 매매가 필요하다(10.5% / (0.2%(매수매도 매매수수료) + 0.3% (제반 세금))). 즉, 최소 1개월에 한 번 이상은 주식을 사고팔아야 하는 투자자가 아니라면 거래비용이 가장 큰 비용이라고 말하기는 어려운 것이다(매매수수료가 낮아진다면 이 회전율은 더욱 높아질 것이다.). 더욱이 이 정도로 매매의 횟수를 늘린다면 각종 기회비용 등이 증가하면서 결국 요구수익률(required return)이 늘어날 가능성이 매우 높다는 점도 고려할 필요가 있다.

여기서 또 하나 관심을 가질 만한 사실은 매매회전율이 상승하면서 거래비용의 비중이 높아지는 데 가장 큰 영향을 미치는 변수는 '거래수수료'가 아닌 '세금'이라는 점이다.

● **수수료 인하 및 회전율 상승으로 인한 효과 분석**

	수수료 인하 전(%)	수수료 인하 후(%)
회전율을 연간 4회에서 8회로 올렸을 경우		
회당 매매수수료	0.10	0.02
연간 매매수수료	0.80 ①	0.32 ②
세금	1.20	2.40
전체 거래를 위한 비용(합계)	2.00	2.72
회전율을 연간 4회에서 16회로 올렸을 경우		
회당 매매수수료	0.10	0.02
연간 매매수수료	0.80 ①	0.64 ③
세금	1.20	4.80
전체 거래를 위한 비용(합계)	2.00	5.44
회전율을 연간 4회에서 20회로 올렸을 경우		
회당 매매수수료	0.10	0.02
연간 매매수수료	0.80 ①	0.80 ④
세금	1.20	6.00
전체 거래를 위한 비용(합계)	2.00	6.80

* 매매수수료가 0.02%로 인하되었다고 가정
* 산식정리 : ① (0.1×4×2), ② (0.02×8×2), ③ (0.02×16×2), ④ (0.02×20×2)

예를 들어, 매매수수료의 하락을 이용해 연간 회전율을 4회에서 8회로 올렸을 경우 연간 매매수수료는 회전율의 상승에도 불구하고 40% 수준으로 하락했으나 세금이 2배로 늘어나면서 전체 거래를 위한 비용은 36% 증가하게 된다. 만일 이 거래자가 회전율을 연간 20회로 올린다면 전체 거래를 위한 비용은 3.4배가 상승하는 것으로 나타난다.

앞서 필자는 회전율이 높지 않은 투자자(1년에 1~2회전 정도 매매를 하는)의 전체 '전략의 위한 비용'에서 매매수수료가 차지하는 비중은 매우 적으며, 매매수수료가 하락하더라도 그것이 회전율의 상승으로 이어진다면 제반 세금의 상승으로 인해 궁극적으로 '거래를 위한 비용'을 상승시키는 요인이 될 가능성이 크다는 점을 말했다.

따라서 "매매수수료의 하락이 궁극적으로 투자자들에게 큰 이익이 된다."라고 주장하기 위해서는 결국 회전율의 상승이 '투자를 위한 비용'을 감소시켜 투자수익을 상승시키는 요인이 되어야만 할 것이다. 즉, "매매를 많이 하면 할수록 기회비용이 줄어들고, 기대위험 대비 기대수익이 높은 투자기회를 잡을 수 있다."라고 주장할 수 있어야만 매매수수료의 하락이 투자자들의 궁극적인 재무목표 달성에 큰 도움이 되었다고 말할 수 있다.

그러나 회전율의 상승이 '투자를 위한 비용'을 낮추는 요인이 될 수 없을 뿐만 아니라 오히려 빈번한 거래를 통해 무모한 도전을 일삼는 사례를 수없이 보아왔는데 그 결과는 혹독한 실패뿐이었다. 수수료의 달콤함에서 벗어나는 것, 그것이 진정한 투자의 첫걸음이다.

애널리스트의 선택

지금 이 시간에도 각 증권회사의 리서치 센터에서는 방대한 양의 각종 보고서들이 쏟아져 나오고 있다. 그러나 개인투자자들이 주로 매매하는 종목들의 흐름을 놓고 판단할 때, 아직까지 많은 개인투자자들은 이들 보고서를 적극적으로 활용해 투자전략에 반영하려는 노력을 하지 않는 것으로 보여 안타깝다. 개인투자자들의 입장에서는 증권사 리서치 센터에서 발간한 보고서와 관련된 여러 가지 잘못된 선입견들을 고칠 수만 있다면 장기적인 투자수익률에 큰 도움이 될 것으로 필자는 믿어 의심치 않는다.

증권회사의 보고서를 활용하여 투자수익률로 연결시키기 위해서 제일 먼저 해야 할 일은 리서치 하우스와 애널리스트에 대한 근거 없는 불신부터 버리는 일이다. 특히 어느 경로를 통해 이러한 이야기를 들었든, "리서치 하우스로부터 매수의견이 나오면 거기가 상투다."

혹은 "우량주 주가의 바닥은 애널리스트의 매도 투자의견이 만든다."
라는 식의 잘못된 증시 격언은 될 수 있는 대로 빨리 잊어버리는 편이
향후 투자수익률에 도움이 된다.

상대적으로 우월했던 추천종목의 수익률

리서치 센터의 추천종목이 어떠한 성과를 보였는지 알아보기 위해 삼
성증권 리서치 센터에서 2006년 1월부터 11월까지 매수 투자의견을
꾸준하게 유지했던 종목들의 수익률을 계산해봤다.

	삼성증권 매수추천종목(%)	상장종목 평균(%)
수익률	7.80	-2.60
표준편차	32	50
상승 확률	55	37
10% 이상 하락 확률	27	50
20% 이상 하락 확률	15	38
30% 이상 하락 확률	12	25

* 참고 : 수익률 기준 – 2005년 12월 29일 ~ 2006년 11월 22일까지
삼성증권 추천종목 – 2005년 12월 29일 ~ 2006년 11월 22일까지 매수의견을 유지했던 종목
상장종목 – 2005년 12월 29일 ~ 2006년 11월 22일까지 상장됐던 종목

위 도표에서 나타나듯이 상대적으로 주식시장의 움직임이 부진
했던 2006년 중에도 삼성증권의 추천종목들은 비교적 양호한 수익률
을 보여왔다. 특히 눈여겨볼 점은 리스크와 관련된 요소인데, 조사 대
상 기간 중 삼성증권 리서치 센터의 매수추천 종목들은 변동성이 상
장종목들 대비 매우 낮았을 뿐 아니라 큰 폭으로 하락한 종목의 비율

도 매우 낮다. 즉, 삼성증권 리서치 센터의 매수추천 종목들은 수익률도 보통 상장종목들 대비 우월할 뿐 아니라 변동성 측면에서도 우위를 점하고 있다. 물론 100개가 넘는 분석 대상 종목 중 투자등급 및 목표주가가 시장흐름과 일치하지 않는 종목이 나타날 수도 있다. 그러나 전반적으로 볼 때, 투자위험 대비 수익률의 측면에서 보더라도 대형 증권사 리서치 추천종목들은 일단 상장종목들 대비 상당한 우위를 점하고 있는 것이 사실이다.

🎵 "바닥에서 한참 오른 이후에 추천한다."라는 비판에 대해

투자전략 담당자로서 종목추천과 관련해 필자가 가장 많이 듣는 불평은 "많은 애널리스트들이 이미 저점 대비 한참 오른 다음에야 추천한다."라는 말이었다. 애널리스트가 주가의 가장 최저점을 기록하고 있는 종목을 용케 찾아 가장 좋은 타이밍에 추천할 수 있는 능력이 있다면 더 바랄 나위가 없겠으나, 그들이 신이 아닌 이상 그런 능력은 없다. 애널리스트들은 '주가의 상승폭'보다는 분석 대상 기업주가가 '적정가치 대비 저평가됐느냐'의 문제를 유심히 살펴본다. 저평가됐다고 판단한다면 당연히 장기적인 시각에서 매수에 임할 것을 투자자들에게 권한다.

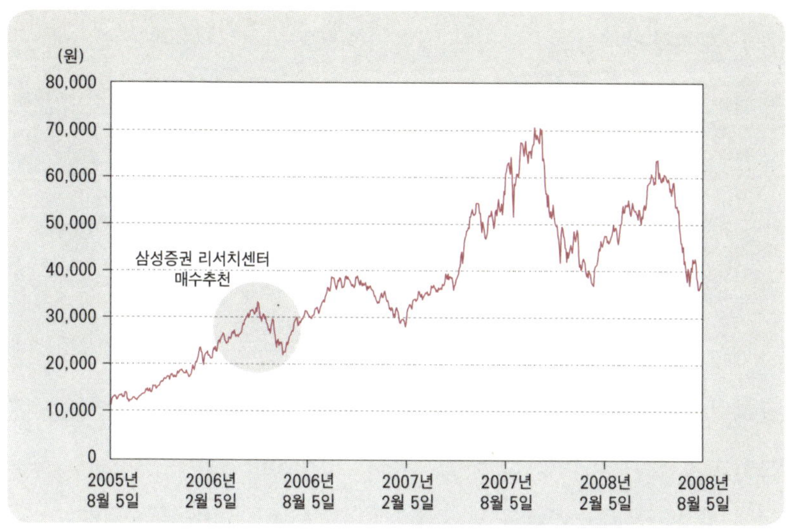

* 자료 : 증권선물거래소

삼성테크윈의 예를 살펴보자. 삼성증권 리서치 센터에서 삼성테크윈을 다시 커버하기 시작한 시기, 주가는 2만 7,000원 내외였다. 물론 1만 원대의 주가에 익숙했던 투자자들에게는 부담이 되는 수준이었으나, 삼성테크윈의 주가는 결국 비교적 단기간 내 4만 원까지 상승했다. 비록 저점 대비 상당폭 주가가 상승했던 경우라도 내재가치 대비 충분히 저평가된 상황에서 애널리스트가 추천한다면 추가적으로 상승할 가능성은 충분하다.

🔸 목표주가를 바꾼다는 비판에 대해

리서치 하우스들의 종목 추천 보고서와 관련해 개인투자자들이 말하는 또 하나의 불평은 애널리스트들은 목표주가를 바꾼다는 것이다. 일부 개인투자자들은 "주가가 애널리스트들이 제시한 목표주가에 근접해 매도를 했는데 그 후 목표주가를 상향조정하여 기회비용이 발생했다."라고 말한다.

개인투자자들이 이러한 문제에 직면하는 이유는 애널리스트가 한 기업의 적정주가를 산정하는 방법은 '절대주가'와 '상대주가' 두 가지가 있다는 점을 알지 못하기 때문이다. 절대주가는 한 기업의 배당이나 현금흐름 등을 예측하고 이를 해당 기업의 위험수준을 반영한 할인율로 할인하여 목표주가를 구하는 방법이다. 해당 기업의 펀더멘털에 변화가 생기지 않는다면 목표주가 자체는 크게 변하지 않는다. 그러나 절대적인 잣대를 가지고 한 기업의 주가를 산정하는 방식은 현실적으로 여러 문제를 내포하고 있어, 대부분의 애널리스트들은 상대주가를 사용하여 목표주가를 계산한다.

상대주가란 분석 대상 기업의 PER, PBR, EV/EBITDA 등 주가 산정의 각종 기준들을 동일 업종 내 평균치 등과 비교하여 목표주가를 산정하는 방법이다. 이는 사용하기가 간편하지만 주가산정의 기준이 되는 동일 업종 내 다른 종목들의 주가가 상승한다면 목표주가 또한 바뀔 수밖에 없다는 문제점이 있다. 즉, 애널리스트가 상대주가를 통해 적정주가를 산정했다면 주가지수가 상승하는 동안에는 지속적으로 목표주가를 상향조정시켜 나가도록 강요받을 수밖에 없는 것이다. 따라서 종목을 추천한 애널리스트를 직접 접해 종목에 대한 의견을 업데이트하기 어려운 개인투자자 입장에서는 주식시장이 강세를 보이는 기간 중에는 목표주가에 연연해 우량종목을 함부로 매도하지 않는 것이 가장 좋은 대안이 된다. 즉, 주식시장이 상승 중일 때는 우량종목들은 애널리스트의 투자의견을 하향조정할 때까지는 보유하고 있고, 반대로 주식시장이 약세국면일 때는 목표주가와의 괴리에 따라 단기 트레이딩을 하는 전략을 활용한다면 목표주가 변화에 따른 기회비용을 최소화시킬 수 있다.

애널리스트가 추천하는 종목들은 이른바 "큰 재미가 없기 때문에 개인투자자들에게는 어울리지 않는다."라고 주장을 하는 투자자도 있다. 일부 투자자들은 지금 시장에서 이슈가 되고 있는 종목이라면 애널리스트가 의견을 제시해야 하는 것이 아니냐고 항의하기도 하였다. 애널리스트들이 주요 테마주들에 대해 의견을 내지 않는 이유는 간단하다. 시간과 노력을 들여 그 종목을 커버할 필요도 없을뿐더러, 한 번 손대기 시작하면 괜한 부담만 남는 경우가 발생하기 때문이다. 즉, 한번 투자의견을 내기 시작하면 그 이후 지속적으로 최소 1년 이상은 투자의견을 업데이트시켜야 하는데, 몇 일 혹은 몇 주일 반짝 움직이는 테마주들을 쫓아다니기에는 애널리스트들의 부담이 현실적으로 너무 크다.

우리나라 종합주가지수가 500 ～ 1,000pt의 박스권에 갇혀 있던 과거에는 리서치 하우스가 의견을 낼 수 있는 환경이 만들어지지 못했다. 해당 기업의 펀더멘털보다는 경기 사이클과 외국인 수급에 의해서만 주가가 움직이는 상황이었기 때문이다. 지금처럼 '장기적인 비전을 가지고 우량종목에 선별 투자하라!'라는 애널리스트의 주장이 큰 영향력을 발휘하지 못한 환경이었다고 이해하면 된다. 그러나 현재는 과거에 비해 상황이 너무도 크게 달라졌다. 적립식 펀드와 각종 연금의 주식투자 확대로 대표되는 장기 주식 수요 기반이 등장했으며, 우량종목에 대한 장기투자를 선호하는 투자문화도 정착되고 있다. 개인투자자들은 지금이야말로 리서치 하우스의 투자의견을 신뢰하고 보다 적극적인 활용방안을 모색할 시기인 것이다.

전자공시 시스템

주식시장에 참여하는 투자자 중 'DART'라고 불리는 전자공시 시스템을 이용해본 이들이 적지는 않을 테지만, DART의 주요 콘텐츠를 활용할 수 있는 자신만의 노하우를 가진 개인투자자들의 수는 적을 것으로 보인다.

만일 오랜 동안 주식투자를 했고 보유종목들이 증권사 리서치 센터에서 투자의견을 내지 않는 중소형주임에도 불구하고 전자공시 시스템을 한 번도 이용해보지 않았다면 지금이라도 사용해보라고 권하고 싶다.

전자공시 시스템은 우리나라 기업이 금융감독위원회 등 관계 기관에 제출하는 신고 또는 보고서 등을 인터넷을 통하여 전자문서로 제출하고, 관련 내용을 실시간으로 일반인에게 공시해주는 시스템이다.

특히 전자공시 시스템 중 각종 공시 내용은 개인투자자들이 비교적 적극적으로 활용하는 콘텐츠이다. 그러나 막상 전자공시 시스템의 핵심이라고 할 수 있는 분기 및 반기, 사업보고서를 활용해 자신이 보유한 종목을 분석할 필요성을 느끼는 개인투자자들은 많지 않은 것 같아 안타깝다.

활용하면 활용할수록 도움이 되는 정보 제공처

필자는 전자공시 시스템을 통해 분기 및 사업 보고서 등을 조회할 때 사업목적과 자본금의 증감 부분을 가장 먼저 확인한다. 특히 회사 규모에 비해 사업목적이 매우 많으며 향후 추진하고자 하는 사업 또한 회사의 본업과 큰 관계가 없다면 경계의 시각을 가지고 해당 종목에 접근해야 한다. 또한, 자본금의 증감 부분도 확인해야 한다. 그동안 어떤 식으로든 자본금이 늘어났다면 이 자금이 어떤 용도로 쓰였을지에 대한 이유를 찾을 수 있어야 한다.

물론 자본금의 변동란을 통하여 향후 잠재매물로 작용할 수 있는 전환사채나 신주인수권부 사채 등을 확인할 수 있다는 점도 꼭 기억해야 한다. 매출에 대한 사항은 해당 회사가 무엇을 해서 먹고 사는지를 명확히 보여준다. 특히 시장에 알려진 재료가 실제로 당 기업의 매출활동과 연관이 되어 있는가를 확인할 필요가 있으며 매출활동과 연관이 있다면 몇 퍼센트의 매출비중을 가지고 있는지도 점검해보기를 권한다. 만일 보유 부동산과 관련된 재료를 확인하고 싶다면 생산과 설비에 관한 사항을 통해 확인해보면 된다.

이제 드디어 '보고서의 꽃'이라고 할 수 있는 재무제표를 확인할 차례이다. 물론 매출액이나 자산규모, 순이익규모 등은 설명이 없어도 개인투자자들이 쉽게 조회할 수 있는 내용이므로 언급하지는 않겠다.

필자는 재무제표에서 해당 기업이 순현금인 상황인가 아니면 순부채인 상황인가를 가장 먼저 확인한다.

순현금은 각종 차입금을 상환하고 남을 만큼 현금자산을 가지고 있다는 의미이며, 순부채는 반대로 각종 차입금을 상환하기에는 현금성 자산이 부족하다는 의미이다.

만일 순부채인 상황이라면 반드시 재무제표의 가장 하단에 있는 현금흐름표를 확인해봐야 할 것이다. 즉, 해당 기업의 차입금이 현금대비 과도하게 많은 상황에서 영업활동을 통한 현금흐름이 제대로 창출되지 않는다면 장기투자 대상으로는 다시 한 번 생각해봐야 한다.

물론 재무제표에서 순이익은 매우 중요한 척도이다. 그러나 순이익은 반드시 현금흐름표상 나타나는 영업활동을 통한 현금흐름과 비교하여 판단해야 한다. 일부 기업들은 순이익은 호전되는 것으로 나타나고 있으나 재고자산이나 외상매출금 등 운전자본이 과도하게 늘어나면서 현금흐름이 악화되어 기업이 심각한 위기상황에 처했던 예가 있었다.

만일 지분 관련 재료, 우회상장 관련주 등을 보유한 개인투자자라면 타법인 출자현황과 주주에 관한 사항을 함께 점검한다면 의외로 좋은 정보를 얻을 수 있다. 예를 들어, '이 기업이 적대적 M&A에 노출될 정도로 지분이 허약한 구조인가'에 대한 답을 얻을 수도 있고, 해당 기업을 소유하고 있는 다른 법인과 해당 법인이 출자한 법인과의 관계 등 기업의 지분구조에 대해 좋은 정보를 제공한다.

그 외에도 각종 수주 상황 및 경영상의 주요 계약, 해당 기업이 종사하는 산업에 대한 간단한 업황 정리 및 경쟁구조 등 전자공시 시스템의 분기·반기 및 사업보고서들은 개인투자자들에게 의외로 풍부한 각종 정보들을 제공한다.

그러나 중요한 문제는 이런 정보들이 증권사 리포트에서처럼 이해하기 쉬운 형태로 나타나지 않는다는 점이다. 즉, 전자공시 시스템은 투자자들에게 필요한 정보를 그저 제공할 뿐이며 정보를 어떤 방식으로 활용하여 투자수익률을 제고할 것인가의 문제는 전적으로 투자자 개인의 몫으로 남는다. 이러한 문제를 해결하는 방법은 결국 많은 활용을 통해 자신만의 활용 노하우를 쌓는 수밖에 없다.

주식투자의 수익 역시 다른 일반적인 투자와 마찬가지로 노력하지 않고 우연히 얻어지는 경우는 거의 드물다. 처음에는 생소하고 어렵게 느껴질지 모르지만 계속해서 읽고 분석하는 연습을 해나간다면, 분명히 주식시장을 바라보는 또 하나의 눈을 가질 수 있을 것이다.

시세와 애널리스트

언제부터인지 모르겠으나 개인투자자들 사이에서는 제법 그럴듯한 증시 격언들이 알려지게 되었다. 그중에는 "시세는 시세에 물어봐라."라는 알쏭달쏭한 말도 있다. 이것은 아마도 지금 당장 시장에서 거래되는 가격이 시장 참여자들이 동의하는 가격수준이므로 거부감 없이 받아들이는 편이 좋다는 뜻일 것이다.

물론 지금 시장에 나타나는 호가가 '그 종목을 매수할 수 있는 가격'이라는 사실에는 동의할 수밖에 없다. 그러나 이는 단순히 시장에서 거래되는 가격일 뿐이며, 그 가격은 매우 불안전한 투자심리와 단기수급 그리고 자기중심적이고 편협할 수밖에 없는 매수자와 매도자들의 관점이 혼재돼 있어 매우 불안한 지표라고 할 수 있다. 즉, 가격은 시세에 물어보는 것이 맞으나 가격에 집착하는 투자자는 큰 수익을 올리기 힘들다는 점도 알아야 한다. 그렇다면, 가치는 어디에 물어봐야 하는가? 그것은 당연히 해당 종목을 전문적으로 연구 분석하는 증권사에 물어봐야 한다. 그 기업의 가치를 아는 사람은 차트를 말하지 않으며 수급을 따지지도 않는다.

2007년 초반부터 중반 사이 주가가 폭등한 동양기전의 예를 들어보자.

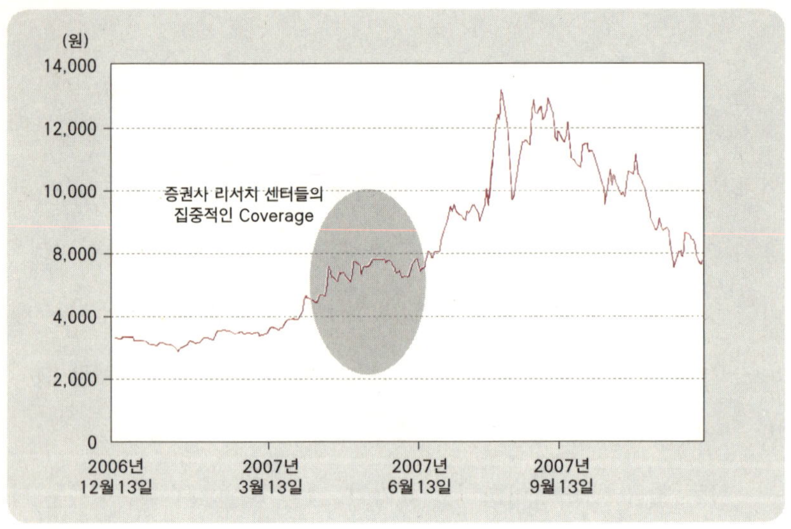

그림23 2007년 이후 동양기전의 주가 추이

* 자료 : 증권선물거래소

2004년부터 2007년 초반까지 동양기전이 저조한 수익률을 기록한 이유는 환율하락 등으로 인해 자동차 및 자동차 부품업종에 대한 부정적인 시각이 확산되었고 동사의 2006년 실적도 영업이익이 전년 동기 대비 16% 줄어드는 등 저조한 모습을 보였기 때문이다. 특히 동양기전의 주력 매출 품목인 자동차용 소형모터 및 유압실린더의 성장

158

잠재력에 대해서도 크게 평가를 해주지 않았기 때문에 시장에서 별다르게 주목을 하지 않는 종목이기도 했다.

2006년 말 기준 동양기전의 주요 밸류에이션을 보면 수익가치 기준으로는 PER 8배 내외, 순자산가치 기준으로는 PBR 0.8배 내외에서 거래되고 있었다. 확실히 일시적인 실적 악화는 있었지만 꾸준히 영업이익을 내고 있고, 특히 ROE가 10%를 상회하는 기업의 밸류에이션 지표로는 저평가되었다는 평가는 가능한 상황이었다. 부족했던 점은 동사의 주가가 저평가됐다는 사실을 투자자들의 관심으로 연결시켜줄 만한 촉매제가 없었다는 것이다.

그림24 **동양기전에 대한 주요 증권사 보고서 발간 수** (월간)

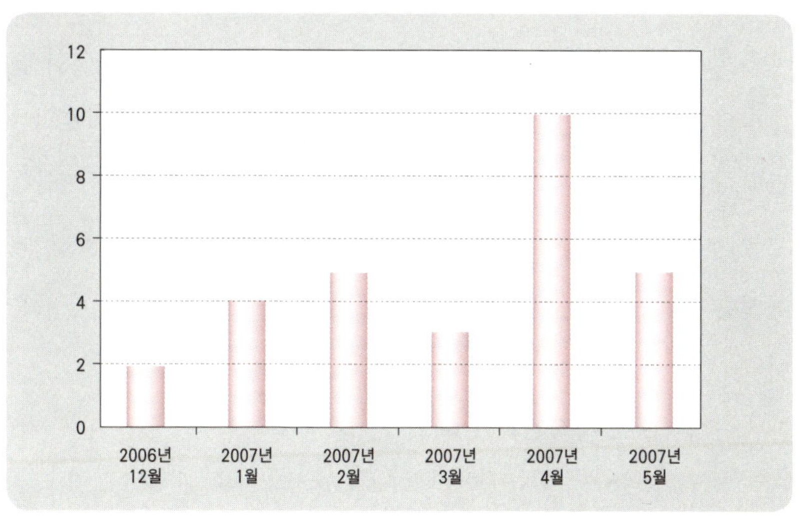

* 자료 : 증권선물거래소

사실 2007년 초반 이후 동양기전의 주가를 상승시킬 만한 촉매는 여러 군데서 발견할 수 있었다. 동양기전이 생산하는 자동차 부품의 주요 수요처였던 GM대우의 급속한 성장이 동사의 매출성장을 담보할 수 있었고, 2006년 실적 기준 전체 매출의 40%를 차지하던 유압 실린더 부분의 성장세도 중국으로부터의 견조한 건설장비 수요로 인해 충분한 성장을 기대할 수 있는 상황이었기 때문이다.

이러한 가능성을 발견한 증권사 애널리스트들이 나타나면서 동양기전에 대한 보고서가 늘어나기 시작했는데, 예를 들어 2006년 12월 불과 2회 발간됐던 보고서가 2007년 2월에는 5회로, 2007년 4월에는 10회로 늘어나게 된다. 특히 동양기전에 대한 주요 증권사들의 보고서가 집중됐던 2007년 4월 이후 동사의 주가는 5,000원대에서 1만 3,000원대로 급등했다는 점을 눈여겨볼 필요가 있다.

2007년에 있었던 동양기전의 랠리가 의미하는 바는 무엇인가? 그것은 "시세를 시세에 물어보는 것은 자유이나 가치를 물어보지는 말라."라는 말로 요약할 수 있다. 동양기전의 진정한 가치를 파악하고 이것을 투자자들이 이해할 수 있는 형태로 가공하여 주식시장에 제시한 주체는 각 증권사의 애널리스트들이지 시세가 아니었기 때문이다.

상식적으로 생각해봐도 해당 기업이 종사하는 업종이나 해당 기업 자체에 대한 폭넓은 조사 활동 없이 해당 기업의 주가 움직임만을 가지고 숨겨진 가치를 발견할 수 있다는 말에는 큰 설득력이 보이지 않는다. 해당 기업의 펀더멘털과 관련된 모든 요인들이 충분한 수준으로 현 주가에 반영돼 있다면 가치를 시세에서 찾을 수 있겠으나 시가총액 상위 대형주들의 경우에도 시 시각각으로 달라지는 기업의 경영환경이 즉각적으로 시세에 반영되는 예는 찾기가 매우 힘들 것이다.

주식투자를 통해 수익을 올리기 위해서 친구로 삼아야 하는 첫 번째 대상은 단연 증권사의 애널리스트가 써 내는 보고서들이다. 일부에서는 이들 보고서의 신뢰성에 의문을 제기하기도 하지만, 증권회사 내의 매우 엄격한 내부 통제 기준을 따라야 하고 자기 스스로 보고서의 신뢰성에 대해 책임을 저야 하는 애널리스트들의 보고서가 단기매매에 의존하는 소위 일부 재야 고수들의 의견에 비해 왜 신뢰도가 떨어져야 하는지 필자는 도저히 이해하기가 힘들다.

자신이 커버하는 기업의 숨겨진 가치를 찾아야 하고, 가치가 숨겨진 새로운 기업을 발굴해야 하며, 그것을 가장 공정한 형태로 투자자들에게 전달하는 일이 업무인 애널리스트들의 보고서를 신뢰하지 않으면서 들어도 잘 모르는 차트분석은 굳이 신뢰를 하려 하는 이유도 필자는 알 수 없다. 주식투자를 통해 성공하고 싶다면 가격과 가치는 다르다는 점을 하루라도 빨리 깨우쳐야 한다. 가격은 누구에게나 주어지는 변수이지만 가치는 아무에게나 보이지 않기 때문이다.

그러나 증권사의 투자분석팀이나 전략팀에서 매일 발간하는 'daily'에 수록된 추천종목에 대해서는 맹목적으로 믿어서는 안 된다.

이는 증권회사의 영업과도 밀접하게 관련되어 있기에 그렇다. 장기적으로 보아 기업의 실적이 개선되고, 펀더멘털이 개선되는 종목이라기보다 지금 당장 시장에 반짝 통할 재료나 모멘텀에 의해 추천되는 경향이 짙기 때문이다. 따라서 증권회사를 선택하는 기준 또한 고객 Base에 의해, 혹은 고객의 성공 스토리(success story)를 돕기 위한 회사인지를 잘 선택해야 할 것이다.

종목투자

주식부자들은
'종목선택'보다
'종목운영'에
관심을 갖는다

"어떤 종목에 투자하면 좋은 수익률을 올릴 수 있나요?"라는 질문은 이 책을 읽는 독자들이 가장 궁금해 하는 내용일 것이다. 그렇다면, 필자가 여기서 한 가지 질문을 던져볼까 한다.

테이블 위에 두 개의 칩이 놓여 있다. A라는 칩에는 다소 시간이 걸리더라도 장기적으로 좋은 실적이 기대되는 종목의 이름이 적혀 있고, B라는 칩에는 단기적으로 상승폭이 예상되는 종목의 이름이 적혀 있다.

여러분이라면 어느 쪽을 선택하여 투자에 나설 것인가? 이런 전제조건이라면 칩을 선택하는 입장에서는 가벼운 마음으로 선택할 수 있을 것이다. 결국, A와 B 모두 성공을 전제로 한 선택이 되기 때문이다. 하지만, 문제는 여기서부터다. 어떤 칩을 선택했든 추후 수익률 및 변동성 관리는 본인이 운영을 해나가야 하며 종목운영을 잘 해나갈 수 있어야만 주식부자로 한 걸음 다가설 수 있기 때문이다. 단지 우량주를 선택했다고 해서 수익률이 붙는 것도 아니고, 저절로 리스크를 피해 가게 되는 것도 아니다.

그래서 어떤 종목에 투자하느냐보다 어떻게 운영해나갈 것인지가 더욱 중요하다.

필자는 이 장(chapter)을 통해 '우량한 종목을 선택하는 것'이 '주식투자의 전부'가 될 수 없음을 알려주고 싶다. 자신이 선택한 종목이 최종적으로 빛을 발하기 위해서는 주식시장의 상황, 타이밍 등 투자 사이클에 따른 올바른 투자결정이 맞물려야 한다. 종목선택과 더불어 고려되어야 할 점에 대해서 알아보기로 하자.

오해의 덫에서 벗어나라

우량주 고소공포증에서 벗어나라

개별투자의 오류

2001년 IT 버블이 붕괴되면서 2~3년의 조정기간을 거친 후, 우리 시장은 5년여에 걸쳐 대세상승장을 시현하였다. 그리고 그 후 2007년 11월 2,085pt를 기록한 KOSPI는 2008년 8월 30% 내외의 깊은 조정을 맞이하게 되었다.

그런데 주식시장에 참여하는 개인투자자들은 "모처럼 시장이 조정을 받아 주식을 매수하고 싶은데 수익률을 올릴 만한 종목이 없다."라는 말을 많이 한다. 특히 외국인 및 기관투자자들이 일방적으로 주도했던 대세상승국면 직후 이런 말들을 많이 들을 수 있는데 처음에는 잘 이해가 되지 않다가도 많은 개인투자자의 매매성향을 곰곰이 연구해보면 상당히 이치에 닿는 표현이다.

역사적으로 개인투자자들은 종합주가지수의 변동성이 커질 때 (리스크가 커질 때) 시장에 적극적으로 참여하고 종합주가지수의 변동성이 작아지면(리스크가 줄어들면) 시장을 이탈하는 경향이 뚜렷하다. 언뜻 생각하면 잘 납득이 가지 않는 현상인데, 개인투자자들이야말로 어느 정도 상승한 종목에 대해서는 매수를 꺼려하는 등 리스크를 회피하려는 성향으로 잘 알려진 투자주체이기 때문이다. 그러나 개인투자자들의 이러한 고소공포증(지수든, 종목이든 높게 올라간 것은 무조건 회피하는)에 가까운 리스크 관리 행태가 오히려 이들을 훨씬 더 큰 리스크로 내몰고 있다는 사실은 참으로 흥미로운 변증법이라고 할 수 있다.

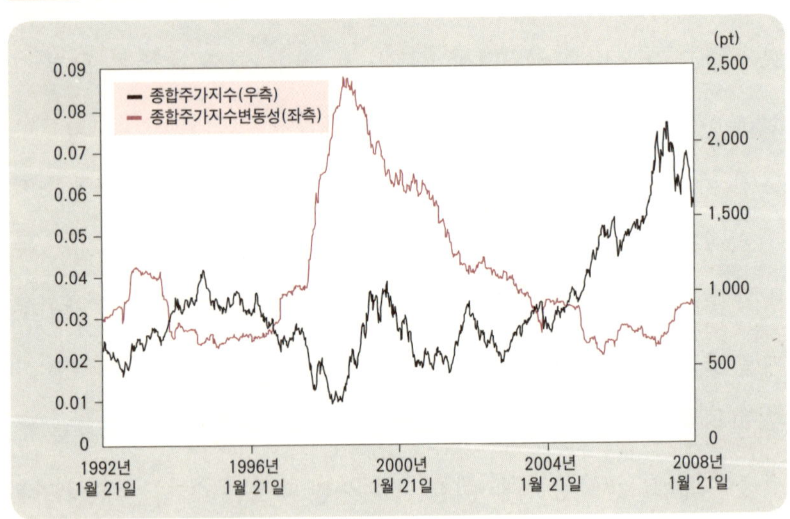

그림25 종합주가지수와 종합주가지수의 변동성

* 참고 : 변동성 – 52주 주간수익률의 표준편차
* 자료 : 삼성증권

상승장에서는 리스크가 작고 하락장에서는 리스크가 크다. 그렇다면, 변동성이 작은 시장이라는 의미는 무엇인가? 그것은 추세가 살아 있다는 걸 의미한다. 주가는 일정한 패턴이 있는데 한 번 상승 추세를 잡으면 계속 이어지려는 속성이 있다. 중간마다 이익을 실현하는 세력에 의해 일시적으로 하락하는 경우도 있기는 하나, 이는 새로운 투자자(New Player)의 등장이나 기관에 의해 재상승하게 된다.

이런 것을 '추세가 살아 있다.', '상승(또는 하락)하려는 힘이 있다.'라고 한다. 한 번 상승 탄력을 받은 종목은 웬만해서는 가격 메리트가 생겼다는 느낌이 들 만큼 조정을 받기 힘들다. 즉, 큰 조정 없이 상승세를 유지하기 때문에 변동성이 작고 그만큼 리스크도 줄어들게 되는 것이다. 상식적으로 생각하면, 안정적으로 주가가 상승하는 시기에는 변동성이 작고 매수세가 불안정한 시장에서는 변동성이 커질 가능성이 높은데, 우리나라 종합주가지수도 그런 흐름을 보이고 있다.

'리스크를 회피하고자 하는 전략'이 오히려 '변동성을 선호하는 투자자'로 탈바꿈시켜버린 것이다. 우리나라 개인투자자들의 대표적인 특성인 '고점을 두려워하고 상투 잡기를 회피'하는 전략이 오히려 매매의 리스크를 키우고 있음을 충분히 설명하고 있는 셈이다.

'가격이 상승한 종목을 팔고 가격이 상승하지 않은 우량종목을 사거나 저가에 그 종목을 다시 매수'하는 전략이 성공하기 위해서는 오르지 않은 우량종목이 남아 있거나 자신이 판 종목의 가격이 충분히 하락해야 한다. 그러나 이러한 현상은 '추세가 살아 있고 변동성이 작은' 상승국면에서는 웬만해서는 발생하지 않는다. 주식시장의 매수 세력이 불안정한 침체국면에서나 기대할 수 있기 때문이다.

따라서 올라가는 종목은 팔고 저가에 재매수할 기회를 노리는 전략은 본질적으로 추세가 아닌 변동성에 의존할 수밖에 없는 전략이 되는 것이다. 이러한 성향으로 본의 아니게 개인투자자들은 상승장에서는 큰 폭의 순매도를 보이고 하락장에서는 오히려 활발하게 매매에 참여하게 되는 것이다.

개인투자자들의 고소공포증 & 합병증 증세

1단계. 보유주식 매도 결정 : 우량주가 올라가 봤자지. 이제 올랐으니 내다 팔자.

2단계. 매도주식 상승 추세 : 이럴 수가! 내가 파니까 확 오르네?

3단계. 바닥주식 매수 결정 : 시장도 상승국면이니 풋사과에 투자해도 안전할 거야. 그래야 1단계에서 챙기지 못한 수익까지 한꺼번에 챙길 수 있지.

4단계. 바닥주식 매도 결정 : 뭐야? 풋사과 아니랄까 봐 오르다 말잖아. 우량주나 팔지 말 걸.

5단계. 매도 우량주식 재매수 결정 : 역시 우량주군! 지금이라도 따라잡아야지.

고소공포증의 가장 큰 병패는 바로 잘못된 투자대안이다. 단순히 고소공포증이 상승시장에서 개인투자자들을 소외시키는 정도에 그친다면 큰 문제가 되지 않는다. 어차피 이러한 경우 투자자의 피해는 종합주가지수가 상승하는 나머지 기간 동안 발생한 기회비용으로 제한되기 때문이다. 문제는 종합주가지수의 상승국면에서 소외당했다는 피해의식이 그간 상승폭이 컸던 종목은 겁이 나서 매수 못 한다는 식의 고소공포증과 합쳐지면서 '재료를 보유한 개별테마종목'이라는 투자대안에서 수익률을 만회하려는 합병증을 유발시킬 때 발생한다.

물론 상대적으로 수급이 제한되는 시장조정기에는 기관 및 외국인투자자들이 상대적으로 시가총액이 작고 펀더멘털 대비 가격매력이 있는 중소형주를 선호하는 경향이 있으며, 이러한 점을 노려 우량 중소형 종목을 선취매하는 전략은 훌륭한 투자전략이다.

문제는 그간 상승 과정에서 소외되었다는 이유로 저가 종목들을 재료보유 개별종목이라는 이름을 붙여 나름대로의 논리(시장논리가 아닌 자기만의 논리)만을 내세워 과감히 매수해버리는 전략을 펼칠 때다. 즉, 펀더멘털에 대한 아무런 근거도 없이(자신의 눈을 통한 확인이나 신뢰할 만한 분석 보고서도 없이) 기관 및 외국인투자자들이 눈길을 주지 않는 개별종목을 대상으로 하여 그동안 오르지 않았다는 이유만으로 매수에 나서는 것이다. 그러면서 자신이 매수한 개별종목이 그간 종합주가지수의 상승국면에서 추세적으로 상승하는 대형주들을 '따라잡지 못해' 발생한 기회비용을 만회해주기만을 기대한다. 그것도 종합주가지수가 조정을 받고 있는 동안에 말이다. 이렇게 해서는 주식투자를 통해 돈을 벌 수 없다.

대형주에 대한 심리적인 부담을 느끼는 시기가 개인투자자의 입장에서는 가장 조심해야 할 시기이다. 대체로 개인투자자들의 매매동향을 보면 많은 투자자가 그간 상승폭이 컸던 업종들에 대해 상당한 가격부담을 느끼고 있는 듯하다. 또한, 일부 언론 기사 내용을 보면, 그동안의 대세상승국면에서 상당수의 개인투자자들은 직접투자를 통해 만족할 만한 수익을 올리지 못했다고 한다.

필자의 경험으로 볼 때 이러한 시기가 개인투자자의 입장에서 가장 조심해야 할 시기이다. 겁이 나서 여유자금을 가지고도 그간 시장에 참여하지 못했던 투자자가 모처럼 조정국면을 만나 저가매수를 하고 싶은데 지난 상승국면에서 잃어버렸던 기회비용을 단기간에 만회하고 싶어 할 때가 바로 단기조정 후 기술적 반등국면이기 때문이다.

그러나 개인투자자들이 차트를 살펴보고, 대세상승을 주도했던 대표주들은 이미 반등폭이 크기 때문에 투자대안을 소위 '개별종목'에서 찾게 된다. 그것도 시장 참여자들이 주목하고 있는 전도가 유망한 중소형주가 아닌 차트상 바닥을 만들고 있는 재료보유주 및 테마주에서 투자대안을 찾는다. 이런 투자자는 결국 다음번의 상승국면에서도 다시 한 번 소외될 준비를 아주 철저히 해놓은 셈일 것이다.

시장을 주도하기보다는 따라 갈 수밖에 없는 개인투자자들이 상승국면에서 투자 리스크를 관리하는 방법은 추세가 살아 있고, 주요 매수자인 기관 및 외국인투자자들을 납득시킬 수 있는 펀더멘털을 가진 시장주도주들을 과감히 매수하는 것이다.

'상승하는 종목을 따라 가지 못하는 고소공포증'을 가지고는 추세상승장에서 만족할 만한 수익률을 올리기는 사실 힘들다. 조정장에서 그동안 상승을 못 했고 차트상 바닥을 만들고 있는 개별종목을 사는 전략은 리스크 관리법이 아니라, 오히려 재무적 위험을 크게 증가시키는 결과를 불러올 수 있다.

상승장과는 달리 매수세가 불안정한 조정국면에서는 종목들의 변동성이 매우 커지게 되며, 소위 개별종목들도 여기서 예외가 되기는 힘들다.

조정국면에서 우리나라 주식시장의 장기적인 상승을 견인할 긍정적인 변수들이 훼손됐다는 근거는 찾을 수 없었다. 어차피 주식시장이 장기적인 상승 잠재력을 가지고 있다면, "몇 포인트까지 조정을 받을 수 있다."라는 불안 심리는 실제로 이 예상이 적중하여 가격조정이 발생하더라도 장기적인 수익률에 큰 도움이 되지 않는다.

만일, 매수여력이 있으나 중기적으로라도 리스크 관리가 필요하다고 생각된다면, 오히려 대형 업종대표주로 포트폴리오를 압축하고 코스트 애버리지(cost average) 효과를 노리는 '분할매수 전략'을 권하고 싶다.

주식시장이 예상보다 빨리 상승추세를 회복할 때 발생할 수 있는 기회비용을 최소화시키면서도 주식시장의 하락세가 지속될 경우 추가적인 저가매수 여력을 확보할 수 있는 여유를 가질 수 있기 때문이다.

우량주의 이중인격에 속지 마라

그동안 필자는 주식투자를 통해 거액을 모은 많은 투자자를 만나봤다. 그들의 대부분은 일부 개인투자자들이 오해하는 대로 작전세력은 절대 아니었으며 남들보다 뚜렷하게 많은 투자정보를 가지고 있지도 않았다. 그들을 남보다 부자로 만든 가장 핵심적인 요인은 어떠한 비밀스러운 전략이라기보다는 시장에 대한 냉정한 판단과 신뢰, 그리고 금융시장을 긍정적인 측면에서 바라보려는 마인드였다고 판단된다. 주식시장의 장기추세를 의심하는 투자자는 끊임없이 끝까지 의심하기만 할 뿐 행동에는 옮기지 못하는 법이다.

썩은 계란과 좋은 계란 구별하기 : 무엇이 우량주인가?

2000년 1월부터 2006년 9월까지 다우지수를 구성하고 있는 종목 주가들의 부침은 우리에게 매우 큰 교훈을 말해준다. 즉, 진정한 우량주는 '투자자들에게 인기 있는 성장주' 혹은 '펀드매니저들이 추천하는 종목'이 아니었으며 '확실한 시장지위와 경쟁력을 바탕으로 지속적으로 주주가치를 창출할 수 있는 기업'이라는 아주 단순한 논리를 증명해주고 있다. 들판의 보기 좋은 꽃밭(시장 인기주, 성장주)은 순간적으로는 보기 좋으나 한 차례 폭풍(경기변동)으로 황무지로 변해버릴 수 있다. 반면, 거센 폭풍을 이겨낼 뿌리(경쟁력, 시장지배력)를 가지고 조용히 때를 기다리는 소나무(가치주)야말로 투자자들이 진정으로 믿고 장기투자할 수 있는 우량종목일 것이다.

앞서 설명한 포트폴리오의 중요성과 장기투자의 성공 스토리는 모두 투자자들이 우량종목으로 구성된 잘 분산된 포트폴리오를 가지고 있다는 전제하에서만 성립 가능한 논리다. 물론 이미 많은 가계들이 선택하고 있는 바와 같이 투자자 자신이 직접 몇 개 좋아 보이는 종목을 골라 투자하기보다는 운용성과가 좋은 주식형 펀드를 통해 간접투자를 한다면 이러한 고민을 할 이유는 전혀 없을 것이다. 그러나 직접투자에 나서기를 고집한다면, 결국 종목선정의 문제를 회피할 수 있는 방법은 없다. 투자와 관련된 가장 잘 알려진 격언이 "계란은 한 바구니에 담지 마라."인데 우선적으로 바구니에 담을 때부터 이미 계란이 썩어 있었다면, 분산투자 자체가 아무런 의미를 갖지 못한다. 과연 장기적으로 투자가 가능하고 단기적인 주가의 부침이 있더라도 안심하고 가져갈 수 있는 종목들을 선별하는 기준은 무엇인지 알아보도록 하자.

여기서 한 가지 꼭 생각해봐야 할 문제는 과연 '영원한 우량주'라는 말 자체가 성립 가능하냐는 것이다. 필자는 개인적으로 이러한 말을 들을 때마다 영원히 경쟁할 수밖에 없고 조금이라도 경쟁에서 불리해지면 기업가치가 사정없이 하락하는 글로벌 경쟁시대의 환경에서 영원한 우량주라는 개념 자체가 무슨 의미를 가질 수 있는지 매우 의심스러워질 따름이다.

예를 들어, 미국의 다우지수가 2000년 1월 급락을 시작한 후 2006년 고점을 회복할 때까지의 과정을 살펴보면, 2000년 주식시장

을 주름잡던 마이크로소프트나 인텔 등 주요 기술주들은 대거 주도주
의 대열에서 탈락한 반면 알코아(Alcoa)나 보잉(Boeing) 등 구경제권 기
업들의 주가는 크게 상승했다. 1990년대 말만 해도 금연운동과 흡연
과 관련된 각종 소송에 휘말려 기업가치가 상승하기 힘들다고 말했던
알트리아그룹(Altria Group, 필립모리스)을 살펴보자. 알트리아그룹의 2000
년 1월 주가는(수정주가 기준) 17달러 내외였으나 2006년 9월에는 70달
러 후반에서 거래되었다. 어떠한 이유로든 "담배 산업은 이미 사양 산
업이다."라고 결론을 내리고 2000년 주식을 매도한 투자자들은 땅을
치고 후회했을 것이다. 따라서 우리는 매우 명확한 결론에 도달할 수
있다. 경쟁 환경 자체가 매우 유동적인 상황에서 경기의 속성 자체가
바뀐다면 기업의 내용과 가치에는 변화가 있을 수밖에 없고, 따라서
영원한 우량주란 있을 수 없다.

그렇다면, 일부 투자자들은 이렇게 물어올지 모른다. 경쟁을 할
수밖에 없는 기업들은 그럴지 모르나 사실상 독과점의 권리를 부여받
은 기업들은 영원한 우량주가 될 수도 있지 않겠느냐고 말이다. 필자
는 여기에 대해 그럴 수도 있다고 대답한다.

다만, 이런 기업들은 '영원한 우량주'는 우량주이지만 재미없는
우량주가 될 가능성이 높다고 말할 뿐이다. 이러한 독과점 기업들의
주가가 대체로 재미없는 이유는 간단하다. 앞서 지적한 바와 같이 이
들 기업은 그리 큰 경쟁 환경에 직면하고 있지 않기 때문에 투자 리스
크가 매우 적다. 투자 리스크가 적다는 것은 기업가치가 상당히 안정

적이라는 말도 될 수 있으나, 다르게 생각하면 그만큼 주가가 상승할 수 있는 여지도 적다고 할 수 있다. 주식시장은 생각보다 매우 효율적인 구조를 가지고 있으며, 이러한 논리에 의심을 느끼는 투자자라면 2004년 이후 대세상승 과정에서 KT의 주가가 어떻게 움직였는지 확인해볼 필요가 있다.

그림26 **종합주가지수(코스피)와 KT의 주가 추이** (2003년 말 100 기준)

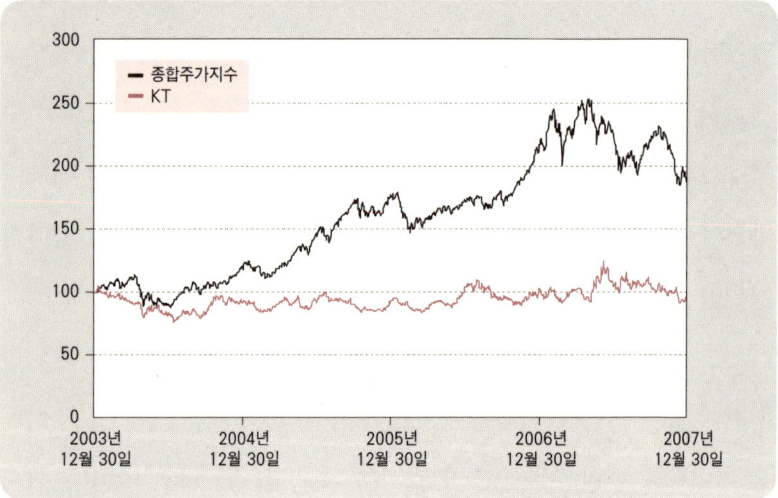

* 자료 : 증권선물거래소

우량주의 기준은 의외로 간단할 수 있다. 대체로 개별종목에 대한 장기투자의 성공 스토리를 이야기할 때 많은 전문가들은 신세계를 예로 든다. 지난 10년간의 수익률을 본다면 신세계는 누가 보더라도 종합주가지수(코스피) 대비 매우 뛰어난 수익률을 올린 우리나라의 대표적인 우량주이기 때문이다.

176

 신세계와 종합주가지수 (1996년 1월 100 기준)

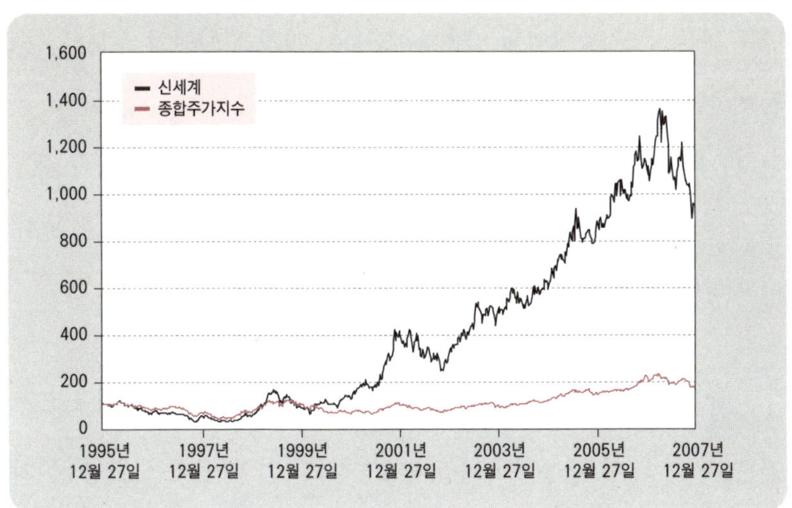

* 자료 : 증권선물거래소

 신세계의 주가와 영업이익 추이 (1999년 1월 100 기준)

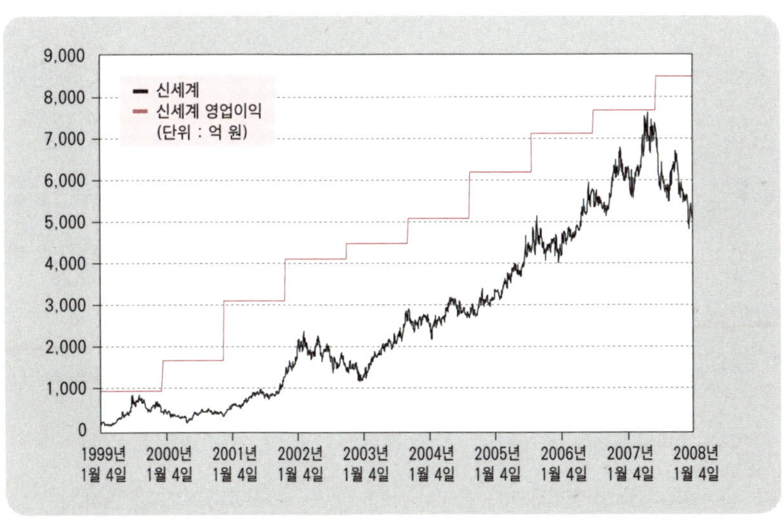

* 자료 : 증권선물거래소

그렇다면, 신세계를 장기간(10년의 기간을) 투자할 수 있는 대상으로 만든 근본 원인은 어디에 있을까? 혹자는 이것을 할인점 부분에서의 독보적인 지위 혹은 우리나라 유통 산업의 성장성으로 설명하려 한다. 다 옳은 이야기일 것이다. 그러나 결국 신세계를 장기투자가 가능한 우량종목으로 만든 가장 근본적인 요인은 '실적'이라고 결론을 내려도 무리가 없다.

신세계의 사례를 봐도 한 기업을 장기적인 관점에서 투자할 수 있는 몇 개 되지 않는 우량종목으로 만드는 가장 중요한 요인 중 하나는 '성장성 있는 업황'과 '장기적으로 좋아지는 실적'이라고 요약할 수 있다.

예를 들어, 일부에서 제기되는 밸류에이션에 대한 부담에도 불구하고 주요 기관투자자들이 상대적으로 덜 오른 IT나 은행업종에 비해 조선, 철강, 화학 등 구경제 종목들과 건설업종에 더 큰 관심을 두는 이유도 바로 여기에 있다. 실적이 좋아진다는 확신이 없는 종목에 대해서는 단기적으로 가격이 하락하여 싸 보인다고 해서 매수함으로써 일어날 수 있는 손실을 감수하지 않는다는 것이다.

반면, 주가의 상승을 꾸준한 실적이 뒷받침하고 있고, 장기간 긍정적인 뉴 플로가 예상되는 종목을 가격이 좀 상승했다는 이유 하나만으로 포트폴리오에 편입을 시키지 않을 어리석은 기관투자자들도 많지 않다. 물론, 여기서 "실적과 뉴 플로가 우량주의 전부이다."라고 말하고 싶은 것은 아니다. 다만, 특별히 다른 이유가 없는 한 실적이 계속 의문되는 종목을 장기적으로 투자 가능한 우량주라고 말할 근거 는 많지 않다는 점을 강조하고 싶을 뿐이다.

가격과 가치를 혼동하지 마라

투자의 대가 워렌 버핏은 "가치는 얻는 것이고, 가격은 지불하는 것이다."라는 명언을 남겼다.

이는 '가치'라는 단어는 대상 자산을 소유함으로써 미래에 얻을 수 있는 모든 이익의 합계를 의미하는 데 반하여 '가격'은 시장에서 그 자산을 사고 싶은 사람이 지불하는 돈 이상의 의미는 없다는 단순한 뜻이다. 간단히 설명하면, 가격은 시장에서 매도 상대방에게 지불하는 돈의 단위를 가리키며, 가치는 자신이 목표로 하는 궁극적인 매도 단가라고 할 수 있다.

이렇게 풀어놓고 보면 누구나 이해하기 쉬운 이치가 아닌가 하는 생각이 들 수도 있겠으나 사상 유래 없는 활황 장세에서 만족할 만한 수익을 올리지 못한 개인투자자라면 지금까지 가치와 가격을 제대로 구별해왔는지에 대해서 심각하게 생각해봐야 할 것이다. 가치와 가격을 구별할 수 있기 전까지는 섣부른 주식투자(직접투자)는 삼가는 게 좋을지도 모르기 때문이다.

기업의 가치와 가격의 차이는 무엇인가? 이 문제에 대해서는 코끼리를 만지는 장님의 이야기를 떠올리면 이해가 빠를지도 모르겠다. 여기서 코끼리는 기업의 가치를 말한다. 그러나 어떠한 경우든 불확실하고 변동이 심한 경영환경에서 한 기업의 가치를 한눈에 측정하기는 불가능한 일이다. 그래서 호경기에는 기업의 긍정적인 측면만 부각되고 불경기에는 기업의 부정적인 측면만 부각되면서 주가의 부침이 생겨나는 것이다.

마치 장님이 코끼리의 한 부분만을 만져보고 코끼리의 모습을 상상하듯이 대부분의 시장 참여자들은 당장 시장에서 이슈화되고 부각되고 있는 기업의 일부분만을 보고 그것이 기업의 진정한 가치인 것처럼 착각하게 된다.

만일, 주식시장이 100% 효율적이어서 해당 기업의 가치와 관련된 모든 사항들을 모든 투자자들이 인지하고 있다면, 가치와 가격은 동일할 것이다. 그러나 주식시장의 정보는 간혹 극심하게 왜곡되기도 하고 어느 기업의 경우는 우량기업이라도 일정한 수준의 시가총액에 도달하기 전까지는 기업에 대한 정보 자체가 시장에 알려지지 않기도 한다.

즉, 기업의 펀더멘털에 큰 변화가 없어 언제나 같은 가치를 유지하고 있는 기업이라고 할지라도 기업을 바라보는 투자자들의 관심도와 투자심리, 시장의 수급여건 등에 의해 가격은 얼마든지 달라질 수 있다. 결국, 주식투자라 함은 가치와 가격 사이의 괴리를 최대한 먼저 발견하여 활용하는 미학 이상도 이하도 아니라는 결론도 가능해진다.

우리나라의 대표적인 가치주인 POSCO의 예를 들어보자. 다음은 2006년에 발표된 POSCO의 재무지표들이다.

● **2006년 말 당시 POSCO의 주요 재무지표**

재무지표		
	종가(2006년 12월 28일)	309,000원
	ROE(자기자본이익률)	15.53%
	주당순이익(EPS)	36,778원
	주당순자산가치(BPS)	247,310원
	주당배당금(보통주)	8,000원
밸류에이션	PER(2006년 종가 기준)	8.40
	PBR(2006년 종가 기준)	1.25
	배당수익률	2.59%

2006년 말 삼성증권 리서치 센터 조사 대상 기업들의 평균 PER은 11.9배, PBR은 1.7배이므로 누구의 관점에서 보더라도 POSCO가 저평가된 종목이라는 점에는 큰 이론의 여지가 없었다. 가령, 단순한 고든의 성장모형을 사용하여 POSCO의 적정 PBR을 제시한다면, 매우 보수적인 관점에서 요구수익률을 12%, 장기성장률을 4%로 가정하더라도 15%를 상회하는 ROE 수준을 감안할 때 POSCO는 순자산가치 대비 1.4배 이상의 가치는 있었던 것으로 나타난다.

그럼에도 불구하고, 당시 POSCO의 주가가 저평가됐던 이유는 영업이익이 전년 대비 30% 줄어드는 등 2006년 실적이 부진을 면치 못했기 때문이다. 그러나 중국 등 신흥 국가들의 꾸준한 경제성장에 힘입어 국제 철강 가격이 지속적으로 상승할 것이 예상됐기 때문에 2007년 실적은 충분히 기대해볼 만했고 POSCO를 담당하는 애널리스트들도 30만 원 후반대의 목표주가를 제시하는 등 투자 의견들도 나쁘지 않은 상황이었다. 결국, 2007년 연달아 투자자들의 기대를 저버리지 않는 분기별 실적을 발표하면서 투자자들은 POSCO라는 기업을 만년 저평가된 가치주의 관점이 아니라 급성장하는 신흥 국가들의 경제 및 투자 활동 수혜종목의 관점에서 바라볼 수 있게 되었다. 결과론적으로, 2007년 POSCO의 주가는 잘 아는 대로 줄기차게 상승하였다.

예를 들어, 2007년 초반만 해도 2007년 POSCO의 영업이익은 저조했던 2006년 실적에 비해 6% 정도 회복될 것으로 예상됐다. 그러나 2007년 말까지 나타난 결과를 보면 2007년 POSCO의 영업이익은 전년 대비 18%까지 상승하였고, 이러한 예상을 상회하는 실적을 반영하여 2007년 12월에는 PBR 2.4배 내외, PER 14배 내외에서 거래되었다. 또한 삼성증권 리서치 센터가 제시하는 POSCO의 목표주가도 2006년 말 대비 2.5배나 상승한 92만 원에 이르렀다.

POSCO의 사례가 보여주듯 기업의 가격은 결국 해당 기업의 참다운 가치를 발견해나가는 중 끊임없이 벌어지는 시행착오의 과정이라고도 할 수 있다. 즉, 기업의 가치는 웬만큼 큰 변수가 생기지 않는 한 변하지 않으나 해당 기업을 바라보는 투자자들의 관점이 어떤 식으로 변하느냐에 따라 가격은 큰 등락을 보이게 된다. 가령, 어느 투자자가 2000년대 초 IT버블 이후 수년간 이어져온 POSCO에 대한 편협한 관점을 버리지 못했다면 2005년 말 이후 진행된 POSCO 주가의 랠리에 전혀 참여하지 못했을 것이다.

결론적으로, 주식투자에서 성공이라 함은 한 기업에 대해 시장에 앞선 시각을 가지고 미처 가격에 반영되지 못한 가치를 발견하는 일이라고 할 수 있다. 필자가 기술적 지표는 보조지표로서만 활용할 것을 권하는 이유도 바로 여기에 있다.

"잘 해석된 하나의 차트는 천 개의 단어를 대신한다."라는 말도 있지만 차트를 통해 해석할 수 있는 요인은 가격 이외에는 없다. 기본적으로 차트 분석은 시장에서 거래된 일련의 주가들을 어떠한 관점에서, 그리고 어떻게 변형시켜 해석할 것인가의 문제로 귀착될 수 있기 때문이다. 즉, 차트 분석은 지금 장님들이 코끼리의 어느 부위를 만지고 어떻게 해석하고 있는가를 말하고 있을 뿐이다. 차트에는 가치가 없으며, 그렇기 때문에 궁극적인 수익도 없다.

결론적으로, 일반인들이 주로 이용하는 차트 분석을 통해 그들이 큰돈을 벌었다는(재무적 성과를 얻었다는) 소리를 들어본 적이 없다. 이는 필자가 20여 년의 현장 경험을 통해 알고 있는 진실이다.

코끼리도 하루아침에 성장하지 않는다

해외펀드 중에서도 중국 펀드에 관심이 쏠렸던 2006년, 2007년도. 아니나 다를까, 2007년 11월부터는 한쪽으로만 쏠린 돈의 무게를 견딜 힘이 없었는지 중국 증시가 고점대비 60% 가까이 폭락하였다. 특히 2008년 8월에 들어, 중국 펀드는 글로벌 증시의 찬바람을 피하지 못하고 허리가 휘청거리다 못해 뿌리째 뽑히고 있다. 실제로 주간 단위로 중국 펀드에서만 800억 원이 넘는 돈이 유출되어 상위에 랭크되어 있던 중국 펀드들이 나락으로 떨어졌다. 동기간 내 국내 주식형 펀드로 돈이 몰린 것과는 반대된 결과다. 그야말로 약속이라도 한 듯 중국 펀드에 투자했던 금액들이 밀물처럼 왔다가 썰물처럼 빠져나간 것이다. 사실 중국 증시에 대한 쏠림 현상은 꾸준히 제기되어 왔다. 다만, 이번처럼 일반투자자들에게 적극적인 투자를 받은 적도 없었기에 중국 증시에 대한 낙폭이 우리 모두에게 피부로 와 닿았던 것이다.

중국 증시의 버블에 대한 이야기는 여러 사람에 의해 언급되었다. 그린스펀 전 연준위원장은 중국 주식시장의 버블 가능성에 대해 경고하였으며, 한국을 방문했던 워렌 버핏도 "중국 증시는 지금 버블이다."라며 한국 증시의 상승세와는 성격이 다르다고 이야기하였다. 그럼에도, 많은 사람들이 미국을 위협할 만한 경제 대국으로 성장 중인 중국 증시가 한국에 영향을 미치지 않을 리가 없고, 중국 시장이 큰 조정을 받는다면 주변국의 주식시장도 악영향을 받지 않겠느냐는 생각을 가지고 있을 것이다. 물론 중국 증시의 하락 및 불안은 심리적으로나 증시에서나 영향력을 행사하는 것은 사실이다. 하지만, 구체적으로 알지도 못하고 중국 증시가 기침을 한다고 해서 한국 증시가 감기에 걸리는 것처럼 요란을 떨 필요까지는 없다.

우리나라 그리고 중국 주식시장이 어떤 상황이며, 과연 중국 주식시장의 조정 가능성이 우리나라 시장의 중장기적인 부담 요인으로 작용할지에 대해 생각해보면, 우선 표면적으로 볼 때 중국 시장의 하락은 우려할 필요가 있는 것으로 생각된다. 예를 들어, 우리나라 시장과 중국 시장의 주간수익률 기준 상관관계를 살펴보면, 2000년 이후 역사적 고점에 다시 근접하고 있는 상황이다.

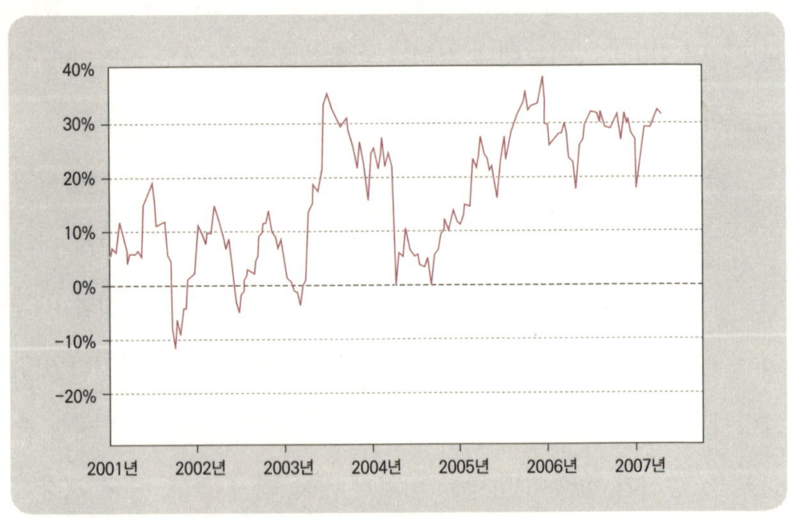

그림29 중국 시장과 우리나라 시장의 주간수익률 52주 상관관계 추이

* 자료 : 블룸버그

186

문제는 단순한 상관관계의 증가만을 놓고 중국 시장의 영향력이 향후에도 증가할 것인가를 논할 수 있느냐는 점이다. 많은 투자자들이 오해하고 있는 부분이 있다. 중국 시장은 최근까지 역사적으로 그리 큰 변동성을 보이는 시장은 아니었다. 2000년 이후의 주간변동성을 놓고 볼 때 주식시장의 변동성이 우리나라 시장의 변동성을 상회하기 시작한 때는 2005 ~ 2006년 이후부터다. 따라서 중국 시장은 주가가 상승하면서 투자위험 또한 증가하는 국면에 있다고 말할 수 있다. 반면, 우리나라 시장은 비록 중국 시장과의 상관관계는 증가하고 있을지언정 주식시장의 등락과는 큰 상관없이 투자위험이 꾸준하게 감소하고 있는 국면에 있다.

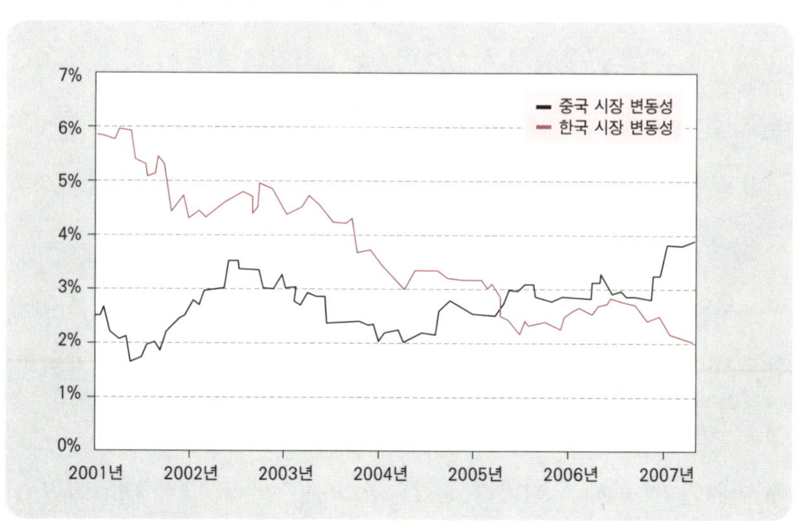

그림30 **우리나라와 중국 시장의 주간변동성 추이**

* 참고 : 주간수익률의 52주 표준편차
* 자료 : 블룸버그

즉, 양 시장 모두 주가지수 측면에서는 상관관계가 열리고 있으나 투자위험의 측면에서는 큰 차이를 보여주고 있는 셈이다.

2005년, 2006년 중국 시장은 주가지수 자체는 큰 상승폭을 보였으나 이는 변동성의 증가 및 감당하기 어려운 가치평가(밸류에이션)를 수반한 불안한 상승이라고 말할 수 있다. 반면, 우리나라 시장은 비록 절대적인 주가상승률은 중국 시장에 미치지 못하나 충분히 잠재적인 매수자들을 납득시킬 수 있는 가치평가와 크게 낮아진 투자위험을 가진 안정적인 상승국면을 보이고 있다. 일부 우려에도 불구하고 필자는 반토막이 난 중국 시장의 단기적인 등락이 우리나라 시장의 중장기적인 흐름에 그리 큰 악영향을 미치지 못할 것으로 판단하고 있다. 그 이유는 중국 시장의 기술적 조정에 큰 영향을 받을 것으로 판단하기에는 우리나라 시장의 수급 상황과 제반 투자환경이 질적으로 그리고 양적으로 매우 호전되어 있으며, 중국 시장의 거품이 다소 꺼지더라도 경제의 중심이 해외로부터 직접투자 및 수출 부분에서 투자와 소비 부분으로 이전하고 있는 중국 경제의 큰 흐름에는 변화가 생기지 않을 것이기 때문이다.

무엇보다 중국 시장의 단기적인 조정이 우리나라 시장에 큰 악영향을 미칠 것으로 보기에는 양 시장 간의 가치평가 차이가 너무 크다. 예를 들어, 2007년 예상실적을 기준으로 볼 때 중국 시장의 PER은 40배 내외인 데 반해 우리나라 시장의 PER은 아직도 12배 내외에 머무르고 있었다. 중국 시장이 조정국면에 진입할 시 우리나라 시장도 단기적인 영향을 받았다. 그러나 이러한 단기변수들에 큰 신경을 쓰기보다는 장기추세를 믿고 주식시장에 남아 있는 방법이 중장기적으로 보다 쉽게 돈을 버는 길이 아닐까 필자는 생각한다.

즉, 지난 2005년, 2006년처럼 증권사 문턱을 들어서자마자 "중국 펀드에 올인하려고 하는데요.", "중국 펀드가 돈이 된다면서요?"하며 마치 중국 펀드 하나만 있으면 곧바로 장밋빛 미래가 펼쳐질 것처럼 '묻지 마 투자'에 나서는 것이 아니라 중국 증시에 대한 이해와 가능성을 본 이후에 분산투자의 개념으로 접근하는 것이 바람직하다. 어떤 투자든 '영원한 우량주' 혹은 '영원한 블루칩 시장'이 존재하는 것이 아닌 것처럼 '재생 불가능한 투자시장' 혹은 '영원한 열등주'가 존재하는 것도 아니기 때문이다.

하락장에도 힘을 받는 종목투자전략

잘 키운 소형주, 열 자식보다 든든하다

스몰캡

소형주는 자본금 규모가 작은 회사의 주식을 말한다. 대형주에 비해 적은 유통 자금으로도 주가가 크게 좌우되기 때문에 매력적인 주식이기도 하다. 개인투자자들의 주머니 사정과 소형주의 초과수익률과의 흥미로운 관계는 고액자산가들에 비해 주머니 사정이 얇은 개인투자자들 입장에서는 관심이 갈 테마이다. 2007년은 유독 소형주에 대한 투자자들의 사랑이 컸던 한 해였다. 소형주에 직접투자를 하는 경우든, 소형주 펀드에 가입을 하든 적은 금액으로 큰 소득을 올린 소형주는 많은 투자자들의 사랑을 받기에 충분했다.

소형주가 대형주보다 뛰어난 수익률을 보이는 시기를 살펴보자.

비교적 효율적인 시장이라고 말할 수 있는 미국 시장도 금리가 살금 살금 올라가고 소비심리가 좋아지기 시작할 때 소형주가 대형주에 비해 상대적으로 뛰어난 수익을 올리는 현상을 볼 수 있다. 즉, 개인투자자들의 주머니 사정이 개선되면서 슬슬 은행에 들어 있는 예금을 꺼내 투자에 나서기 시작하면 소형주가 대형주 대비 양호한 수익률을 보인다는 뜻이다. 이러한 사정은 우리나라도 마찬가지다.

소형주에 투자하는 마인드

그렇다면, 개인투자자들은 왜 소형주를 좋아할까? 필자는 이것을 '나무를 통째로 사는 대신 떡잎을 심는 마음'으로 표현하고 싶다. 즉, 미리 커다랗게 자란 나무를 구입하면 거센 풍파가 불어와도 큰 걱정이 없기는 하나 큰 비용이 들고 1년에 한 번 열리는 열매(주식투자자의 입장에서는 배당이 될 것이다.) 이외에는 크게 기대할 것이 없다. 반면, 떡잎을 심으면 조금만 일기가 나빠져도 그 떡잎이 죽어버릴 수 있고 장기간 열매를 기대할 수도 없지만, 운이 따라주기만 한다면 큰 나무라는 성과를 기대할 수 있다. 대형주에 비해 경기변화에 큰 영향을 받고 잘못되면 망해버릴 수도 있으며 당분간 배당은 꿈도 못 꾸겠지만 나름대로 대형 기업으로 성장할 수 있는 잠재력을 가지고 있다는 점이 소형주가 가지는 가장 큰 매력이다. 이러한 매력을 가진 종목을 '진흙 속의 진주'라고 표현한다.

 미국 은행 예금 증감률과 소형주의 초과수익률

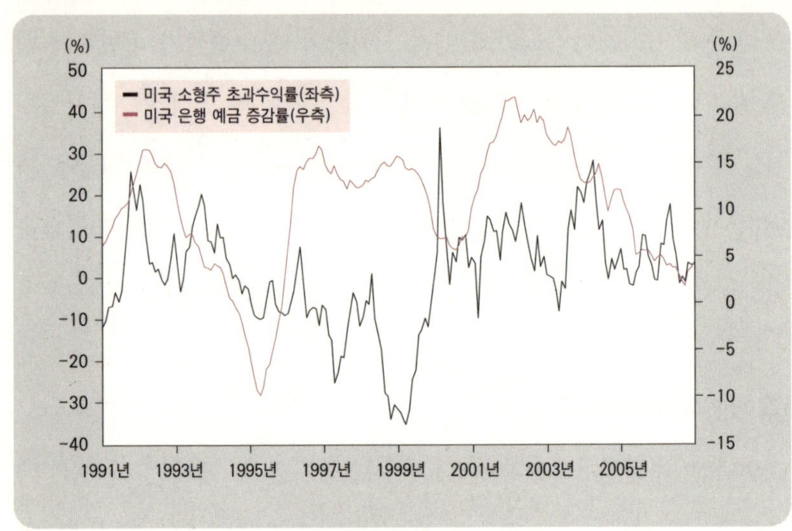

* 자료 : FRB

 미국 소비자신뢰지수 증감과 소형주의 초과수익률

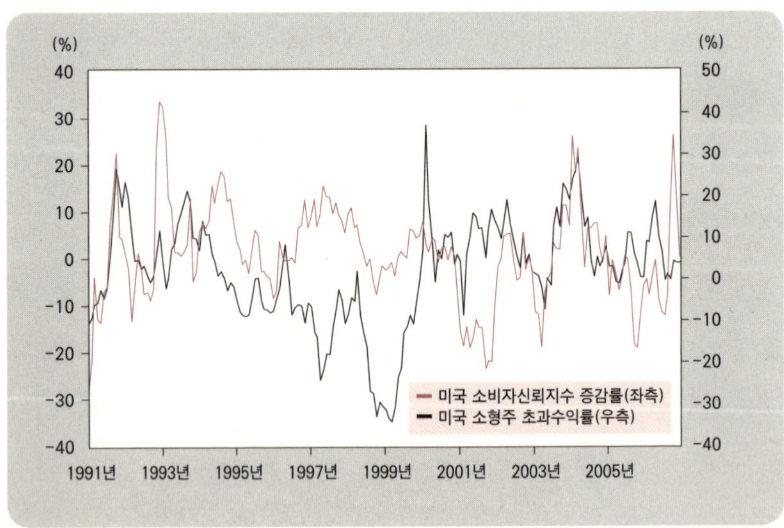

* 자료 : FRB

이러한 진흙 속의 진주는 기관투자자들이 사고 싶어도 못 사는 경우가 많다. 소형주가 가지는 또 하나의 매력은 의외로 열심히 찾다 보면 내재가치 대비 매우 저평가된 진흙 속에 묻힌 진주를 발견할 수 있다는 점이다. 여기에 대해 의외로 많은 투자자가 의문을 느끼고 있는데, 개인투자자들과는 비교할 수 없을 정도로 막강한 정보력을 가지고 있는 기관투자자들이 진흙 속의 진주를 그냥 놔두겠느냐고 생각하기 때문이다. 그러나 많은 기관투자자가 종목 선택에 제한을 받고 있으며 이러한 제한에는 시가총액 및 발행주식 수, 거래량 등 유동성에 관련된 요인뿐 아니라 매출액 및 자산규모 등 펀더멘털과 관련된 요인도 포함된다. 즉, 기관투자자들은 진흙 속에 묻힌 진주를 발견하더라도 기업의 규모나 유동성이 너무 작다면 포트폴리오에 편입시키지 않고 지켜만 보다가 일정 조건이 충족되면 매수에 나서는 경우가 많기 때문에 예상 외로 개인투자자들에게 좋은 기회가 될 수 있다.

소형주에 투자하는 원칙

그렇다면, 답은 의외로 간단할 수 있다. 기관투자자들이 관심을 가질 만한 종목에 투자하면 되기 때문이다. 그러나 소형주에 대한 투자는 대형주에 대한 투자와는 전혀 다른 리스크와 연관되어 있기 때문에 나름대로 철저한 투자원칙을 세워 이를 준수해야 한다.

경험에 의하면, 소형주 투자 시 가장 중요하게 생각해야 할 원칙은 '장래 기업의 규모나 시가총액이 커지면 기관투자자들이 관심을 가질 만한 종목'에 주안점을 두어야 한다는 것이다. 이는 소형주의 주가가 올라 시가총액이 매우 커지게 되면 결국 그간 해당 종목에 관심을 가지고 있던 일부 개인투자자들의 자금력만으로는 차익실현 매물을 감당하기 어려워지는 단계에 도달하기 때문이다. 즉, 차익실현 매물이 강력하게 출현할 만한 시기에 장기적인 관점에서 대량의 매물을 소화할 수 있는 투자자가 제때 나타나지 않는다면, 주가의 변동성이 커지며 불안정한 주가흐름을 보일 가능성이 매우 높아지게 된다. 예를 들어, 장기적인 업황이 긍정적이고 안정적 공급처를 확보하고 있는 소재, 부품, 장비 업체 등은 기업의 규모가 커지면 관심을 가질 만한 기관투자자들이 분명 나타날 것이나 일부 바이오, 엔터테인먼트, 납득이 안 가는 소위 테마 수혜주 등은 아무리 유동성이 커지더라도 큰 관심을 보일 기관투자자들은 없을 거라고 필자는 확신한다.

앞에서도 언급했지만 많은 주식 책을 통해 "투자 종목보다 업황을 보자."라는 이야기를 접한 적이 있을 것이다. 여기서 업황을 보라는 것은 '앞으로 주도적으로 성장해나갈 업종인가'를 살펴보라는 것이다. 즉, 수요자들이 관심을 가질 만한 가치재인가를 생각해보라는 뜻이다. 돈은 시대의 흐름을 순행하여 자신의 가치를 키워나간다. 아무리 잘난 주식이라도 시대의 흐름에 역행하는 업황에 속해 있다면 그 종목의 미래는 불투명할 수밖에 없다. 자본주의 시장에서 수

요와 공급은 자본이 형성될 수 있는 최소한의 조건이다. 주식시장에서도 해당 업황이 수요자와 공급자가 계속적으로 나타나 성장세를 보일 수 있을지에 대해 늘 고민하고 집중하고 있어야 한다.

🔖 소형주 투자의 주의점

너무 인기가 좋은 성장주는 경계할 필요가 있다. 소형주에 투자하는 가장 큰 이유는 진흙 속의 진주를 찾아내어 그 진주의 가치가 인정받을 때까지 보유한다면 어느 순간 큰 차익을 실현할 수 있다는 기대감 때문이다. 특히 IT 산업에 종사하는 성장주의 경우, 그 진주가 진흙 속에 묻혀 있기는커녕 투자자들과 언론의 주목을 받아 인기 스타가 된 사례 또한 적지만은 않다. 하지만, 이럴 경우에는 오히려 경계해야 한다. 중소형주이며 성장주인 경우에는 지나친 인기가 독이 될 수 있기 때문이다.

중소형주가 가지는 가장 큰 단점 중 하나는 유동성이 제약된다는 점이다. 시가총액도 적을뿐더러 지분분산도 대형주만큼 폭넓지 않기 때문이다. 따라서 갑자기 시장의 주목을 받게 되면 단기간에 매도물량의 공백이 나타나면서 주가가 고평가될 가능성이 높아진다. 더욱이 시장의 관심을 크게 받고 있는 종목이라면 자꾸만 상승 논리를 재생산하려 하는 주식시장의 속성상 단기간에 해당 기업에 대해 생각할 수 있는 호재는 모두 주가에 반영되는 국면이 나타날 가능성도 커진다. 따라서 시장에서 인기를 끌고 있는 성장주를 추격매수한다면 주가가 매우 고평가된 상태에서 매수를 하여 그야말로 모든 일이 기대대로 풀리기를 기도할 수밖에 없는 상황에 직면할 수도 있다.

필자는 주식투자를 곧잘 산에 비유하는데, 산의 모습을 떠올려보면 왜 그런 생각을 하는지 알 수 있을 것이다. 산의 초입은 면적이 넓은 반면 정상으로 향하면 향할수록 산의 면적은 좁아진다. 정상으로 향하는 짜릿한 과정은 그렇게 발을 디딜 면적이 좁아지는 대가를 치르는 것이다. 산의 초입이든, 중간 지점이든 위험한 징후가 발생하면 되돌아오거나 다른 길로 몸을 피할 수 있지만 꼭대기에 올라가면 위험을 피할 방도가 없어진다.

날씨도 좋고 길도 잘 다져 있다면 비교적 안전하게 정상을 정복할 수 있지만, 만약 그렇지 못하다면 짜릿함과 동시에 위험성도 커진다. 주식투자도 마찬가지다. 비교적 저평가되어 있는 소형주가 앞으로 기대가 되는 성장주라면 그것은 모든 투자자들이 정복하고 싶은 산임에는 틀림없다. 하지만, 소형주이면서도 성장주라면 그만큼 쉽게 무너질 수 있다는 사실도 알고 있어야 한다. 이러한 사실을 알고 뛰어드는 것과 그렇지 않은 것은 똑같은 투자 실패의 결과를 얻었다 하더라도 다음에 투자하는 투자자의 자세부터 큰 차이가 난다. 돈을 투자하는 주식시장은 절대성보다는 상대성의 원리에 의해 가치가 평가되고 수시로 그 가치가 바뀌는 곳이다. 한라산을 종주할 계획과 비책을 가지고 뒷산을 정복하려고 한다면 비록 알짜배기 종목이었을지라도 해당 주는 당신에게 미소를 보여주지 않을 것이다.

　필자의 경험으로 비추어 볼 때 일반투자자들이 소형주에 대해 특히 잘못 인식하고 있는 부분이 있다. 성장주는 성장성에 대해 얼마나 투자자들이 납득할 수 있는 스토리를 만들 수 있느냐가 관건이다. 중소형주에 대한 성장성의 평가는 의외로 주식시장의 투자심리와 업황의 변화에 큰 영향을 받는다.

　예를 들어, 2000년대 초반 우리나라 핸드폰 업체들이 세계 시장을 석권하기 시작하면서 핸드폰 부품업체들이 시장의 미인주로 크게 부각된 일이 있으나 단말기 시장의 흐름이 급격히 변화하면서 주가는 장기간 침체국면을 면치 못했다. 또한 2003～2004년경에는 누구나 가져야 하는 종목으로 인식되던 디스플레이 부품주들도 디스플레이 업종에 대한 주식시장의 평가가 변화하면서 현재 종목별로 주가의 명암이 극명하게 엇갈리고 있다.

　중소형 성장주는 항상 자본이 증가하는 증자의 가능성을 염두에 두어야 한다. 영업이 잘될 때는 영업 활동을 통한 현금흐름으로 설비투자자금을 충당할 수 있지만 영업 환경이 나빠지고 경쟁이 치열해지면 상대적으로 자본금을 늘릴 여유가 있는 만큼 증자를 선택할 가능성이 높아진다. 그러나 해당 종목이 한창 인기를 누릴 때 대부분의 투자자들은 이러한 잠재 물량의 가능성을 계산에 넣지 않고 투자를 한다.

　무엇보다 필자가 강조하고 싶은 부분은 과거를 사랑하지 말자는 것이다. 과거에 무슨 말을 들었는지는 중요하지 않다. 필자의 현장 경험에 비춰 볼 때 많은 개인투자자가 가장 크게 저지를 수 있는 실수 중 하나가 과거 투자의견에 너무 집착하는 것이다. 즉, 투자자에 따라서 짧으면 1년 전, 길게는 2~3년 전에 나왔던 투자의견에 집착하여 현재의 기업가치를 평가하는 오류를 많은 개인투자자가 쉽게 저지르고 있다. 그러나 중소기업의 경우 불과 1~2년 사이에 기업의 내용 자체가 완전히 바뀌는 경우도 비일비재하며 해당 기업을 분석하는 애널리스트들도 전혀 예상하지 못한 악재가 어이없이 터져 나오는 경우도 다반사이다. 소형주에 투자를 했다면 항시 기업 내용의 변화에 관심을 가질 필요가 있으며 거래 증권사 및 인터넷 등을 통해 기업에 대한 업데이트된 정보를 꾸준히 모니터링해야 한다.

소형주의 매매

갭상승과 갭하락도 적절히 활용하면 투자에 큰 도움이 될 수 있다. 매매를 할 만한 소형주를 선별했다고 가정해보자. 이제 언제 사고 언제 파느냐의 문제만이 남아 있다면 갭상승과 갭하락을 적절히 활용하기를 권한다. 소형주는 의외로 유동성이 취약하기 때문에 시장 상황에 따라서는 투자심리가 극단을 치닫기도 한다. 따라서 투자자의 기준으로 보았을 때 충분히 저평가된 소형주가 있다면 갭하락 시 저가매수를 고려할 수 있겠으며 매수 후 운 좋게 인기가 폭발하면서 고평가된 상황에서 갭상승이 나타난다면 차익실현도 생각해볼 수 있다.

결국, 소형주에 대한 투자는 냉정한 투자원칙도 필요하겠으나 다소간의 행운도 분명 필요하다. 또한, 대형주와는 달리 매수와 매도의 타이밍도 충분히 고려할 필요가 있는데, 이는 소형주의 경우 상대적으로 유동성이 제약될 가능성이 크고 개인투자자들의 투자심리 변화에 따라 주가가 큰 영향을 받기 때문이다. 그렇다면, 지금은 과연 소형주에 투자할 적기일까? 여기에 대한 필자의 의견은 다음과 같다.

1 단기적으로는 소형주가 크게 아웃퍼폼(outperform)하기 힘들 것으로 판단된다. 소형주는 개인투자자들의 주머니 사정과 시장의 투자심리에 큰 영향을 받으나 현재는 두 변수 모두 그리 우호적이 아니기 때문이다.

2 중장기적으로 본다면 지금부터는 꼭 매수를 하지 않더라도 장래에 크게 자랄 수 있는 '떡잎'을 골라볼 타이밍이다. 중장기적으로 볼 때 가계 자산배분 구조의 변화로 인해 결국 우리나라 기관투자자들의 매수 여력은 회복될 가능성이 매우 높으며, 이들은 지수 대비 초과수익률을 올릴 가능성이 높고 적절한 규모와 시가총액을 갖춘 중소형주에 항상 큰 관심을 가지고 있기 때문이다. 따라서 시가총액이 어느 정도 증가한다면 기관투자자들이 관심을 가질 만한 중소형주를 선별할 시기가 바로 지금일 것으로 판단된다.

투자한 기업에게 성과급을 받아라

"처서가 지나면 모기도 입이 비뚤어진다."라는 속담처럼 모기의 극성도 사라지고 농부들은 여름내 매만지던 쟁기와 호미를 깨끗이 씻어 갈무리하며 추수를 준비한다. 자연의 법칙만큼 분명하지는 않지만 투자에도 나름대로의 원칙이 있으며 벼농사와 다름없이 추수를 기다릴 때도 온다. 자본시장의 추수는 배당이다. 배당이란 회사가 영업을 하여 이익을 냈을 때 소유 주주들에게 해당 이익을 배분하여 나눠주는 것을 말한다. 현대 경영학의 역사는 기업 가치평가와 궤를 같이해 왔다고 해도 과언이 아니다. 정확한 기업가치의 평가를 위해 수많은 석학이 자료를 분석하고 의미 있는 모델을 만들어왔지만 어느 하나도 다른 모델들을 압도하지 못할 만큼 가치평가의 기준과 변수가 복잡해지고 있다. 그렇다 해도 배당은 잉여현금흐름(free cash flow)과 함께 기업가치를 분석하는 주요 도구임은 틀림없다.

일례로 배당성장모형(dividend growth model)에 따르면 기업의 가치는 안정적으로 성장하는 기업에 비례해 꾸준히 지급하는 배당금의 합을 적절한 할인율로 할인한 값으로 정의되는데, 이런 모델을 통해서 기업가치와 예상 배당금을 예측할 수 있다. 따라서 배당의 기준이 되는 영업실적과 현금흐름이 배당투자의 핵심 기준임을 알 수 있으며, 이런 기준으로 기업을 선별하는 것이 배당투자의 올바른 순서라하겠다.

　2007년부터 배당투자에 대한 관심이 본격화되기 시작했지만 사실 그 전까지는 배당투자에 대한 회의론이 강했던 적이 많았다. 거래소 상장기업의 2005년 배당수익률은 예년의 절반 수준인 2.5%로 낮아졌다고 한다. 은행 예금금리보다도 턱없이 낮은 수준이다. 주가는 오른 데 반해 배당금은 제자리에 머물렀던 것으로 보아 당연한 결과이며, 경기둔화를 감안한다면 2008년의 배당수익률은 전년보다도 낮을 것으로 예측된다. 그렇다면, 배당투자의 시대는 간 것일까?

　배당주펀드의 최대 장점은 약세장에서 방어력이 좋다는 점이다. 상승장에서는 급하게 오르지도 않지만, 하락장일 때도 급하게 빠지지 않는다.

약세장에 강한 배당투자

연간 배당수익률이 5% 이상인 주식들은 부지기수다. 2007년 하반기처럼 시장이 연일 상승랠리를 찍고 있을 때는 공격적으로 투자에 나서는 것이 옳으나, 또 매일같이 꽃노래만을 부를 수 없는 게 투자시장 아니던가? 로마에 가면 로마의 법을 따르라는 말처럼 투자도 마찬가지다. 시장이 상승할 때는 강세장에 맞는 투자방법을, 반대로 2008년 시장처럼 시장이 하락할 때는 약세장에 맞는 투자로 포지션을 달리해야 수익을 낼 수 있다.

　그렇다면, 개인투자자들이 늘 두려워하고 있는 약세장(하락장)에서 살아남는 투자방법에 대해 생각해보자. 주식시장이 조정을 받거나 박스권에 갇혀 있는 소위 약세장에서는 배당투자가 최적의 대안 투자이다. 안정적인 실적이 특징인 배당주들은 약세장에서 지수 대비 초과수익을 올리는 장점을 가지고 있다. 또한, 배당투자는 주식과 채권 간 수익률-위험 매트릭스의 간극을 메워주는 역할을 하기도 한다. 이런 이유로 배당투자는 안정성을 중시하는 장기투자자의 포트폴리오에서 선택이 아닌 필수 항목이 되어야 한다. 다행히 시중의 많은 배당주 펀드들이 우리의 선택을 넓혀주며 번거로운 배당 종목의 분석을 대신해준다. 과거 3년 동안의 데이터가 그 당위성을 확인해주고 있다.

● **펀드 유형별 수익률 비교** (2008년 6월 30일 기준, %, 억 원)

펀드 유형	1년 수익률	2년 수익률	3년 수익률	연초대비	설정액
주식액티브펀드	-0.88	41.31	81.51	-11.51	686,601
주식인덱스펀드	-1.03	32.19	69.43	-10.34	60,296
주식혼합펀드	1.12	24.95	39.75	-4.96	17,038
배당주식펀드	-3.31	38.67	69.07	-11.14	33,579
채권혼합펀드	2.10	16.42	25.72	-1.79	40,460
채권단중기펀드	3.99	8.33	11.77	2.54	26,913
채권장기펀드	4.61	9.07	12.55	2.91	7,303

* 참고 : 배당펀드 - 3년 이상 운용 중인 14개 펀드 평균수익률, 이외 유형의 펀드수익률은 현재 운용 중인 모든 펀드들의 평균값
* 자료 : 삼성증권, 한국펀드평가

위에서 조사한 배당펀드에는 주식혼합형 또는 채권혼합형이 섞여 있기 때문에 다른 펀드 유형과의 단순 직접 비교는 힘들겠지

만 장기투자를 할수록 수익이 안정적임을 표를 통해 확인할 수 있다. 참고로 14개 조사 대상 배당펀드 중 최고 수익률은 3년 기준으로 103.2%(주식액티브형)였고 최저 수익률은 24.36%(채권혼합형)였다. 최악의 경우를 가정해도 복리로 연 7.5%의 수익을 올렸다는 얘기가 성립된다. 이 정도면 만족스럽지 않은가? 수익률 비교에서 빠질 수 없는 투자위험 정도를 감안해도 훌륭한 결과값이 도출된다. 다음 자료를 보자. 펀드의 위험도와 수익률을 감안한 위험 조정 수익률인 샤프지수가 클수록 위험 대비 수익률이 좋은 펀드라고 평가할 수 있으며, 이를 고려하면 배당주 펀드의 매력은 배가된다.

● **샤프지수 비교**

구분	샤프지수
배당주펀드	1.02
KOSPI	0.62
배당지수	0.48

* 참고 : 2004년 4월 이후 / 자료 : 증권선물거래소

그렇다면, 배당투자는 언제 하는 것이 가장 좋을까? 연간으로 봤을 때 최적기는 5월부터 9월 사이인 것으로 나타났다. 여름에 시작하면 더 나을 것이라는 데는 이견이 없겠지만 사실 장기투자 관점에서 타이밍은 무의미하다. 증권선물거래소 통계에 따르면 2003년 이후 5년 반 동안 고배당주의 투자수익률은 470%로 시장 평균 상승률 150%를 크게 웃돌았다.

　'언제 투자할 것인지'보다는 '어떻게 투자성향에 맞는 배당펀드를 선택하느냐'가 우선 사항이 되어야 한다. 씨를 뿌릴 준비가 됐다면, 바로 지금이 최적기다. 좋은 씨라면 당신에게 수확의 기쁨을 안겨줄 것이다. 주식시장의 역사가 오래된 미국에서도 배당의 힘은 어렵지 않게 확인할 수 있는데, 주주가치를 최우선시하는 기업문화로 인해 대부분의 우량기업들이 배당 정책을 중요시하는 것이 그 힘의 원천이다. 과장된 비유이기는 하지만 코카콜라의 영업 첫 해에 구입한 주식 1주는 주식분할 등을 통해 9만 7,860주가 되었고 매년 5만 8,000달러 이상의 배당을 받는다고 하니 입이 떡 벌어질 만하다. 우리도 한국의 코카콜라를 찾아 투자한다면 기대 이상의 수익도 기대할 수 있고, 장기투자에 기반한 건강한 증시 문화에 기여할 수도 있으니 일거양득이 이런 게 아닐까?

'모델 포트폴리오의 개' 전략

전 세계 전문 투자자들 사이에 널리 알려진 트레이딩 전략 중 다우 10(Dow 10)이라는 전략이 있다. 속칭 '다우의 개(Dogs of the Dow)'라는 이 전략은 실행이 간단하면서도 가치투자에 근거한 투자전략이다. 다우 10 전략을 사용하기 위해서는 세 단계만 거치면 된다.

1단계　매년 마지막 거래일에 다우지수를 구성하는 30개 종목 중 직전 사업 연도에 지급한 배당금을 기준으로 가장 높은 배당수익률을 보이는 종목 10개를 선정, 균등한 금액으로 매수한다.

2단계　10개 종목을 다음 해 마지막 거래일까지 보유한다.

3단계　다음 해 마지막 거래일에 보유종목을 매도하고 1단계를 반복한다.

이 전략을 '다우의 개'라고 부르는 이유는 대체로 배당수익률이 높은 종목들은 오랜 기간 시장에서 소외되어 주가수익률이 시장 대비 상당히 낮았던 경우가 많기 때문이다. 가뜩이나 움직임이 무거운 대형주로만 구성된 다우지수 30개 종목 중에서 주당 배당금을 고려할 때 상대적으로 주가가 못 오른 종목 열 개만 골라 투자하는 전략이니 별명이 '다우지수의 개' 전략이 된 것이다. 그러나 일견 상당히 재미

없어 보이는 이 전략도 나름대로는 유용하다.

한 연구 결과에 의하면, 1973년부터 1996년까지 이 전략을 활용하여 투자를 했을 때 연평균 17.7%의 수익을 올렸다고 한다. 같은 기간 동안 다우지수 수익률이 12%가 조금 못 미쳤다는 점과 상대적으로 활용하기 쉽다는 점을 고려한다면 나쁘지 않은 수익률이다.

그렇다면, 다우의 개 전략을 우리나라 시장에 적용시켜보면 어떤 결과가 나올까?

다우의 개 전략이 우리나라 시장에서도 활용 가능한 전략인가를 알아보기 위해 필자는 우리나라 시장에 맞게 기본 전략에 변형을 가하여 과거 주가를 기준으로 실험을 해봤다.

필자가 사용한 변형된 다우의 개 전략은 다음과 같다.

1단계 매년 마지막 거래일에 월간 발표되는 삼성증권 모델 포트폴리오에 포함된 30여 개 종목 중 전 사업 연도 배당금 기준 배당수익률이 가장 높은 10개 종목을 골라 균등하게 매수한다.

2단계 매수한 10개 종목을 다음 해 마지막 거래일까지 보유한다.

3단계 다음 해 마지막 거래일에 보유종목을 매도하고 1단계를 반복한다.

모델 포트폴리오의 개(Dogs of the Model Portfolio)의 성과는? 위와 같은 전략을 사용하여 2001년 마지막 거래일에 1억 원을 투자하여

2006년 12월 5일까지 투자한 성과를 시뮬레이션해본 결과 2006년 12월 5일 보유 포트폴리오 가치는 2억 4,574만 7,000원으로서, 기간 수익률로는 146%, 연평균수익률(기하평균)로는 20%의 수익률을 올린 것으로 나타났다(배당소득세 및 거래비용 고려). 같은 기간 동안 종합주가지수 상승률은 105%, 연평균수익률은 15.6%였다는 점을 감안하면 힘 안 들이고 짭짤한 성과를 거둔 셈이다.

● **모델 포트폴리오의 개**Dogs of Model Portfolio **전략 투자성과**

투자기간	'01~'02	'02~'03	'03~'04	'04~'05	'05~'06
배당수익률(%)	2.45	2.37	3.55	3.07	1.97
자본수익률(%)	3.02	35.98	40.56	20.24	-7.18
전체수익률(%)	5.47	38.35	44.11	23.30	-5.21
동기간 중 종합지수 상승률(%)	-9.54	29.19	10.51	53.96	2.99
높은 수익률을 기록한 종목	가스공사	신세계푸드	S-Oil	대우조선해양	POSCO
	대한항공	코리안리	동국제강	에스에프에이	SK
	삼성SDI	삼성SDI	LG	한국전력	에스에프에이

* 참고 : 2001년 말 지수 100
* 자료 : 삼성증권

　기간 및 국면에 따라 차이는 나타나지만 '모델 포트폴리오의 개' 전략도 '다우의 개' 전략과 마찬가지로 실전에서 활용하기 편하면서도 장기적으로 볼 때 지수 대비 양호한 수익률을 기록할 수 있었다. 이렇듯 두 전략이 모두 비교 대상 지수 대비 높은 수익률을 보일 수 있었던 데는 몇 가지 이유가 있다.

　첫 번째 이유는 두 전략 모두 기업 펀더멘털이 우수하고 장기적으로 신뢰하고 투자할 수 있을 만한 종목들로 구성된 풀(pool)에서 뽑은 종목들이라는 점이다. 즉 '다우의 개' 전략의 기본 풀인 다우지수의 30개 종목은 미국 주식시장이 전 세계에 내놓을 수 있는 30개 우량한 대형주로 구성되어 있으며 '모델 포트폴리오의 개'의 기본 풀인 삼성 모델 포트폴리오도 삼성증권 리서치 센터가 제시하는 우량종목의 리스트다. 따라서 종목을 선별하는 풀이 뛰어나기 때문에 상대적으로 투자가 실패할 가능성도 줄어드는 것이다. 투자에 성공하기 위해서는 큰 수익률을 올리려고 하기 이전에 실패를 줄여나가는 방법부터 알아내야 한다. 돈을 지킬 수 있다면 손실의 폭은 최대한 줄이되 이익을 극대화시키는 투자원칙을 세워나갈 수 있기 때문이다.

두 번째는 "배당을 많이 주는 우량종목은 언젠가 시장의 평가를 받을 수밖에 없다."라는 매우 단순한 가치투자전략에 근거한다. 이러한 우량종목들의 주가가 배당투자 매력까지 생길 정도로 시장에서 평가받지 못하는 상황이 1년 이상은 지속되지 않을 것이라는 '역발상 투자전략'이 '모델 포트폴리오의 개'의 기본 전략이다. 이렇듯 비록 단순하지만 다른 투자자들이 쉽게 공감할 수 있는 가치주의 논리가 바탕에 깔려 있기에 성공 확률이 높아지는 것이다.

'모델 포트폴리오의 개' 전략의 한계

그렇다면, '모델 포트폴리오의 개' 전략에 뚜렷한 한계는 없을까? 물론 있다. 어떤 투자방법이든 장점이 있다면 단점이 있고, 영속성이 있다면 한계도 반드시 갖고 있는 것이다. 모델 포트폴리오의 개 전략의 한계는 배당수익률에 근거한 역발상 투자전략의 한계를 첫 손가락으로 꼽고 싶다.

2005년 모델 포트폴리오의 개 전략이 시장 대비 부진한 성과를 보인 근본 원인은 이것이 시장의 미인주를 따라가는 전략이 아닌 기업가치에 근거한 역발상 투자전략이라는 점에서 찾을 수 있다. 시장이 약세를 보이거나 비교적 좁은 상승 채널을 유지하는 안정적인 상승세를 보이는 국면에서는 이러한 역발상 투자전략이 성과를 보일 수 있으나 '물 반, 고기 반' 식으로 소위 시장의 인기주들이 몇 백 퍼센트씩 수익을 내는 국면에서는 그야말로 진짜 모델 포트폴리오의 '개'가 되어버리는 셈이다. 이러한 현상은 비단 모델 포트폴리오의 개 전략뿐만이 아닌 모든 역발상 투자전략이 가지는 공통적인 약점일 것이라 생각한다.

이는 종합주가지수가 급등세를 보였던 2005년의 성과가 종합주가지수 대비 부진했다는 점에 잘 나타난다. 물론 절대적인 수익률로만 보면 같은 기간 동안 모델 포트폴리오의 개의 성과는 연 23% 정도로 절대 나쁜 수준이라고 말할 수 없다. 다만, 연 50%를 상승한 종합주가지수의 상승률을 따라가지 못했을 뿐이다.

결론적으로, 모델 포트폴리오의 개 전략은 시장의 인기주들이 무차별 상승하면서 매우 큰 폭의 수익을 내는 과열국면이 아니라면 꽤

안정적인 수익을 낼 수 있는 투자전략이다. 기업가치를 보유하고 있는 우량종목들이 배당마저 많이 준다면 투자자들의 주목을 받을 수밖에 없기 때문이다. 그러나 앞서 설명한 대로 이 전략의 승패를 가름하는 가장 중요한 변수는 투자자들의 관심권 안에 있고 장기적인 관점에서 기업가치가 충분한 종목을 확보하는 일이다.

특히 이 종목들의 풀은 개별 기업들의 펀더멘털 변화를 반영하여 수시로 업데이트될 필요가 있다. 이러한 관점에서 볼 때 필자는 앞의 예에서 사용한 삼성 모델 포트폴리오를 활용할 것을 적극 권한다. 삼성 모델 포트폴리오는 삼성증권 리서치 센터가 추천하고 있는 종목들의 리스트로서, 월별로 기업 내용의 변화에 따라 업데이트되기 때문이다. 참고로, 2007년 12월 삼성 모델 포트폴리오를 기준으로 할 때 모델 포트폴리오의 개에 포함될 수 있는 10개 종목은 다음과 같으며 수익률은 KOSPI보다 19.34% 앞서고 있다.

종목	2007년 배당 (원/주)	2007년 종가 (원)	2008년 8월 5일 주가 (원)	수익률 (%)
한라공조	300	8,680	9,960	18.20
SK텔레콤	8,000	249,000	197,000	−17.67
한샘	200	6,700	8,750	33.58
한국전력	1,000	39,650	32,700	−15.01
KT&G	2,400	79,700	90,300	16.31
우리금융	600	18,850	15,300	−15.65
현대자동차	1,000	71,600	69,900	−0.98
한국타이어	250	17,900	14,600	−17.04
LG전자	750	100,000	104,500	5.25
LIG손해보험	250	23,800	22,550	−4.20
평균수익률				0.28
종합주가지수 수익률				−19.06
초과수익률				**19.34**

백숙 집에서 오리고기를 시키지 마라

주5일 근무가 본격화되면서 바야흐로 미식가들의 전성시대가 도래했다. 점심시간이 되면 사각형 빌딩에서 우르르 몰려나와 식당 자리 잡기도 쉽지 않은 샐러리맨에게 주말은 편안하게 식사다운 식사를 할 수 있는 호기인 셈이다. 특히 몸보신이라도 하려고 맛집을 찾아간다면 힘찬 걸음을 재촉하게 된다. 왜? 다 먹고 살기 위해 뛰어다니는 거니까. 세상에서 먹는 즐거움을 즐기지 못하는 사람들은 행복의 절반을 포기하고 사는 것과 같다. 그럼 여기서 맛집과 비교하여 주식투자에 대한 이야기를 해볼까 한다.

"백숙 집 가서 오리 고기 시켜 먹나요?"

복날이 다가올 때쯤 한 투자자에게 건넨 말이다. 처음에는 생뚱맞은 사람이라고 생각했겠지만 가만히 생각해보면 맞는 말이다.

백숙으로 유명한 맛집을 찾아갔다고 생각해보자. 그 집에서 오리 고기를 시킨다면 당신은 둘 중의 하나일 것이다. 그 집이 백숙으로 유명세를 타고 있는 사실을 몰랐거나(우연히 지나치다가 들렀을 경우), 아니면 "닭 요리 집에서 오리 고기도 하네. 한번 먹어봐야지."라고 생각하는 호기심이 왕성한 사람일 것이다. 주식투자도 마찬가지다. 기업의 가치를 평가할 때 주 메뉴인 '닭 요리 개발'에 투자하는 기업과 "오리 고기도 한번 해볼까?"라며 넌지시 메뉴 확장을 꾀하는 기업, 과연 어느 쪽이 장기적으로 봤을 때 경영에 좋은 영향을 끼치게 될까?

요즘이야 계속되는 경제불황 때문에 외식이나 여행횟수가 줄었다고는 하나 그래도 예전에 비해 높아진 생활수준과 주5일제에 따른 여가시간의 확대 덕분에 외식은 중요한 삶의 일부가 되었다. 주말이면 TV에서도 맛집 정보를 소개해주거나 음식 맛을 소재로 대결을 벌이는 TV 프로그램과 영화를 쉽게 접할 수 있어 식탐이 많지 않은 사람도 가끔씩 "저곳에 한번 찾아가볼까?" 하는 유혹에 빠지게 된다. TV에 소개되는 맛집들을 살펴보면, 몇 가지 특징이 있다.

첫째, 대부분의 시청자들도 느꼈겠지만 메뉴가 별로 없다. 많아야 몇 가지다. 대표 메뉴(the one) 하나면 충분하다는 얘기다. 기억을 더듬어보면 맛집 프로그램에 나온 음식점들 중에서 수십 가지의 메뉴를 가지고 있는 가게를 본 적은 적어도 필자의 기억에는 없다.

둘째, 음식점을 운영하는 주인들은 대부분 수십 년간 대표 음식을 만들기 위해 갖은 실험을 다 해보았다. 음식 비법을 마치 무협 비급처럼 소중히 여기며 자부심 또한 대단하다.

마지막으로 절대로 한눈을 팔지 않는다. 음식점이 잘된다고 해서 다른 사업을 벌이거나 심지어 메뉴의 종류를 늘리지도 않는다. 한 우물을 깊게 파는 전략이 모르는 우물을 파는 일보다 낫다고 여기며 메뉴나 서비스 개발에만 열중한다.

지극히 당연한 얘기들뿐이다. 뭔가 색다른 내용을 기대하신 분들이 있었다면 죄송하다. 하지만, 투자의 ABC는 당연하고 하찮은 데 숨어

있다. 당연한 세 가지 사실들을 음식점이 아닌 기업들에 대입해보면 최
소한 투자하지 말아야 할 기업을 가려내는 지표로 사용해도 될 것이다.

2007년 들어 6월 이후 사업목적변경을 신고한 기업은 총 55개
기업이고, 이들 중 46개 기업이 코스닥 기업이었다. 사업을 추가하거
나 변경하는 건 대표 메뉴(본 사업)에 자신이 없거나, 너무 영업이 잘돼
서 사업을 확장하거나, 둘 중의 하나이다. 직업병이라고 핀잔을 줄지
도 모르겠으나, 기업들이 어떻게 사업목적을 변경했는지 필자는 궁금
하지 않을 수 없었다.

투자란 맛난 음식을 찾아 떠나는 여행이다

앞서 말한 두 가지 내용에 대해 살펴보자. 영업이 잘돼서 사업을 확장
하는 경우를 보면, 회사의 재무제표나 신용등급, 시장의 평가 등을 통
해서 회사의 상황을 파악할 수 있다. 이런 경우라도 신사업 진출이 긍
정적이라고 볼 수는 없다. 치밀한 사전 정보 수집과 전략으로 신사업
에 진출한 거라면 성공할 수도 있다. 하지만, 본 사업의 경험과 기술을
기반으로 확장해야 시너지 효과를 볼 수 있다. 전혀 분야가 다른 사업
으로 진출 혹은 변경을 한다면, 그 기업에게는 돈 먹는 하마가 찾아온
것이나 다름없음을 과거 사례에서도 쉽게 볼 수 있다. 설비를 제작하
고 장비를 개발하던 기업이 오랫동안 쌓아온 기술을 팽개치고 난데없
이 부동산 개발을 하고 연예 사업을 한다니, 이는 마치 엔지니어가 부
동산 중개사나 배우 매니저를 겸업하겠다는 것과 같다. 물론 그럴 수

도 있다. 하지만, 아닐 확률이 훨씬 높다는 점을 간과해서는 안 될 것이다.

본 사업에 자신이 없어 사업을 변경하거나 추가하는 경우도 비관적이다. 이런 회사는 부동산이나 엔터테인먼트 사업을 벌이던 업체와 동업을 하게 되거나 그들의 부정적인 상장을 도와주는 것과 같은 경우가 비일비재하다. 아니면 갖고 있던 땅으로 장사를 하겠다든가. 수익모델의 부재로 사라진 코스닥 기업은 수를 셀 수 없을 정도다. 대표 메뉴를 방치한 음식점은 더 이상 맛집이 아니듯 본 사업을 방치한 기업은 더 이상 투자 유망 기업이 될 수 없다.

메뉴가 많다고 다 좋은 메뉴는 아니다. 단지 'one of them'일 뿐이다. 투자란 맛난 음식을 찾아 떠나는 기행과 같다. 막히는 길에서 인내심을 테스트하기도 하며, 길을 잘못 들어서 돌아가야 할 때도 있고, 물어물어 힘들게 찾아간 맛집이 기대보다 실망감을 안겨주기도 한다. 하지만, 힘든 노정을 거쳐 도달한 맛집에서 진정한 맛을 찾아냈을 때 과거의 실패와 경험은 중요한 자산이 된다. 맛집과 기업의 성공은 대표적인 메뉴에 달려 있다. 다시 말해, 수익모델에 달려 있음을 명심한다면 메뉴를 자주 바꾸는 음식점과 기업은 멀리하는 게 투자의 상식이라 여겨질 것이다. 제대로 찾아간 맛집에서 'one of them'이 아니라 'the one'이 되는 음식을 먹었을 때의 기쁨을 떠올린다면 올바른 투자는 벌써 시작된 것이다.

뭉치면 죽고 흩어지면 산다

지금까지 우리나라 주식시장의 미래와 투자자들의 잘못된 관행에 대해 많은 이야기를 해왔다. 그러나 잘못된 투자관행을 고치고 우리나라 시장의 장기추세에 대해 신뢰하기만 한다고 해서 저절로 투자수익이 굴러오는 것은 아니다. 바로 이 점이 간접투자자에 비해 직접투자자가 가지는 가장 큰 불리함 중 하나일 것이다. 왜냐하면, 간접투자자의 경우 자산배분전략의 주식투자 비중을 늘리기만 하면 되지만 직접투자자는 그 외에 종목을 선택하여 투자방법 및 시기까지 결정해야 하는 부담을 안고 있기 때문이다. 그러나 이 부담을 지고라도 직접투자를

연말과 연초에는 어떤 종목에 투자해야 할까. 주식투자자들은 연말연시 종합주가지수가 750~850을 유지할 것이라는 전망 하에 삼성전자 등 대형 IT(정보기술) 종목에 투자할 전망이다. 투자수익률이 높을 것으로 예상되는 종목에 대해서는 54.1%가 삼성전자 등 대형 IT주를 꼽았다.

-2003년 12월, 〈세계일보〉

포스코가 물려주고 싶은 기업 1위. 지난 5년간 '자녀에게 물려주고 싶은 종목' 부동의 1위로 뽑혔던 삼성전자가 설문 이래 처음으로 2위로 밀렸다. 올해 증시에서 주도주 교체 현상이 나타나며 위상이 크게 흔들린 삼성전자의 미래를 증권 전문가들도 불안해 한다는 방증이다.

-2007년 6월, 〈머니투데이〉

통해 초과수익을 실현하겠다는 투자자들은 분명 있을 것이고, 그러한 투자자들을 위한 매매전략 또한 존재한다. 지금부터는 주식에 직접투자하여 수익을 올릴 수 있는 구체적인 방법에 대해 알아보도록 하자.

2003년 말, 어느 투자자가 "향후 최소 3년간 우리나라의 주식시장은 상승할 수밖에 없다."라고 결론을 내리고 주식투자를 결정했다고 가정해보자. 혹은 세계적인 투자은행에서 일하는 친지로부터 글로벌 유동성 증가에 대한 귀띔이 있었다고 생각해도 좋다. 이 투자자는 주식시장이 대세상승국면에 접어들면 펀더멘털이 받쳐주고 시장에서 인기가 좋은 우량종목들이 상승을 주도할 것으로 믿고 있었기 때문에 애초부터 코스닥 시장의 투기적 종목들에 대해서는 관심 자체가 없었다.

과연 3년 뒤 예상대로 종합주가지수가 폭등한 지금 이 투자자는 기대했던 만큼의 양호한 수익을 즐길 수 있었을까? 물론 결과는 투자자의 종목 선정에 달려 있었겠지만, 만일 이 투자자가 철저하게 시가총액이 높고 안정성이 뛰어난 우량종목에 집착했다면 불행히도 종합주가지수 대비 좋지 않은 수익률로 만족해야 할 가능성이 충분하다. 또한 시가총액 상위 종목의 범위를 상당히 좁혀 만일 "시가총액 상위 10위권의 종목에서 한두 종목을 고르겠다."라고 생각했다면 지난 3년 동안 투자자 투자수익률은 약 20% 내외에 머물렀을 가능성이 높다.

아무리 대세상승국면이라고 할지라도 '시가총액 상위 우량종목 = 안심하고 집중투자할 수 있는 종목'이라는 방정식은 애초부터 성립할 수 없었던 것이다. 시가총액 상위 종목이라는 레벨이 모든 것을 보장하지 않는다. 2003년 말 우리나라 증시를 주도했던 소위 우량종목들이 2007년 3분기 말에는 종합주가지수 대비 상대적으로 높은 수익률을 올릴 가능성은 몇 퍼센트나 될까?

삼성증권 유니버스에서 커버하고 있는 종목들 중 2003년 말 시가총액 상위 50개 종목의 2007년 3분기 말까지 수익률이 종합주가지수의 수익률보다 좋을 확률은 53% 정도에 불과하다. 이 정도 확률이 실망스럽다고 생각한다면 당시 삼성 유니버스 종목 기준 시가총액 상위 20개 종목과 10개 종목이 종합주가지수의 상승률을 아웃퍼폼했을 가능성은 40%와 30%에 지나지 않는다는 점을 알려주고 싶다.

예를 들어, 2004년 우리나라 투자자 100명 중 90명 이상이 사고 싶다고 말했을 법한 삼성전자의 조사 기간 동안의 수익률은 27%에

그림33 2003년 말 시가총액 상위 종목이 2007년 3분기 종합주가지수 대비 초과수익을 올릴 수 있는 확률

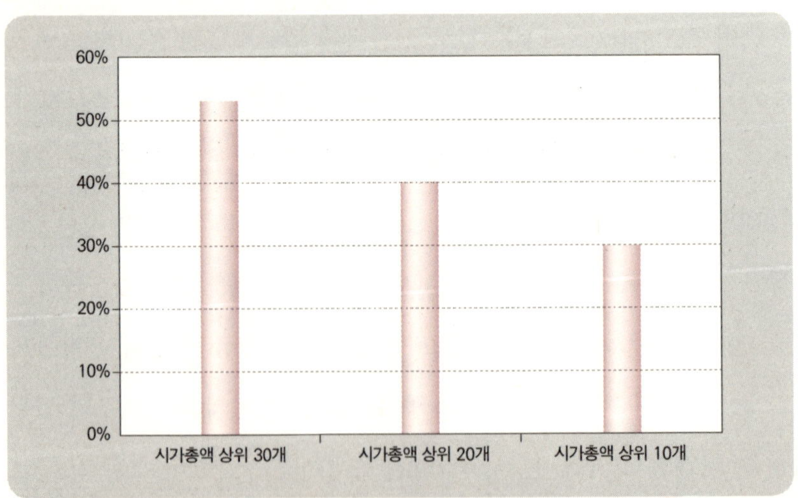

지나지 않는다. 즉, 당시 기준에서만 보면 우리나라의 어느 기업보다 많은 현금을 벌어들이고 있었고, 우리나라의 기업을 대표할 정도의 브랜드 가치를 가졌던 기업의 주가가 종합주가지수와 비교할 때 명함을 내밀기 초라할 정도의 수익률을 올리는 데 그친 것이다. 그러나 삼성전자의 경우는 좀 나은 편이다.

과거와 현재를 통틀어 부동의 무선통신 1위 사업자인 SK텔레콤의 수익률은 5% 남짓한 상황이며, PDP와 모바일 디스플레이 산업의 급격한 성장세를 등에 업고 2003 ~ 2004년 동안 높은 수익률을 올렸던 삼성SDI의 주가는 같은 기간 동안 자그마치 50% 이상 하락하는 수모를 겪었다. 은행주 중 개인투자자들이 가장 선호했음직한 국민은행도 실상 알고 보면 수익률이 70% 가량에 불과해, 종합주가지수 대비 매우 저조한 수익률을 보였다.

증권기관에서 내놓은 추천종목이나 관련 리포트를 봐도 우량주나 대형주만을 이야기하지는 않는다. 우량주, 중형주, 소형주, 테마주 등으로 나누어 각 기업에 대한 설명을 풀어놓는 걸 볼 수 있다. 만약 여섯 개 종목에 투자를 하고자 한다면 우량주에만 집중투자하여 수익을 내려고 하기보다는 ‘우량주 3 : 중형주 2 : 소형주 1’ 방식으로 선택하여 투자에 나서보자. 분산투자를 하려는 가장 큰 이유는 이것이 리스크 관리에 용이한 투자방법이기 때문이다. 꼭 3:2:1이 아니어도 자기만의 비율을 정해 ‘우량주 : 중형주 : 소형주’에 투자한다면 수익률 관리를 쉽게 할 수 있을 것이다.

삼성전자도 리스크를 안고 있다

증권시장에서 개별종목에 투자하는 위험(리스크)을 논할 때 보통 체계적 위험과 비체계적 위험으로 구분하곤 한다.

증권시장의 위험

1 비체계적 위험 : 분산투자를 통해 회피 가능한 위험. 개별 기업의 실적 리스크, 경영자 리스크, 산업구조의 변화 리스크 등 개별 기업에 국한된 위험을 말한다.

2 체계적 위험 : 분산투자를 통해서도 회피 불가능한 위험. 전 세계적인 경기 및 유동성, 국가신용 리스크 등의 위험을 말한다.

비체계적 위험은 기업 고유의 위험으로서, 다양한 업종과 기업에 골고루 분산투자를 하게 되면 충분히 회피 가능한 위험이다. 많은 개인투자자들이 무조건 대형우량주를 매수하면 비체계적 위험을 피할 수 있다고 생각하는 오류를 범하고 있으나, 실상은 어느 기업이 됐든 상장된 기업의 모든 업종을 동시에 영위하고 있지 않는 한 비체계적 위험으로부터 피할 수 있는 방법은 없다.

● **주요 시가총액 상위 종목들의 비체계적 위험**

종목	비체계적 위험
삼성전자	− 반도체, 휴대폰, TFT-LCD 등 주요 제품들의 가격하락 위험 − 과도한 설비투자로 인한 공급초과 가능성
한국전력	− 가스, 원유, 석탄 등의 주요 원료 가격의 상승 위험 − 정부의 전기요금 정책의 위험
국민은행	− 대출의 부실 증가 위험 − 정부의 부동산 대책 관련 위험
KT	− 정부의 통화요금 정책 위험

언제부터 생긴 통념인지는 모르나 우리나라의 많은 개인투자자들은 '시가총액 상위 종목 = 우량종목' 혹은 '시가총액 상위 대형주 = 집중투자해도 괜찮은 종목'이라는 이상한 방정식을 신봉하고 있다. 그러나 분산투자를 통해 제거가 불가능한 비체계적 리스크를 가지고 있는 한 어느 종목도 집중투자해도 괜찮은 종목이라고 말할 수는 없다.

만일 2003년 말에 시가총액 상위 30개 종목 중 한 종목에 집중투자했다면 종합주가지수 대비 높은 수익을 올렸을 가능성은 50%에 불과하다. 그렇다면, 2003년 말에 이들 30개 종목을 같은 비중으로 분산투자했다면 2007년 3분기 말의 결과는 어땠을까?

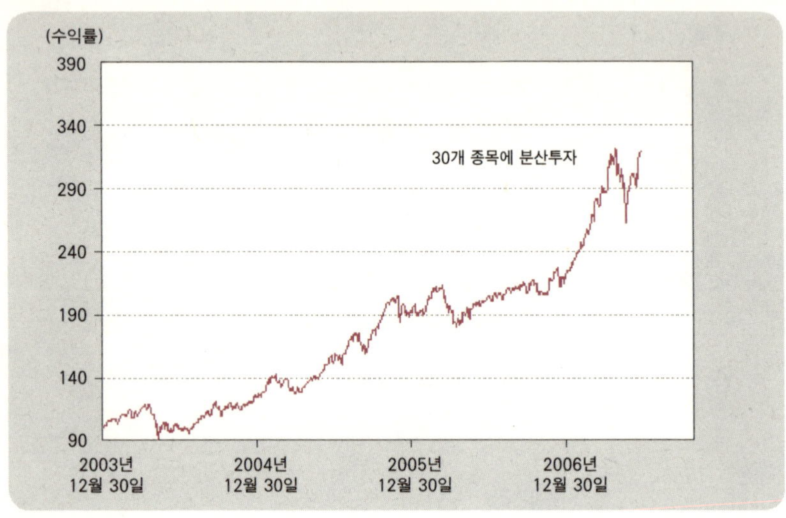

* 자료 : 증권선물거래소

이 도표에 나타나듯이 시가총액 상위 30개 종목에 분산투자했을 경우, 2003년 말부터 2007년 3분기 말까지 누적수익이 230%이며 2003년 말 기준 시가총액 상위 30개 종목 중 10개 종목만이 30개 종목에 균등투자한 포트폴리오보다 우월한 성과를 올릴 수 있었다.

웬만큼 종목선별 능력이 뛰어나지 않으면 한두 개 종목에 집중투자하여 포트폴리오보다 높은 성과를 올리기가 쉽지 않았던 셈이다. 더욱 재미있는 사실은 조사 기간 동안 일별 수익률 기준 30개 종목 포트폴리오의 표준편차는 1.4% 정도인데, 조사 대상 30개 종목 중에서도 가장 낮은 수준이라는 점이다. 따라서 위험조정수익률(수익률/변동성) 기준에서 보면 30개 종목에 균등투자한 포트폴리오의 성과는 현대중공업과 LG 다음인 3위에 있으며, 당시 시가총액 상위 10개 종목 중

222

위험조정수익률 기준으로 30개 종목의 포트폴리오에 비해 우월한 성과를 낸 종목은 하나도 없다.

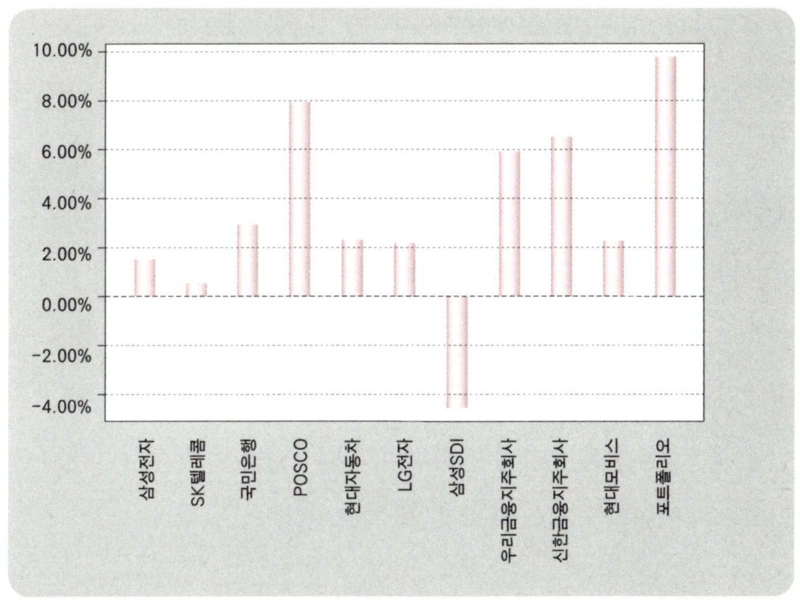

* 자료 : 증권선물거래소

분산투자는 투자의 덫인 변동성을 관리해준다

한두 개 시가총액 상위종목에 집중투자해 놓고 대형우량주에 투자했으니 이제 변동성에 대해서는 큰 걱정을 하지 않아도 된다고 한다면 얼마나 투자가 쉽겠는가? 그러나 현실은 이러한 환상과는 거리가 멀며, 대형주라 할지라도 하나의 기업인 이상 수많은 비체계적 리스크에 직면할 수밖에 없는 것이 냉정한 자본주의 생리이다.

따라서 변동성을 관리하는 유일한 수단은 업종별, 기업별로 다양하게 분산투자를 하는 길 이외에는 사실 특별한 대안이 있을 수 없다. 2003~2004년 우리나라 반도체 업체들의 실적 전망이 이렇게 가라앉을 것을 누가 예측할 수 있었겠는가? 2005년 이후 진행된 이른바 구경제주의 반란(정보통신 등 IT주에 비해 철강, 조선, 기계업종 등이 압도적으로 높은 수익을 내는 현상)을 2004년에 제대로 예측해서 투자할 수 있었던 투자자가 과연 몇 명이나 됐겠는가? 최소한 개인투자자 중에는 그러한 혜안을 가진 투자자의 수는 그리 많지 않았을 것이다.

다양한 업종에 분산투자를 해놓는다면 특정 업종의 전망이 상대적으로 매우 어두워지거나 좋아지더라도 충분히 대처가 가능하며, 위험대비수익률도 개별종목에 비해서는 상당히 높을 가능성이 높다. 분산된 포트폴리오를 보유하는 길만이 개별기업에 대한 투자위험을 관리하는 방법이라는 점을 다시 한 번 강조한다.

증권선물거래소에 따르면 투자주체별로 봤을 때 개미들의 매매비중이 높으면 상장주식회전율이 높게 나타난다. 지난해 개미들의 매매비중은 51.25%다. 절반을 넘지만 2000년 들어 가장 낮은 수준이다. 상장주식회전율도 286.23%로 2000년 이후 가장 낮다. 상장주식회전율이란 상장주식이 일정 기간 동안 몇 회전했는가, 다시 말해 주인이 몇 번 바뀌었는가를 나타내는 지표다. 2000년 이후 개미들이 유일하게 순매수를 했던 2002년 상장주식회전율은 881.01%나 된다. 주인이 1년 사이에 8.8번 바뀐 셈이다.

-2007년 9월, 〈서울신문〉

주식에 투자하기 위해서는 두 가지 리스크, 즉 체계적 리스크와 비체계적 리스크를 동시에 관리할 수 있어야 한다고 말했다. 체계적 리스크(Systematic Risk)는 인플레이션, 금리, 유가, 환율 등 시장 자체가 갖는 위험을 말하며 비체계적 리스크(Unsystematic Risk)는 특정 기업이 갖는 위험을 뜻한다. 시장의 흐름이나 변화와 관계없이 해당 기업의 실적이나 이슈에 따라 주가가 변동하여 체계적 리스크에 비해 해결할 수 있는 방법이 간단하다. 분산투자를 통해 해당 기업이 갖는 비체계적 리스크를 보완할 수 있는 다른 종목에 투자를 하면 되기 때문이다.

그렇다면, 분산투자를 통해 극복할 수 없는 체계적 위험은 어떻게 극복해야 할까? 여기에 대한 해답은 의외로 간단하다.

효율적으로 잘 구성된 포트폴리오를 매수한 후 이 포트폴리오들이 적정한 가치에 도달할 때까지 보유하고만 있으면 되는 것이다. 반면, 단기매매의 경우 비체계적인 위험은 물론 체계적인 위험을 관리하는 수단도 될 수 없다. 거래가 증가하면 증가할수록 세금 등 제반 비용이 들어갈 뿐 아니라 무리한 손절매 등으로 발생하는 기회비용 또한 매우 크기 때문이다. "좋은 포트폴리오를 매수하여 은퇴할 때까지 들고 가라."라는 전략은 매우 단순하지만 가장 효과적인 투자전략이 될 수도 있다.

2010년을 위한 포트폴리오

이번 장에서는 체계적 위험과 비체계적 위험을 제어하면서 중장기적인 포트폴리오를 구성하기 위한 종목 제언을 하고자 한다.

2010년형 포트폴리오 선발을 위한 네 가지 조건은 실적, 가격, 환경, 가격 결정력이다.

그림37 2010년형 포트폴리오 선발을 위한 네 가지 조건

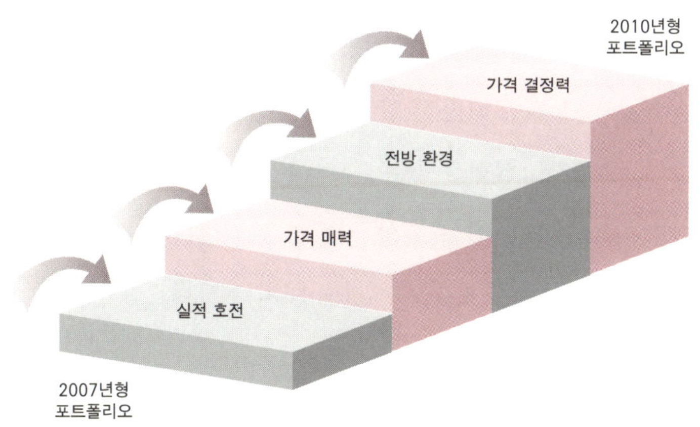

실적은 서류전형이다!

2008년 실적 프리테스트(Pretest) : 1분기 실적 발표

2008년 들어 미국을 포함한 글로벌 경기가 신용위기라는 녹록지 않은 상황에 직면하면서 주식시장의 출구조사 결과(당사 애널리스트 추정치)는 눈높이를 일정 부분 낮추어놓은 상태였지만, 막상 실제 개표 결과는(1분기 실적 발표) 예상치를 상회하고 있다. 2008년 4월 22일까지 실적 발표를 한 당사 커버리지 기업 중에서 금융사를 제외할 경우 총 14개 기업 중 11개 기업이 예상을 상회하는 실적을 발표했다.

증권주를 비롯한 금융주 실적은 예상보다 다소 저조하게 나타나고 있다. 또한, 금융주 실적과 관련해서는 앞으로도 비슷한 수준, 즉 그다지 만족스럽지 않은 실적 발표가 이어졌다. 하지만, 미국의 실적 발표 상황을 보면 이미 금융주에 대한 기대치는 크게 낮아져 있고, 이로 인해 금융주의 실적 부진이 시장에 미치는 영향은 크게 축소된 상황이다. 이런 점에서 국내 금융주 실적 발표를 따로 떼어놓고 중립업종별로 살펴보면, 환율수혜와 전방 사업의 호전으로 탄력을 받고 있는 IT 대표주들이 좋은 실적을 발표했다. 여기에 구 주도주격인 철강, 화학도 호조세를 보이고 있어 조선, 자동차 등이 실적호전에 힘을 보탠다면 2008년 첫 실적 발표는 시장의 기대치를 상회했다고 할 수 있다.

● **국내 기업 2008년 1분기 실적 발표 결과** (금융사 제외)

코드	종목	실적 예상치(억 원)		실적 발표치(억 원)		증가율(%)	
		매출액	영업이익	매출액	영업이익	매출액	영업이익
A000210	대림산업	11,515	740	11,443	797	-0.6	7.7
A005490	POSCO	58,771	11,621	60,662	12,737	3.2	9.6
A006360	GS건설	13,326	1,019	12,379	1,032	-7.1	1.3
A009240	한샘	1,038	36	1,026	63	-1.1	75.6
A034220	LG디스플레이	40,119	7,675	41,820	9,480	4.2	23.5
A036930	주성엔지니어링	465	62	390	16	-16.2	-73.6
A039130	하나투어	613	137	582	133	-5.0	-3.2
A051910	LG화학	30,964	2,749	34,481	3,788	11.4	37.8
A066570	LG전자	63,969	3,320	69,272	5,642	8.3	69.9
A072870	메가스터디	470	147	491	163	4.3	10.9
A004150	한솔제지	2,848	170	3,035	185	6.6	8.7
A010060	동양제철화학	3,667	603	4,085	826	11.4	37.1
A010950	S-Oil	46,115	2,631	48,663	3,197	5.5	21.5
A015940	LG데이콤	3,564	580	3,729	558	4.6	-3.7

* 자료 : FnGuide

본 게임, 중장기 실적과 주가 모멘텀은 동행한다

실적호전은 주가상승의 기초 양분이다. 주식시장을 주도하는 대표주들은 강력한 '실적 턴어라운드'를 어김없이 동반해왔기 때문이다. 2007년 굴뚝주들의 '즐거운 반란'으로 표현되었던 구 주도주(조선, 기계, 철강)의 상승과 올해 주도권을 확보하고 있는 신 주도주(전기전자, 자동차)의 주가상승은 모두 이와 같은 실적과 주가와의 관계에서 어렵지 않게 설명할 수 있다. 이미 2007년에 구 주도주가 보여준 높은 주가상승은 실적개선의 강도와 주가가 밀접한 관계를 맺고 있음을 보여준다.

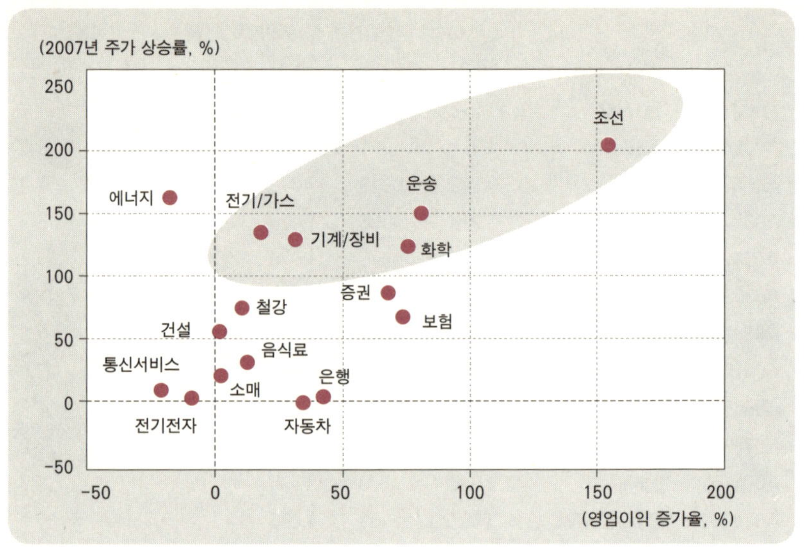

* 참고 : 자동차 업종은 현대차, 기아차, 현대모비스 평균 주가 사용
* 자료 : 증권선물거래소, 삼성증권

그렇다면, 2010년을 대비한 주도주는 무엇일까? 필자는 2008년부터 실적개선이 가능한 업종들로 전기전자 및 자동차에 주목하고 있다. 삼성전자뿐 아니라 LG전자 및 LG디스플레이 등에서 나타나고 있는 주가반등은 전기전자업종의 실적이 강하게 뒷받침되고 있기에 가능하다. 또 자동차업종의 경우, 이미 2007년부터 실적개선이 시작돼 환율수혜 및 해외시장 확대가 본격화되고 있다는 점에서 주가가 탄력을 받아 상승 모멘텀을 찾게 되면 주식시장의 주도주가 될 기본 자격을 갖췄다는 판단이다.

230

 2008년 주도주 주가 상승률 및 영업이익 증가율 (2007~2008 영업이익 증가율, %)

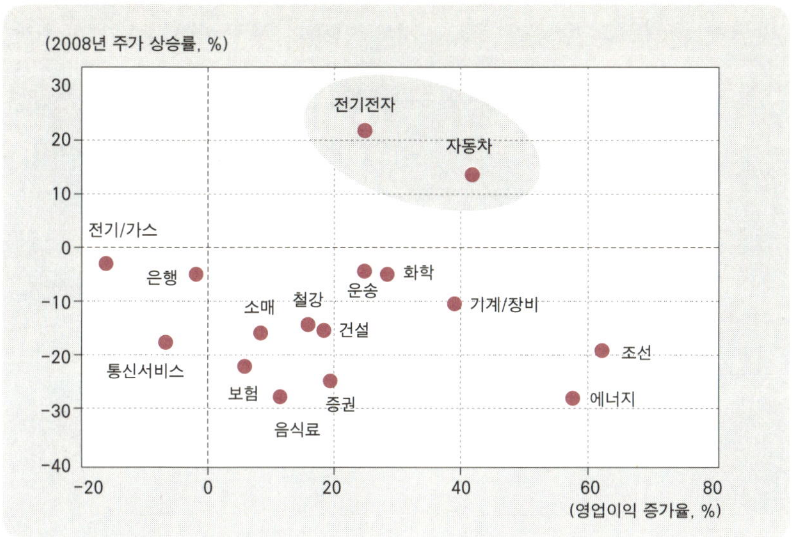

* 참고 : 자동차 업종은 현대차, 기아차, 현대모비스 평균 주가 사용
* 자료 : 증권선물거래소, 삼성증권

● 실적 호전 종목

코드	종목	영업이익증가율(%)	P/E(배)	P/B(배)	투자의견	목표주가(원)
A003550	LG	60.9	11.6	2.4	BUY	108,000
A066570	LG전자	90.6	12.0	2.8	BUY	135,000
A001300	제일모직	9.5	15.4	1.5	BUY	56,000
A000720	현대건설	35.6	25.4	3.9	BUY	110,200
A012330	현대모비스	8.8	8.2	1.5	BUY	120,000
A005380	현대차	42.1	9.7	1.2	BUY	104,000

* 참고 : 2008년 예상 실적 기준, 4월 23일 종가 기준
* 자료 : 증권선물거래소

　결론적으로, 우리가 선택하고자 하는 포트폴리오의 첫 번째 기준은 실적 턴어라운드를 바탕으로 하는 업종과 종목이다. 2007년 조선, 기계, 철강 업종이 그러했듯이 2008년에는 전기전자, 자동차, 건설업종에서 이러한 흐름이 이어지고 있다. 2009년 이후부터 실적 턴어라운드가 예상되는 업종과 종목을 통해서 주도주를 선점해보자.

가격은 손님을 부른다

"가격은 손님을 부른다."

이 말은 가격만큼 소비자들의 지갑을 쉽게 열 수 있는 방법은 없다는 말이다. 견조한 실적과 내재가치와 같이 기본적인 상품성을 보유하고 있는 제품(주식)이라면 저렴한 가격(주가) 중심으로 쇼핑 목록을 짜는 것이 당연하다. 가격매력을 보유한 주식은 크게 낙폭과대주(주가 측면), 그리고 보유한 가치에 대비한 저평가주(밸류에이션 측면), 이렇게 두 가지로 구분할 수 있다. 업종별로 구분해보면, 전자는 철강, 조선, 기계, 해운으로 묶여지는 구 주도주이고 후자는 신 주도주인 전기전자와 자동차, 그리고 자산가치주 그룹이다.

낙폭과대주 – 세대교체의 시기

먼저, 낙폭과대주부터 살펴보자. 낙폭과대주는 주식가격이 떨어지는 폭이 심한데, 그만한 이유가 없을 때 사용되는 용어이다. 갑작스런 악재로 주가가 떨어지는 경우 이 같은 낙폭과대주가 발생한다.

낙폭과대주라는 동질감만으로 지수반등 시 동일한 기회를 얻을 수 있는 것은 아니다. 낙폭과대주는 먼저 이전과 다름없는 품질과 브랜드파워를 유지하고 있는지를 확인하는 '품질 재평가' 과정을 통과해야 한다. 이러한 의미에서 2008년 들어 상대적으로 부진한 성과를 보였던 차이나플레이 주는 이전처럼 동조화되며 변화 및 세대교체가 진행될 것으로 전망된다.

그동안 차이나플레이 주는 중국의 인프라 구축과 무역량 증가의 직접적인 수혜를 입었던 조선, 해운, 철강, 기계 중심으로 1세대를 형성했지만 올 들어 중국 시장이 급격한 인플레이션 우려에 따른 긴축 정국과 내수시장 확대 정책과 같은 체질 변화가 진행되고 있음을 감안해야 할 것이다. 수주 모멘텀이 정점을 지나가고 있다는 우려가 작용하는 조선업종, 중국 긴축정책이 부담으로 작용할 수 있는 기계업종보다는 여전히 강력한 공급우위의 시장을 형성하고 있는 철강업종과 중국 소비시장의 확대와 위안화 절상의 수혜를 얻을 수 있는 업종(IT, 자동차, 차이나플레이 등)이 1.5세대로서 세대교체의 주인공이 될 것으로 전망된다.

따라서 현재 단기적인 주가하락을 경험하고 있는 낙폭과대주에 대한 투자는 올해 실적과 전방 환경이 우호적인 종목 중심으로 옥석을 가리는 것이 중요하다.

주가하락률 (2007년 11월 1일 ~ 2008년 8월 5일)

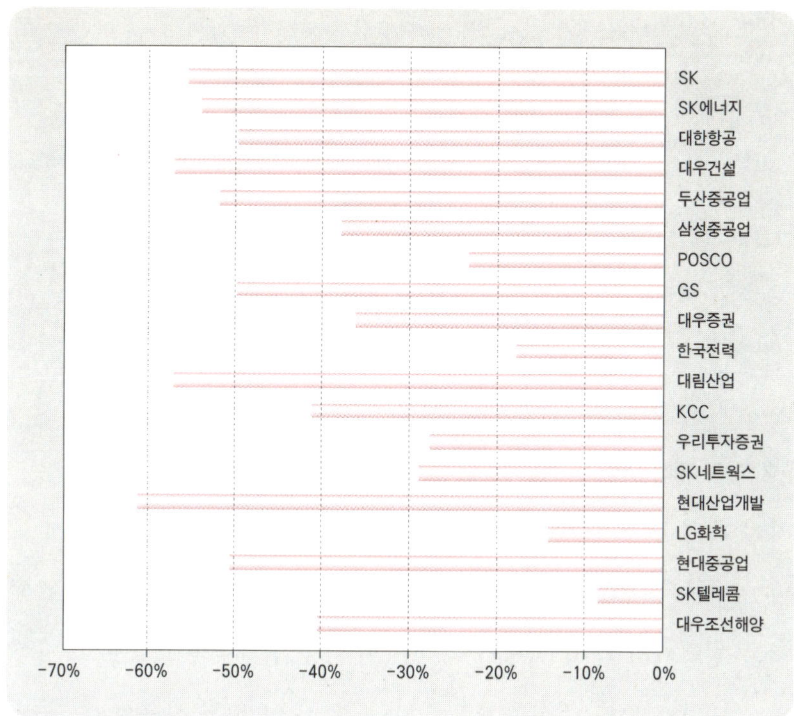

* 참고 : KOSPI50 중 하락률 상위 20개 종목, 2007년 4월 23일 종가 기준
* 자료 : 증권선물거래소

차이나플레이주의 세대교체

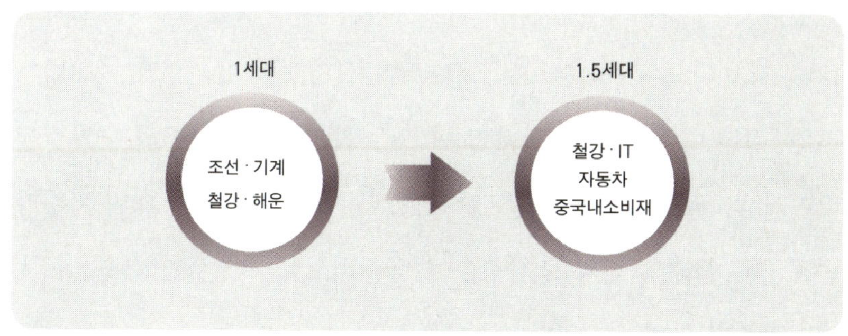

종목	지수고점 대비 주가하락률	삼성증권 투자의견	삼성증권 목표주가(원)	PER
POSCO	-22.17%	BUY(L)	760,000	8.18
한화	-57.33%	HOLD(M)	54,500	8.03
대림산업	-55.79%	BUY(M)	131,000	8.55
한국타이어	-19.56%	BUY(L)	18,000	14.75
오리온	-28.50%	BUY(H)	260,000	21.71

* 참고 : 2007년 11월 1일~2008년 8월 5일 주가하락률
* 자료 : 증권선물거래소

가치 대비 저평가 – 잘나가는 놈과 숨은 진주

가치 대비 저평가주에서 언급하는 가치는 '영업가치'와 '자산가치'로 나눠서 볼 수 있다. 이를 간단하게 수치적인 접근으로 확인하기 위해서는 영업가치 대비 저평가 주식은 주당순익 개념의 P/E로서, 자산가치 대비 저평가 주식은 주당순자산 개념인 P/B를 사용할 수 있다. 2003년 이후 이어진 주식시장의 장기상승으로 주가 수준이 크게 높아졌음에도 불구하고 밸류에이션 면에서 매력적인 주식들은 여전히 풍부하게 시장에 존재한다. 저평가 종목군의 특징을 보면, 영업가치 대비 저평가 종목군에는 올해 큰 폭의 실적 턴어라운드가 기대되는 소위 '잘나가는' IT와 자동차업종이 위치하고 있어 여전히 추가적인 주가상승 매력이 남아 있음을 알 수 있다. 또한, 자산가치 대비 저평가 종목군은 올해 실적과 주가상승이 상대적으로 저조했던 은행, 보험, 제지업종이 위치하고 있다.

● **밸류에이션 매력** (2008년 8월 5일 기준)

종목	투자의견	목표주가(원)	PER	PBR	EV/EBITDA
LIG손해보험	BUY(M)	29,000	8.20	1.27	
현대모비스	BUY(M)	130,000	7.48	1.54	5.84
한라공조	BUY(M)	12,300	8.94	1.28	6.31
한솔제지	BUY(M)	17,600	13.28	1.04	10.29
신한금융지주회사	HOLD(L)	53,000	7.20	1.22	
SK	BUY(M)	190,000	10.26	0.84	11.70
현대제철	BUY(M)	101,000	8.20	1.15	7.47
LG전자	BUY(M)	164,000	7.20	1.82	6.61

기업도 자라는 환경이 중요하다

유망 포트폴리오의 주인공이 될 수 있는 기본 조건인 '실적'과 '가격'을 먼저 살펴보았다. 이제부터는 실적과 주가의 상승을 견인하는 동력이 되는 전방 환경을 살펴보자. 기업을 둘러싼 주변 환경이 그 기업의 투자와 성장을 지배하는 중요한 요인이기 때문이다.

정부 정책의 변화 – 유동성 확대

국내적인 요인으로 정부 정책의 변화에 우선 주목해야 할 것이다. 새로운 정부의 등장으로 정치, 경제적인 중요한 변화가 진행되고 있기 때문이다. 4월 총선이 마무리되면서 더욱 구체적으로 모습을 드러내고 있는 정부의 정책기조는 경기부양 기조와 물가상승 제어에 무게중심을 두고 있다. 이러한 정부의 정책기조는 ①국토개발 확대, ②금융규제 완화, ③금리인하 가능성 증가, ④물가상승 압력 증가 등을 야기할 전망이고, 정부가 일정한 인플레이션을 용인한다는 점에서 실질금리 하락에 따른 자산가격의 인플레이션이 불가피할 것으로 전망된다. 신정부의 새로운 정책 환경에 따라 수혜를 받을 수 있는 기업들을 먼저 선점하는 것이 유리할 것이다. 신 정부의 정책 추진 과정에서 우선순위에 놓인 '국토개발 수혜주', '금융규제 완화 수혜주' 그리고 '교육 및 미디어주'에 주목한다.

종목	주요수혜예상정책	현재가 (원)	목표주가 (원)	PER
현대건설	국토개발정책 확대	59,900	90,200	16.62
한국가스공사	해외 자원개발 지원	78,000	99,000	12.85
SBS	미디어규제 완화	43,350	60,000	20.09
메가스터디	교육열 확대	250,700	323,000	28.74

* 참고 : 2008년 실적 기준, 4월 23일 종가 기준
* 자료 : 증권선물거래소

거시경제의 변화 – 고유가와 환율, 그리고 글로벌 인플레이션

국제유가가 고공권에 머물고 있다. 계절적인 요인에도 불구하고 유가의 상승이 좀처럼 멈추지 않고, 2008년 상반기 평균 유가가 배럴당 110달러를 기록했다. 이러한 유가의 강세는 ①달러 약세와 미국 금리 인하에 따른 투기자금 유입, ②OPEC 등 주요 석유 생산국의 타이트한 생산량 통제(혹은 자원민족주의), ③경기둔화 우려에도 불구하고 신흥시장과 선진시장의 탄탄한 중장기 수요가 원인이 되고 있다.

한편에서는 글로벌 경기둔화 우려가 가시화되면서 상품시장의 버블붕괴에 대한 경고가 들려오고 있지만, 당분간 구조적인 고유가 및 글로벌 인플레이션 시대를 대비할 필요가 있다. 정부 정책 수혜주에서 언급했던 바와 같이 에너지 개발과 대체에너지를 포함해서 필수소비재, 우량자산을 보유하고 있는 기업에 투자하는 것이 바로 그 방법이다. 또한, 올 들어 예상보다 빠르게 진행된 원화약세는 IT와 자동차 등 수출주에는 긍정적인 여건을 제공하고 있다.

좀 더 중장기적인 관점에서 우리 경제의 소득수준과 인구통계학적인 변화에 주목할 필요가 있다. 2007년 우리나라는 국민소득 2만 달러 시대를 돌파하면서 한 단계 높은 소비수준으로의 레벨업을 달성한 반면, 급속한 고령화시대로의 진입을 눈앞에 두고 있다. 베이비붐 시대를 지나 이미 고령화사회로 진입한 선진국들조차 미처 경험하지 못한 빠른 속도로 고령화사회에 진입할 것으로 예상되면서 우리 경제의 소비패턴과 생활문화에 큰 변화가 나타날 것으로 전망된다.

　　65세 이상의 고령인구가 전체 인구에서 차지하는 비중이 이미 14%(고령사회)를 넘은 다수의 OECD 국가에 비해 우리나라의 고령인구 비중은 9.9%(2007년)로 아직은 낮은 편이다. 그러나 문제는 고령사회와 초고령사회로 도달하는 속도가 세계에서 가장 빨리 진행되어 2050년에는 세계 최고령 국가가 될 것이라는 데 있다. 다음 표에서처럼 고령인구 비율이 7%에서 20%로 증가하는 데 걸린 시간은 프랑스가 154년, 미국이 54년인 데 반해 우리는 단 26년이 소요될 전망이다. 급속한 고령화시대로의 진입에 따른 환경, 레저, 의료, 금융 부문의 수요 확대에 주목해야 할 것이다.

구분	도달연도			소요시간(년)	
	7%	고령사회(14%)	초고령사회(20%)	고령사회	초고령사회
일본	1970	1994	2006	24	12
프랑스	1864	1979	2018	115	39
독일	1932	1972	2009	40	37
이탈리아	1927	1988	2006	61	18
미국	1942	2015	2036	73	21
한국	2000	2018	2026	18	8

* 참고 : 고령사회 65세 이상 인구 비중 14%, 초고령사회 65세 이상 인구 비중 20% 이상
* 자료 : 통계청 장래인구추계 결과

여기서 또 하나 알아두어야 할 사항이 있다. 바로 부의 효과이다. 부의 효과란? 자산가격이 상승하면 소비도 함께 증가하는 현상을 말한다. 자신이 투자한 주가가 오를 거라 예상하거나 곧 타게 될 적금에 높은 이자가 붙을 거라고 예상되면, 미래소득원이 늘어날 것을 예상하여 현재 소비에도 융통성을 발휘하게 되는 것이다. "주식도 올랐는데 이 정도 써도 되지"라는 심리인 것이다.

이와 반대된 개념으로 마이너스 부의 효과도 있다. 자산가격이 하락할 것을 예상해 저절로 지갑을 닫게 되는 걸 의미한다. 한국은행은 주식의 자산가격이 1,000원 하락하면 소비는 50원, 주택자산이 1,000원 하락하면 20원의 소비감소액을 보인다는 분석을 내놓기도 했다.

결국, 자산가격의 폭락은 소비를 위축시킬 뿐만 아니라 기업의 생산 및 투자를 위축시켜 전반적으로 경제에 악영향을 끼치게 된다.

갑자기 소비패턴의 변화에서 '부의 효과'를 거론하는 것은, 재테크로 인해 발생하는 자산가격의 변동이 당장은 개인의 소비에서, 나아가서는 경제 전반에까지 영향력을 행사함은 물론, 소비와 재테크 이 두 마리 토끼는 '별도의 방'에 존재하는 것이 아닌 '동일한 원' 안에서 존재하고 움직인다는 사실을 알려주기 위해서다.

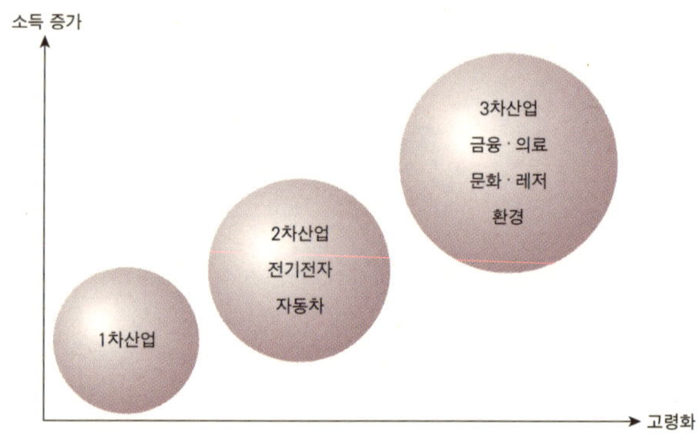

그림42 **고령화사회의 전망사업**

'기업이 왕'인 회사가 좋다

네 번째 조건 : 가격 결정력

이제 마지막 조건 한 개만을 남겨두었다. 전술한 바와 같이 2008년 들어 글로벌 경기의 흐름을 살펴보면, 상품 가격의 폭등과 금리상승, 달러 약세 등의 복합적인 요인에 의해서 제품 단가의 상승 압력이 높아지고 있는 상황이다. 간단히 업종 간의 연결고리를 짚어보면 유가의 상승 → 기초유분 가격 상승 → 석유 제품 가격 상승 → 전기전자제품 가격 상승으로 연결되거나, 철광석 가격 상승 → 열연^(냉연)제품 가격 상승 → 선박, 건축재료^(자동차) 가격 상승의 관계를 가지고 있다. 이러한 글로벌 인플레이션 압력이 높아지는 국면에서는 공급자우위의 시장을 형성함으로써 제품 가격의 결정권을 지배하는 기업에 투자하는 것이 유리하다.

부익부빈익빈

"Winner takes all."이라는 게임의 용어가 있다. 승자가 모두를 취한다는 의미로서, 기업들과 주식시장에도 적용되는 말이다.

치열한 경쟁구도에서 승리한 상위기업들이 공급자우위의 시장에서 일반적으로 가격결정권을 지배하기 위해서는 ①과점 형태의 시장지배력 보유, ②업계 내 구조조정에 따른 공급우위로의 전환, ③수요량 급증에 따른 수급부족이 발생해야 한다.

먼저, 과점 형태의 시장지배력은 주로 담배, 홍삼, 설탕, 밀가루 등 음식료, 인터넷과 같은 내수소비업종에서 나타나고 있는데, 신 정부 출범 이후 가격인상에 대한 규제 여부가 악재로 작용했으나 원자재 가격 인상과 같은 인플레이션 요인을 가격으로 전가시키는 데는 큰 무리가 없을 것으로 판단된다.

두 번째, 업계 내 구조조정이 성공적으로 이뤄진 부문은 철강을 들 수 있다. 철강업종은 글로벌 규모의 큰 틀의 M&A를 통해 공급량의 통제에 성공한 사례로 꼽을 수 있다. 현재도 진행 중에 있는 글로벌 구조조정은 자동차와 반도체업종에서 그 결실이 나타날 것으로 전망되고 있다.(GM과 포드자동차가 멈춰서면 어떻게 될까?)

마지막으로, 전방사업이 급속도로 성장하면서 수요 급증에 따라 자연스럽게 가격 결정력을 확보하고 있는 사례는 대체에너지와 비료주를 들 수 있다.

● **가격 결정력 보유 기업** (2008년 8월 5일 기준)

종목	업종	매출증가율(%)	영업이익증가율(%)	PER
POSCO	철강	34.07	44.59	8.18
현대제철	철강	45.13	34.68	8.20
오리온	음식료	5.43	22.38	21.71
KT&G	음식료	8.16	15.33	17.14
삼성전자	전기전자	16.02	30.96	11.30
동양제철화학	화학	57.98	273.4	15.16

* 자료 : 삼성증권

포트폴리오 재구성

이제 우리가 제시한 최고의 포트폴리오 종목으로 발탁되기 위한 네 가지 선발 기준인 '실적'과 '가격매력', '전방 환경 호전'과 '기업의 가격 결정력'에 부합하는 포트폴리오를 구성해보도록 하자.

철강·조선·해운·기계로 대표되는 구 주도주의 세대교체, IT·자동차로 압축되는 신 주도주의 비중 유지 그리고 전방사업의 호전과 개별적인 경쟁력을 보유한 업종과 종목 중심의 포트폴리오 재구성을 제안한다.

구 주도주(철강, 조선, 해운, 기계) – 세대교체

구 주도주가 오랜만에 반등에 나서고 있다. 중국 주식시장이 이미 큰 폭의 주가조정을 받았다는 점과 중국 경제의 중장기적인 성장성을 감안하면, 소위 '차이나플레이 주'에 대해서 지나치게 보수적인 시각을 가질 필요는 없다. 그렇지만, 전술한 바와 같이 중국의 폭발적인 인프라 투자 확대와 무역 확대에 따른 직간접적인 수혜를 받았던 철강, 조선, 기계, 해운이 대표하는 차이나플레이 1세대의 세대교체를 요구한다. 중국이 물가상승 우려로 긴축정책을 쉽게 내려놓지 못하는 반면, 위안화의 점진적인 상승을 용인하는 정책과 당분간 내수시장 확대 정책을 통해 성장동력을 유지하고자 할 것으로 보이기 때문이다.

● **국내 주요 기업의 중국 매출 비중 현황** (2008년 8월 5일 기준)

	업종	매출증가율(%)	영업이익증가율(%)	PER	중국매출 비중
현대자동차	자동차	10.18	36	8.96	7
한국타이어	자동차	11.94	0.02	14.75	34.87
LG전자	전기전자	16.93	230.31	7.20	4.5
삼성테크윈	전기전자	15.65	21.07	13.36	12.5
신세계	소매	6.89	10.85	16.65	19.3
오리온	음식료	5.43	22.38	21.71	19.7
아모레퍼시픽	기타	9.6	8.21	18.78	16.8

* 자료 : 삼성증권

2007년 강력한 수주 모멘텀을 보였으나 2008년은 정상적인 수주활동으로 회귀하면서 2007년 수주 실적 대비 50% 정도의 감소가 예상되는 조선업종은 업종 대표주 중심으로 종목 슬림화가 필요한데, 원화 약세와 조업 물량 증가로 1분기 실적이 호조세를 보일 전망으로, 비중 축소의 기회가 주어질 것이다. 중국의 긴축정책이 부담으로 작용하고 있는 기계업종도 전방 환경이 밝은 에너지 관련 종목 중심으로 반등 시 비중 축소를 제시한다. 그 빈자리는 여전히 강력한 공급 우위의 시장을 형성하고 있는 철강과 중국 소비시장의 확대와 위안화 절상의 수혜를 얻을 수 있는 IT, 자동차, 중국 내 소비업종이 대신하게 될 것이다.

부가적으로 국제유가 상승으로 오일머니의 맛을 본 중동 산유국 들의 설비투자 혜택을 볼 수 있는 해외건설업종 또한 눈여겨볼 대목 이다.

신 주도주(IT, 자동차) - 재평가는 계속된다

2008년 들어 IT와 자동차로 대변되는 신 주도주의 '브레이크 없는 질 주'가 계속되다가 미국 서브프라임 사태와 국제유가의 영향으로 주춤 거리고 있다. 하지만, 이들 업종은 실적호전과 가격매력 그리고 긍정 적인 사업 환경이라는 삼박자가 맞아 떨어지고 있기 때문에 서둘러 비중을 줄일 필요는 없다는 판단이다. 오히려 구 주도주의 영역이었 던 차이나플레이 주로 편입이 진행되고 있고, 무엇보다도 중장기적인 업황 턴어라운드가 예상되는 시점이라는 점에서 조선, 철강, 기계업 종이 지난 2~3년 동안 추세적인 주도주의 역할을 했던 것처럼 IT와 자동차가 2010년형 포트폴리오의 주도적인 역할을 수행할 여력은 충 분한 것으로 전망된다.

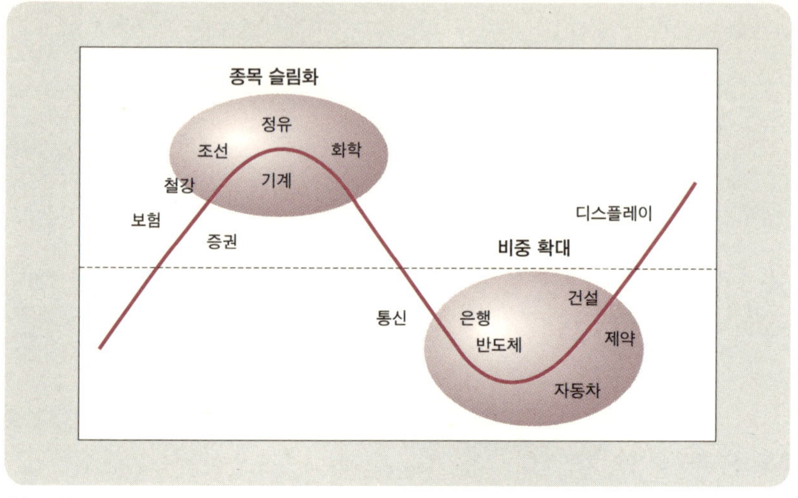

* 자료 : 삼성증권

건설, 금융, 에너지, 제약, 내수 - 이유 있는 선택

또한, 전방 환경이 호전되고 있는 업종과 가격 결정력을 확보해나가고 있는 종목 중심으로 접근할 필요가 있다. 단기적인 재료에 의한 상승이 아닌, 정부 정책과 거시경제적인 흐름의 변화, 인구통계학적인 구조적인 변화에 부합하는 기업들에게 중장기적인 기회가 주어지고 있기 때문이다. 정부의 개발정책과 금융규제 완화라는 정책적인 기회가 기대되는 건설과 금융·에너지·지주회사에 관심이 필요하고, 인플레이션을 극복할 수 있는 대안으로 내수주와 자산가치주, 그리고 가처분소득의 증가와 초고령화 사회로의 진입에 따른 사업기회 확대가 기대되는 제약·여행·환경업종의 대표주가 2010년형 유망 포트폴리오로서의 후보 자격이 있다.

● **2010년형 포트폴리오** (2008년 8월 5일 기준)

종목	업종	현재가(원)	목표주가(원)	P/E(배)	투자포인트
삼성전자	전기전자	567,000	765,000	11.30	실적, 전방 환경, 가격 결정력
LG	지주회사	63,800	129,000	7.78	실적, 가격매력, 전방 환경
현대자동차	자동차	69,900	104,000	8.96	실적, 가격매력, 전방 환경
현대모비스	자동차	87,500	130,000	7.48	실적, 가격매력
현대건설	건설	59,900	90,200	16.62	실적, 전방 환경
삼성화재해상보험	보험	200,000	290,000	17.11	실적, 가격매력, 전방 환경
신한금융지주회사	은행	47,400	53,000	7.20	가격매력, 전방 환경
SK에너지	정유	96,500	173,000	7.59	가격매력, 전방 환경
POSCO	철강	488,000	760,000	8.18	실적, 가격매력, 가격 결정력
LS	기계	74,200	97,000	5.91	실적, 가격매력, 전방 환경
제일모직	화학	50,600	64,000	14.39	실적, 전방 환경
오리온	음식료	217,000	260,000	21.71	가격매력, 가격 결정력

* 자료 : 삼성증권

정영완의
TOP-DOWN
톱다운 전략

1% 주식부자들의 이기는 투자법

변동성 관리

주식부자들은 '리스크관리'로 주식계좌를 단속한다

변동성 관리를 다섯 번째로 추가한 이유가 있다. 실제로 한국인 투자자들이 주식투자에 나서서 수익과 손해를 가져가는 데 있어 결정적으로 견인차 구실을 하는 게 바로 변동성 관리이며, 실제로 주식부자들이 꾸준히 주식계좌에 부를 쌓는 이유가 이 전략에 능통하기 때문이다. 중요한 전략이지만 일반인 투자자들이 가장 낯설어하면서도 힘들어하는 부분이라 투자 초기부터 크게 관심을 두지 않는 투자전략이 바로 변동성 관리이다. 그래서 이 책을 통해서라도 변동성 관리에 대한 중요성만이라도 파악할 수 있기를 바랄 뿐이다.

변동성(變動性)은 말 그대로 '변할 수 있는 성질'을 말한다. '주가의 변동성'에 대해 전문가들이 계속해서 주의를 주는 이유는 '변동성 관리'가 곧 '수익률 관리'가 되기 때문이다. 하지만, 두 개념을 별개로만 이해하여 크게 신경을 쓰지 않는 투자자들이 의외로 많다.

대체로 사람들은 처음 펀드나 주식투자를 결정할 때 '수익률에 대한 기대감'이 '리스크에 대한 부담감'보다 훨씬 크다. 하지만, 완전히 변동성에서 빗겨 나갈 수 없는 게 주식시장의 속성이기에, 변동성을 충분히 고려하지 않으면 투자자들은 계좌잔고를 보며 일희일비를 할 수밖에 없게 된다. 그래서 많은 전문가가 변동성의 공격으로부터 유연해지는 전략으로 분산투자를 권한다. 리스크를 상쇄시킬 수 있기 때문이다. 그렇다면, 변동성을 관리하는 전략으로 분산투자 이외에 다른 방법은 없을까? 물론 존재한다. 여기에서는 변동성 관리의 여섯 가지 방법(법칙)에 대해 알아보도록 하자.

갈대형 투자자의 빈 잔고

증권시장과 관련된 일을 하는 시장 참여자들은 아무리 하찮은 사건에 대해서라도 무엇인가 이유를 찾고 의미를 부여하려는 버릇이 있다. 예를 들어, 필자의 관점에서 볼 땐 외국인들의 투기적 선물매매가 불러온 프로그램매도가 지수하락의 주 원인임에도도 불구하고 굳이 시장의 하락 이면에는 'something special'한 무엇인가가 있다고 주장하는 것이다. 이렇듯 증시 관계자들이 시장의 움직임을 애써 설명하려 내놓는 수많은 이유 중 가장 보편적이고 고전적인 변명이 해외시장이다. 시장이 상승하는 이유가 중국 시장이 상승했기 때문이 되기도 하고 하락하는 이유는 인도 시장이 급락했기 때문이라는 것이다.

물론 해외시장의 움직임을 결정하는 어떤 변수들은 우리나라 시장의 수급과 펀더멘털에 큰 영향을 미칠 수 있기에 주의 깊게 대응할 필요가 있다. 예를 들어, 미국의 금리정책과 관련된 의사결정의 영향으로 미국 시장이 움직였다면 이것은 의미 있는 지표로 해석해야 할 것이다. 미국 중앙은행의 금리정책은 세계 자본시장을 떠받치고 있는 풍부한 국제유동성 및 더 나아가 미국인들의 소비성향에도 영향을 미칠 수 있기 때문이다. 비슷한 이유로 국제 유가의 움직임이 해외시장에 영향을 미쳤다면 이 또한 주의 깊게 살펴봐야 한다.

그러나 간혹 세계 주식시장 전반에 걸쳐 영향을 미칠 수 있는 변수들이 나타난다는 사실만을 가지고 세계시장의 움직임에 우리나라 시장이 일일이 반응해야 한다는 논리로까지 발전하면 곤란하다. 세계 주요 주식시장과 우리나라 시장과의 상관관계를 살펴보면, 대략 0.55~0.65 사이이다. 이 정도 상관관계라면 우리나라 시장으로 치자면 삼성전자와 포스코 혹은 삼성전자와 현대차 정도라고 볼 수 있다. 현대차와 포스코를 보유한 투자자 중 삼성전자의 세세한 움직임에 일일이 대응하며 매매를 하는 투자자는 거의 없을 것이다. 예를 들어, 삼성전자 가격이 1% 이상 하락했다고 해서 불문곡직하고 포스코를 매도하는 식의 매매를 하는 투자자는 거의 없다.

해외 주식시장의 움직임에 대한 과민한 대응이 쓸데없는 기회비용을 유발한 사례로는 2006년 2월과 2007년 11월에 있었던 중국 시장의 급락 사태였다고 할 것이다. 물론 한 나라의 주식시장이 하루에 9%나 하락했다면 가벼이 대응할 일은 아니다. 그러나 그 이전부터 중국 시장의 고평가와 관련된 논란은 있어왔으며 당시 시장 전문가들도 중국 정부의 유동성 축소 문제는 대부분 중국 자산가격의 과열억제

의지와 관련됐다는 관측을 내놓았던 바 있다. 즉 중국 시장이 하락하기는 했지만 "이것이 어떤 방식으로 우리나라 주식시장의 수급과 펀더멘털에 악영향을 미칠 수 있는가?"에 대한 해답은 불확실한 상황이었다. 그럼에도 불구하고, 그 다음 날 미국 시장마저 하락하자 투자자들은 모든 문제를 중국 탓으로만 돌리며 주식을 매도하기 시작했고, 그 결과는 단기간의 100pt 조정으로 나타났다.

물론 일부 현명한 투자자들은 그 기회를 활용하여 그동안 매수하지 못했던 실적호전 대형주들을 편입했을 것이다. 또한, 얼마 지나지 않아(필자의 의견으로는 당연히) 중국 시장의 단기조정이 세계 주식시장의 급락으로 이어지는 시나리오가 설득력을 잃어버리기 시작하면서 시장은 매우 빠른 회복세를 보였다. 물론, 대부분의 투자자들은 언제 자기가 중국 시장을 외면했냐는 듯이 "해외펀드에 들고 싶은데 중국으로 해주세요."라며 마치 '해외펀드 = 중국펀드'라는 인식을 심어놓고, 중국펀드로의 쏠림현상을 가속화시키기도 했다. 어제는 기억나지 않고 화창한 오늘만 기억하고 있는 투자자들의 일희일비 투자 패턴이 고쳐지지 않는다면 부자가 되는 길은 영원히 먼 길일 수밖에 없다.

주식시장에는 시장의 장기적인 상승추세를 믿고 저평가된 자산에 투자를 하는 투자주체가 있는 반면, 장기적인 추세나 투자하는 자산의 가치에 대한 고려는 없이 시장의 추세에 편승한 단기차익을 노리는 투자주체들이 아직도 존재한다. 가장 대표적인 장기투자인 연기금 등이 전자에 속하는 장기투자자이고, 개인투자자들이 중심이 된

단기매매자들은 후자의 경우라고 할 수 있다. 비록 단기투자자가 아니더라도 시장의 이슈에 민감하게 반응하여 돈을 넣었다 빼었다 하는 식의 갈대형 투자자들도 좀 더 자신의 투자기준을 명확히 해둘 필요가 있다.

갈대형 투자자들은 시장이 잠잠해도 언제나 움직일 준비를 하고 있다. 갈대는 약간의 바람만 불어도 전체가 흔들리는 본질적인 모습을 지녔기 때문이다. 필자는 그들의 잔고가 좀처럼 불지 않는 이유로 '갈대심리'를 최우선으로 꼽을까 한다. 이에 반해 장기투자자들은 시장의 장기상승추세에 대한 확신을 가지고 있는 한 해외시장의 움직임에 흔들릴 이유가 없다. 해외시장에 영향을 미치는 무수한 변수들 중 실제로 우리나라 주식시장의 장기적인 펀더멘털에 악영향을 미칠 정도의 큰 재료는 웬만해서는 나타나지 않기 때문이다.

첫 투매 결정

증권시장에 일을 하게 되면 예기치 못한 뉴스가 떨어지는 날에는 모든 업무를 중지시키고 이 떨어진 폭탄이 어떤 놈인지, 과거 전과가 있는지, 장기적으로 증시환경에 영향을 미칠 것인지를 두고 파악하느라 정신이 없다. 각종 미디어에서 인터뷰 요청이 들어올 것을 대비하여 관련 리포트 작성에도 소홀할 수 없다. 이처럼 증권맨의 하루를 정신없게 만드는 뉴스 중에 대표적인 것을 뽑으라고 하면, 바로 북한의 핵미사일이다. 주식시장의 가장 큰 화두로 북한의 미사일 발사가 떠올랐던 적이 있다. 예상하지 않았던 상황에서 터진 사태였기 때문에 장 초반에는 낙폭이 커지기도 했지만 결국 시장에 충격을 줄 만한 큰일은 일어나지 않을 거라는 전망이 설득력을 얻으면서 투자심리는 안정되며 장을 마쳤었다. 남북한이 통일되는 경이로운 사건이 일어나지 않는 이상 북핵은 언제든지 장을 흔들 수 있는 변수이므로 빠뜨릴 수가 없어 이렇게 책을 통해 몇 자 필자의 생각을 적어본다.

장 초반 투매 시 동참했던 투자자들은 어땠을까? 아마 그들로서는 다소 의외의 결과라고 생각할 수도 있을 것이다. 증권시장에 참여하다 보면 이렇듯 생각지도 못했던 위기상황에 직면하는 경우가 분명히 있는데, 그때 상황에서 순간적으로 어떻게 대응하느냐에 따라 투자자들의 희비가 엇갈린다. 국가에 위기상황이 닥치면 바로 주식시장에 직격탄이 날리게 된다. 그렇다면, 몇 가지 역사적 사건을 들어 주식시장에서 위기상황에 대처하는 자세를 알아보도록 하자.

대통령이 암살당한다면?

과거, 대통령 탄핵 사태가 났던 순간에도 우리나라 주식시장이 큰 충격을 받은 일이 있었다. 국가의 최고 통수권자 자리가 공석이 된다면 국방과 외교 등 주요 사안에 대한 의사결정 자체가 마비돼버리는 상황이 발생할 수도 있다는 우려가 사회 곳곳에서 불거져 나왔었다. 그렇다면, 국가수반인 대통령이 탄핵된 정도가 아니라 아예 살해된 상황이라도 발생한다면 주식시장은 어떻게 반응할까? "돌발악재가 나오면 무조건 첫 투매에 동참하라."라는 증시 격언을 신봉하는 투자자들에게는 납득이 가지 않을 수도 있겠지만, 1963년 11월 케네디 암살 소식이 전해지고 난 후 크게 하락했던 주식시장은 그 다음 날부터 반등을 거듭하여 6개월 후에는 15% 이상까지 상승하였다. 이렇게 된 이유를 깊게 생각해보면 충분히 이해가 간다. 케네디는 열심히 일하는 대통령이라는 점은 부정할 수 없지만 경제적인 관점에서 볼 때 성공적인 대통령이었다고 말할 수도 없었다. 더욱이 다른 대통령에 비해 친기업적인 인물도 아니었으며 혼자서 모든 걸 결정하고 책임을 지는 카리스마 넘치는 인물도 아니었다.

즉, 케네디가 암살당한 사건은 슬픈 일이라는 점은 분명하나 그가 없어졌다고 특별히 경제적으로 입을 타격이 크지도 않았던 것이다. 때문에 한 나라의 대통령이 살해되었다는 역사적인 사건 앞에서도 미국 주식시장은 매우 쉽게 위기상황에서 반등을 꾀할 수 있었던 것이다.

 케네디 대통령 암살 전후 미국 주가흐름

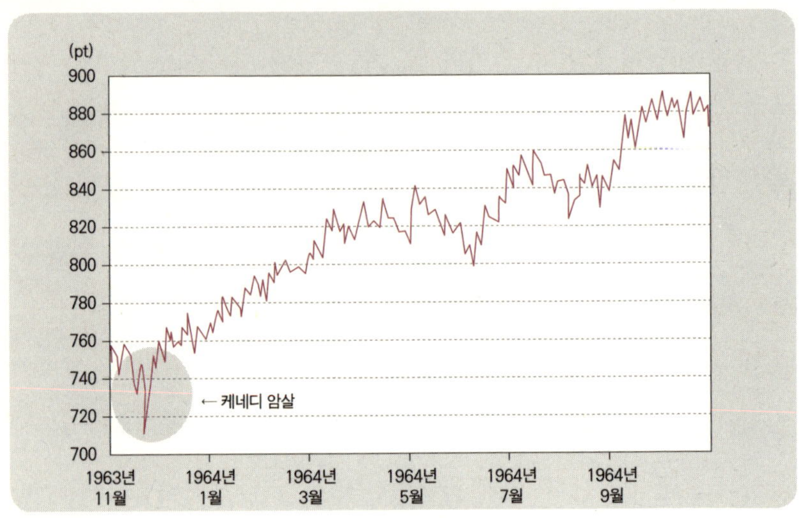

* 자료 : 블룸버그

정말로 핵전쟁이 난다면?

일부 투자자들은 대통령 암살이 진정한 위기상황이라고 말할 수는 없
다고 주장할 것이다. 그렇다면, 핵전쟁은 어떨까? 1962년 10월 18일
부터 29일 사이, 카리브해의 작은 국가인 쿠바를 중심으로 미국과 소
련은 전쟁 상황까지 고려할 수 있는 정도로 극단적으로 대립한 일이
있었다. 당시 미국 군부 내 강경파들은 쿠바 내 미사일 기지에 대한
선제 폭격까지 주장했다는 기록이 남아 있을 정도이다(만일 진짜 폭격이
단행됐다면 소련인의 희생이 있었을 가능성도 배제할 수 없으며 최악의 경우 핵전쟁도 생각할
수 있는 긴박한 국면이었다.)

그림44 **쿠바 미사일 위기 전후 미국 다우지수 추이**

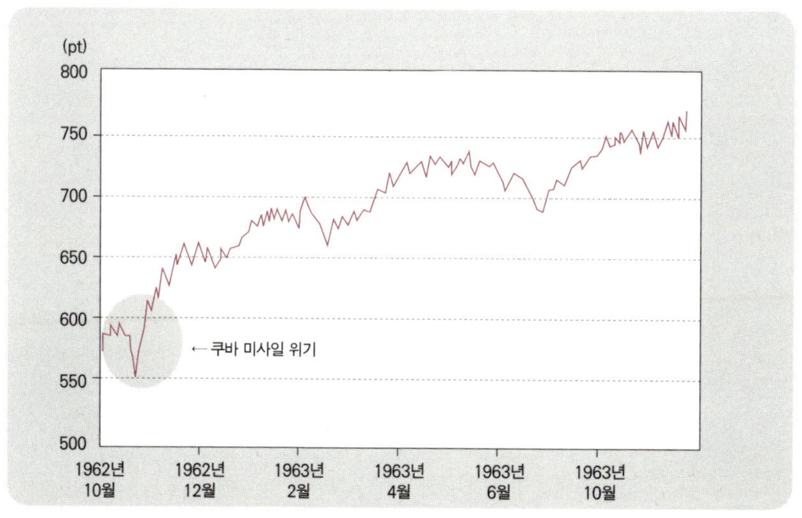

* 자료 : 블룸버그

그러나 예상과는 반대로 위기상황에서는 다소 하락했던 미국의 주가는 위기가 수습된 직후부터 상승하기 시작하여 1년 뒤에는 30% 이상 상승했다. 이 또한 당시 미소 양국의 관계를 조금만 생각해본다면 충분히 이해가 가는 현상이다. 과거 베를린사태 때도 양보의 길을 선택했던 미소 양국이 쿠바라는 나라를 사이에 놓고 전쟁이라는 극단적인 선택을 하지는 않을 거라는 투자자들의 기대를 반영한 결과였다.

주변 국가가 부도난다면?

그렇다면, 정치적인 사건이 아닌 경제적인 충격에 대해서 미국 시장은 어떻게 반응했을까?

특히 한 기업이 아닌 막대한 채권관계를 가지고 있고 주요 무역상대국이기도 한 국가들이 줄줄이 부도위기에 빠졌다는 뉴스를 들었다면 당장 가지고 있는 주식을 다 팔아야 하지 않을까?

그림45 **주변국 외환위기 전후 미국 다우지수 추이**

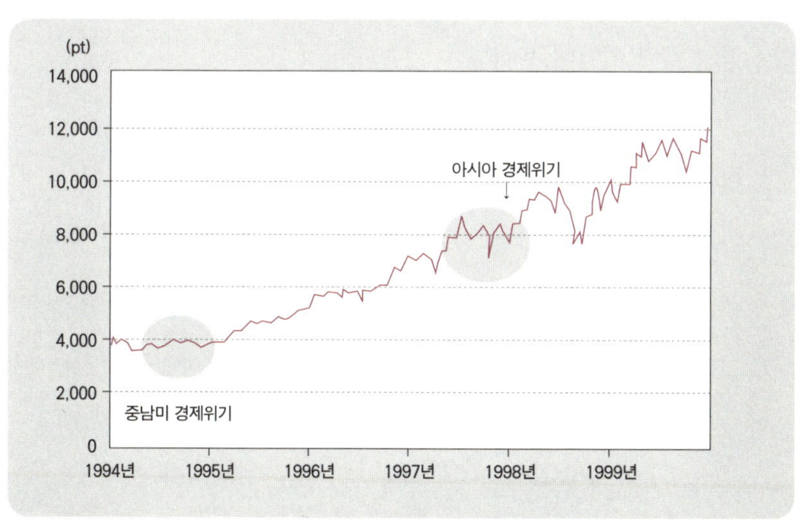

* 자료 : 블룸버그

대체로 일회성으로 끝나는 정치적, 지정학적 리스크에 비해 '주요 무역상대국의 외환위기'라는 사태는 해결되기까지 상당한 시간과 자금투입이 필요하다. 경우에 따라서는 시장에 장기적인 악재로 작용할 가능성도 크다. 주가가 단기적으로 타격을 받을 수도 있기 때문에 "첫 투매에 동참하라."라는 격언을 따른 투자자들은 얼마간의 추가적인 하락이 있기 전에 현금화하는 행운을 잡을 수도 있을 것이다. 그러나 중장기적으로 볼 때 '연쇄적인 국가부도 사태'라는 충격도 선진국들의 협력과 해당 국가들의 자구 노력으로 인해 결국 수급 국면으로 접어들었고, 일단 위기가 해소 국면에 도달했다는 시장의 공감대만 형성된다면 주가는 위기 이전의 수준을 뛰어넘는 강한 회복을 보이기도 했다. 따라서 첫 투매에 동참하는 데 성공했더라도 '바닥에서 재매수하는 타이밍'을 놓치게 된다면 중장기적으로는 매우 큰 기회비용을 감수할 수밖에 없었던 셈이다.

일어난 상황을 정확히 모른다면 첫 투매에 동참해서는 안 된다. 필자가 증권시장에서 가장 먼저 들었던 격언 중 하나가 "첫 투매는 동참하라."였다. 물론 투기적 개별종목에 대한 기술적 매매 혹은 미수금 등 레버리지를 사용한 단기매매에 나서는 투자자들에게는 나름대로 유용한 격언일 수도 있다. 그러나 이 격언은 잘 분산된(well diversified) 포트폴리오를 보유한 중장기적 관점의 투자자들에게는 장기수익률에 득이 되기는커녕 치명적인 손실을 안겨줄 수도 있는 격언이라는 점을 강조하고 싶다.

　시장이 예상치 못했던 위기상황에 직면한다면 투자자의 심리는 극단적인 방향으로 흘러가기 마련이다. 여기에 투기적 거래자들의 손절매 물량까지 나오면서 단기적으로 시장의 방향은 걷잡을 수 없는 방향으로 치닫게 될 가능성도 높아진다. 이러한 일은 크지 않은 변수를 '확대 재해석'하는 못된 습관을 지닌 증권시장의 속성을 고려할 때 필연적인 현상이기도 하다. 하지만, 단기적인 패닉 심리를 수습하기만 한다면 투매에 동참한 투자자들이 다시 재매수할 시간도 주지 않고 주식시장은 재상승해버리기 십상이다. 자신이 보유한 포트폴리오가 잘 분산되어 있고 신용 포지션도 없으며 중장기적 관점에서 기다릴 의사도 충분히 있는데 단순히 남이 옆에서 판다고 자신의 소중한 주식을 따라 파는 투자전략은 장기적으로 좋은 결과를 기대하기 힘들다. 만일 자신이 현 사태의 진행과정과 영향력을 명확히 파악하지 못하겠다면 주변 투자자의 움직임에 부화뇌동하기 이전에 시장 전문가들의 코멘트가 나오기를 기다린 후 대처방안을 결정하기를 권한다.

기간별 원금손실 비율

많은 개인투자자가 발 빠른 손절매를 동반한 단기매매를 통해 투자 리스크를 관리할 수 있다고 생각한다. 보유종목의 주가가 더 하락하기 전에 미리 팔아놓고 나중에 주가가 충분히 하락한 후 매수한다면 같은 금액으로 보다 많은 수량의 주식을 보유할 수 있기 때문이다. 이 이론이 성립하기 위해서는 다음의 세 가지 필수적인 전제조건이 필요하다.

1   어느 종목의 주가가 단기적으로 상승하고 하락할지를 미리 알고 있어야 한다.

2   해당 종목의 주가가 충분히 하락한 이후 저점을 예측하여 가격이 상승하기 전에 매수할 수 있어야 한다.

3   이렇듯 단기적인 고점과 저점을 비교적 정확히 잡아내는 일을 한

두 번이 아니라 지속적으로 할 수 있어야 한다.

그러나 20년여에 걸친 현장경험을 통해 볼 때 대부분의 개인투자자는 물론이고 소위 프로급 투자 전문가들 중에서도 이 세 가지 전제조건을 충족시킬 수 있는 전문가는 아직까지 만나보지 못했다. 왜냐하면, 필자가 주로 접하는 사람들은 주식투자자나 주식투자 관련 전문가 등 금융시장과 관련이 있는 사람들이며 미래에 발생할 일을 예측하는 역술인들과는 그리 큰 친분이 없기 때문이다.

단기매매는 체계적, 비체계적 리스크를 관리하는 수단이 될 수 없을 뿐 아니라 오히려 투자의 위험을 더 확대시킬 수 있다. 단기투자자는 정의상 장기적인 추세나 투자하는 자산의 가치에 대한 고려보다는 시장의 추세에 편승해 단기차익을 노리는 투자주체들이 대부분이다. 반면, 장기투자자들은 시장의 단기적인 추세나 투자심리 변화와는 큰 상관없이 펀더멘털이 양호한 종목들로 구성된 포트폴리오를 매수하여 적정 가치에 도달할 때까지 보유하는 투자자들이라고 할 수 있다.

따라서 장기투자자들은 시장의 장기상승 추세에 대한 확신을 가지고 있는 한 단기적인 투자심리 변화에 흔들릴 이유가 없다. 주식시장의 단기추세에 영향을 미치는 무수한 변수 중 막상 우리나라 주식시장의 장기적인 펀더멘털에 악영향을 미칠 정도의 큰 재료는 웬만해서는 나타나지 않는다. 이는 삼성전자의 주가에 영향을 미치는 수

많은 변수 중 현대차의 주가에까지 영향을 미치는 변수는 일부에 지나지 않는 것과 같은 논리이다. 반면, 단기투자자들은 변수의 대부분이 시장의 장기적인 펀더멘털에 큰 영향을 미치지 못한다는 점을 알면서도 단기적 추세나 투자심리 변화에 대한 대응을 강요당할 수밖에 없다. 단기투자자들이 대응해야 하는 변수는 사실상 장기적인 가치가 아닌 시장의 일시적인 수급이며, 투자심리의 어떠한 미세한 변화도 시장의 일시적인 수급에 영향을 미칠 수 있기 때문이다.

이러한 측면에서 보면, 연기금과 같은 장기투자자들은 단기투자자들이 눈물을 머금고 지불하는 기회비용을 먹고 살아간다고 볼 수도 있다. 단기투자자들의 투자심리를 흔들리게 하는 혹은 그들의 손절매를 유발시키는 모든 단기악재들이 장기투자자들에게는 절호의 매수 기회로 작용한다고 할 수 있다. 흔히들 주식투자를 제로섬게임이라고 표현한다. 누군가가 죽어도 내가 살아남을 수 있는, 결국 영원한 승자도 패자도 없는 게임인 것이다. 이러한 제로섬게임의 룰과 생리를 모르는 투자자라면 절대로 승자가 될 수 없을 것은 자명한 일이다.

상식적으로 생각해보자. 막대한 자금력과 정보력을 가지고 있고 시장이 정상추세를 회복할 때까지 기다릴 충분한 용의를 가지고 있는 연기금 등 장기투자자들과 투자심리에 영향을 미칠 수 있는 모든 변수와 싸워야 하는 단기투자자들 간의 대결의 결과는 뻔할 수밖에 없다. 이 모든 것들이 충분히 알려졌음에도 불구하고 아직까지 많은 개인투자자는 초단기매매가 자산증식의 수단이 될 수 있다고 생각하고 있다. 그러나 단기투자 심리에 영향을 미칠 수 있는 모든 변수에 대응해야 하는 초단기 매매자들이 불필요한 기회비용의 발생으로부터 자신을 보호할 수 있는 방법은 그리 많지 않다. 좀 더 간결하고 직설적으로 얘기하면 단기투자자는 돈을 절대 벌 수 없음을 밝혀둔다.

그렇다면, 장기투자자들도 어차피 가격하락이라는 위험은 회피할 수 없는 것이라는 반론이 나올 수 있을 것이다. 생각해보면 위험자산의 대표격이 바로 주식인 만큼 누구나 이런 생각을 할 수 있을 것이고, 2000년 초반 이전 20년간 이어져온 500~1,000pt의 박스권을 경험한 투자자라면 더욱더 장기투자의 성공 스토리에 대해 의심을 할 것이다. 그러나 장기투자자들은 시간이라는 친구를 가지고 있으며 2004년 이후에는 장기추세라는 친구마저 덤으로 얻었다. 우리나라 시장의 장기추세에 대해서는 이미 앞에서 많이 언급했으므로 여기에서는 왜 시간은 장기투자자들의 편인지에 대해 알아보도록 하자.

🎵 코스피 투자 시 입을 수 있는 기간별 원금손실

많은 개인투자자가 오해하는 바와 완전히 반대의 결과이지만, 주식에 오래 투자할수록 원금손실의 가능성은 줄어들며 오히려 단기매매는 원금손실의 가능성을 크게 증가시킨다. 여기서 말하는 주식은 우량종목으로 이루어진 잘 분산된 포트폴리오를 뜻하며 개별종목은 아니라는 점을 다시 한 번 밝혀둔다.

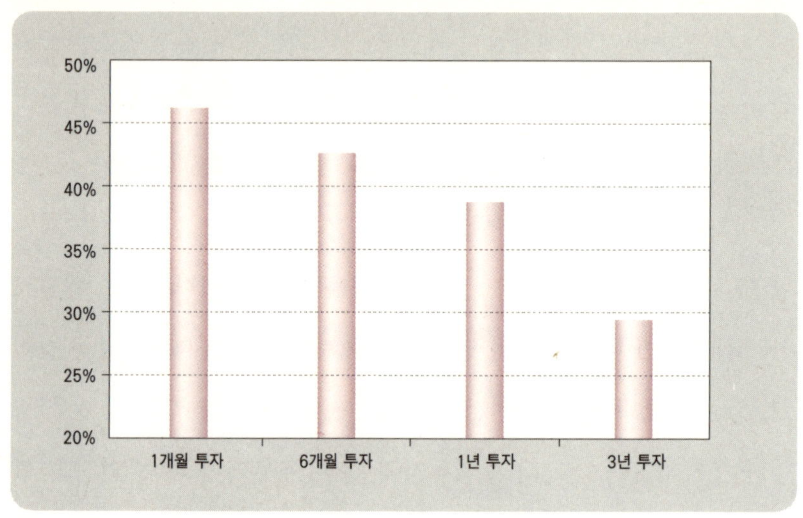

필자가 누누이 역설하는 바는 허무맹랑한 '묻지 마 투자'나 '트레이딩'에 의한 방식으로는 결코 수익을 올리지 못한다는 것이다. 장기·분산투자가 재미없고 골치 아픈 얘기라고 치부하는 순간 이미 그 투자자는 돈을 잃을 모든 준비가 되어 있다고 보아도 무방할 것이다.

위의 도표에 나타나듯이, 단순히 코스피에 투자했다고 가정하더라도 투자기간을 1개월로 가져가면 원금손실 확률이 45%를 넘어서게 되나, 만일 3년을 보유하게 된다면 원금손실 확률은 30% 이내로 하락하게 된다. 만일 구체적인 투자위험 대비 투자수익률로 따진다면 재미있는 결과를 볼 수 있다.

코스피에 투자했을 때 기간별 위험조정 투자수익 (1992년 12월 ~ 2007년 10월)
(위험조정수익률＝기간수익률 평균/기간수익률 표준편차)

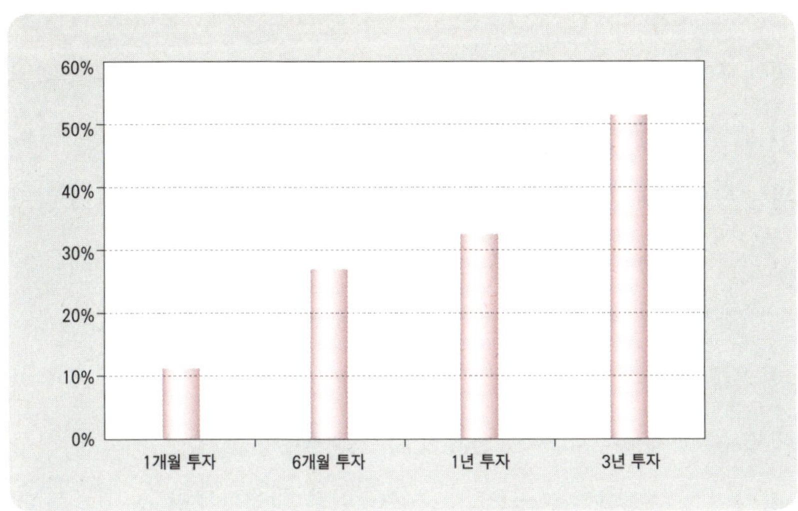

코스피에 3년을 장기투자했을 때 위험조정수익률은 1개월 투자했을 때에 비해 4.5배를 상회한다. 그만큼 같은 수준의 위험을 지불하고 높은 투자수익을 올렸다는 뜻이며, 따라서 장기투자는 단기투자에 비해 매우 효율적이라는 점을 방증하는 중요한 지표로도 작용하는 것이다. 왜 장기투자는 단기투자에 비해 효율적일 수밖에 없을까?

장기투자가 단기투자에 비해 효율적인 가장 대표적인 이유 중 하나는 앞서 설명한 대로 단기적인 투자심리에 악영향을 미치는 많은 변수들이 실제로는 장기적인 추세에 큰 영향을 미치지 못하는 경우가 많으며, 오히려 장기적인 추세에 긍정적으로 작용할 수도 있기 때문이다. 가장 대표적인 예로 우리나라의 외환위기를 들 수 있다. 단기적으로 볼 때, 외환위기는 우리나라가 사실상 국가부도 상태까지 몰렸던 매우 심대한 위기였다. 그러나 외환위기를 통해서 기업들이 경영형태를 바꾸면서 건국 이후 우리나라 경제를 내내 괴롭혀왔던 구조적인 고금리현상이 사라지고 기업체질이 개선되는 긍정적인 효과가 나타날 수 있었다. 장기투자가 효율적인 또 하나의 이유는 역시 우리가 살고 있는 세계는 자본주의 사회이기 때문일 것이다.

자본주의 사회에서 기업은 고용과 국부를 창출하는 거의 유일한 수단이기 때문에 각국 중앙은행의 입장에서도 결국은 보호할 수밖에 없는 경제활동의 주체이다. 주가가 하락한다는 것은 이들 기업들의 가치가 하락한다는 의미이며, 이로 인한 기업활동의 축소는 곧 경제부진으로 이어진다. 따라서 기업활동을 저해하는 단기적인 요인이 나타나 주가가 하락하더라도 중앙은행 및 정책당국이 경기를 부양하기 위한 여러 대책을 쓸 수밖에 없고, 이 대책들은 곧 주가의 상승으로 이어질 가능성이 높은 것이다.

외국인 투자자

2007년 10월 25일 투자의 귀재 워렌 버핏이 한국을 방문한 적이 있었다. 손자 회사인 대구텍을 방문하여 기자들과 인터뷰를 가진 그는 중국 증시는 버블이지만 한국 증시는 버블이 아니며, 앞으로도 10년 동안은 더 오를 것이라고 한국 증시에 대한 낙관론을 펼쳤다. 덧붙여 한국 증시가 많이 오른 건 사실이지만 미국에 비해서는 싸다는 평가로 앞으로도 계속 한국 기업에 투자를 할 것이라 강조하였다. 그렇다면, 그는 도대체 무엇을 보고 한국 기업에 투자를 하였을까? 워렌 버핏이 한국 기업에 대한 특별한 정보를 가지고 있다고 생각하는 사람들도 있을 것이다. 그만한 위치와 인적 루트를 지닐 수 있는 위치에 있는 사람이니 그러한 추측도 무리는 아니다. 하지만, 필자의 생각은 다르다. 워렌 버핏은 "한국만큼 기업 리포트가 잘되어 있는 곳도 드물다.", "인터넷에서 다운을 받을 수 있어 손쉽게 정보를 습득할 수 있다는 점이 큰 메리트!"라고 이야기를 한 적이 있다. 바로 그것이다. 이미 정보를 갖고 있는 사람은 손에 쥐어진 떡보다는 다른 비법이나 비밀을 알아내기 위해 시간적, 육체적 노력을 기울인다. 하지만, 손에 쥔 정보부터 제대로 파악하지 못한다면 설사 결정적인 투자정보를 얻었다 한들 올바른 투자결정을 할 수 있을까? 필자가 이러한 이야기를 꺼내는 이유는 대부분의 사람이 외국인투자자들은 우월한 정보력을 가지고 있다고 맹신하기 때문이다. 결국, 이 말은 외국인투자자들이 한국 증시에 직접적으로 차지하고 있는 비율이 높다는 걸 나타낸다.

우리나라 시장에 대한 외국인들의 투자비중이 늘어나면서 개인투자자들의 투자성과가 외국인에 비해 좋지 않은 이유는 외국인들만큼 우수한 정보력(기업들의 내부정보 등)을 가지고 있지 못하기 때문이라는 주장을 많이 접할 수 있다. 특별한 근거는 없지만 외국인들은 개인투자자들에 비해 우월한 정보력과 투자기법을 가지고 있으며 이러한 우위들을 십분 활용하기 때문에 평균적인 개인투자자들의 투자수익률은 외국인에 비해 현저하게 낮을 수밖에 없다는 것이 주요 논리이다.

결론부터 말하면, 실증적 조사 결과에 의해서도 외국인들은 우리보다 우월한 정보를 가지고 있지 않다. 외국인들의 매매행태를 실증적으로 연구한 결과 외국인들이 우월한 정보력을 활용하여 우리나라 시장을 교란하고 있다는 논리는 전혀 근거가 없는 이야기로 드러났다. 오히려 시장의 흐름에 충실히 순응하는 매매에 나서는 경우가 대부분인 것으로 밝혀졌다. 또한, 그들이 선진적인 투자기법 등을 가지고 있을 수는 있으나 내국인보다 우월한 정보능력을 가지고 있다는 증거도 없으며 오히려 한국 시장에 대한 정보가 부족하기 때문에 시장을 추종하여 매매한다. 필자의 생각으로도 외국인들이 우월한 정보력을 이용하여 시장을 교란시킨다는 주장은 설득력이 없어 보인다. 소위 '발 빠른 정보매매'도 지금까지의 외국인 매매행태와는 거리가 있는 것으로 판단된다.

시장을 선도하기보다는 시장을 추종하는 외국인 매매

코스피가 1,500pt를 넘어선 순간부터 또는 서브프라임사태와 신용경색, 유가상승 등으로 인플레이션 징후가 보이면서 외국인은 신흥시장에서 대거 주식을 처분했다. 그러나 1998년부터 2005년까지 외국인들의 매매동향을 분석해보면, 외국인들은 특별히 지수고점에서 적극적으로 차익을 실현시키지도 않았으며 지수의 저점에서 의도적으로 투자비중을 크게 늘리지도 않았다. 대부분의 외국인은 우월한 정보를 활용한 단기매매에 나서기보다는 인덱스에 따라 포트폴리오를 구성하고 개별 기업들의 펀더멘털 변화를 충실하게 반영하여 투자비중을 조절하는 장기투자자라는 주장이 훨씬 설득력 있게 들린다. 필자는 외국인들이 우리나라 시장에서 우수한 투자성과를 달성하는 근본 원인은 '우월한 정보력'이나 '선진 투자기법'이라기보다는 누구나 알고 있는 두 가지 투자의 상식을 지켜온 것이라고 생각한다.

도표에서 나타나듯이 외국인들의 기준지수인 MSCI Korea 지수와 한국 종합주가지수의 2000년 이후 수익률은 큰 차이점을 보이고 있다. MSCI Korea 지수는 우리나라 각 주요 업종들의 대표종목 중 유동성이 풍부하고 시가총액이 높은 72개 종목을 대상으로 하고 있다는 점이 종합주가지수 구성과의 가장 큰 차이점이다. 결국, MSCI Korea 지수를 따르다 보면 자동적으로 풍부한 유동성을 가진 시가총액 상위종목에 대해 균형 잡인 투자를 할 수 있게 되고, 이러한 포트폴리오 투자의 성과가 외국인들의 높은 수익률로 나타나는 것이다.

그림48 **2000년 이후 MSCI Korea 지수와 종합주가지수와의 수익률 비교**

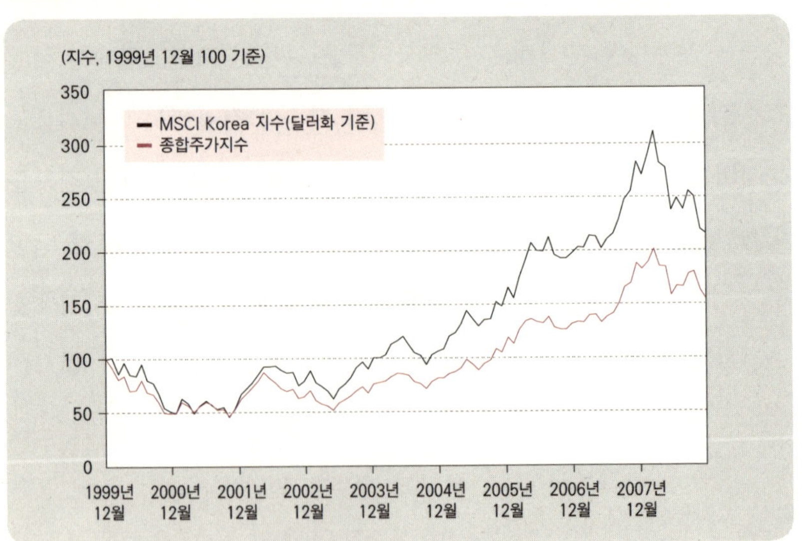

대부분의 외국인들은 시장흐름과 개별 기업들의 펀더멘털 변화에 충실히 순응하는 시장 추종자인 것으로 보인다. 즉, 꼭 시장의 저점을 찾아 주식비중을 늘리려 하지 않고 고점에서 주식비중을 크게 줄이려 하지도 않는다. 일부 종목의 실적 대비 가치평가가 지나치게 상승하거나 기업내용에 변화가 생길 때는 종목교체 등을 시도하지만 시장흐름에 거스르지 않는 장기투자라는 형식은 대부분의 외국인투자자들이 일관되게 유지하고 있는 매매행태이다.

외국인들이 우리나라 시장에서 행복할 수 있는 원인은 이제 비교적 명백해졌다. 그들은 우월한 정보력을 가지고 있더라도 이것을 근거로 무리하게 초과수익률을 올리려 하지 않으며, 그들이 우월한 수익률을 올리는 배경은 선진 매매기법이 아닌 투자의 상식에 있었다고 할 수 있다. 우월한 정보력이나 선진 투자기법이 없어도 이러한 투자의 상식을 지켜나갈 수만 있다면 우리나라 개인투자자들도 외국인들 못지않은 좋은 투자성과를 달성할 수 있을 것이다.

시장에서 이도 저도 되지 않을 때는 상식대로 하면 리스크를 최소한으로 줄일 수 있다. 여기서 말하는 상식은 '굳이 지키지 않아도 되는 깍두기 같은 지식'을 말하지 않는다. 상식은 사람들이 보통 알고 있거나 알아야 하는 지식을 말한다. 또한, 이해력·판단력·사리분별 따위가 포함되는 것으로, 절대적으로 알아야 할 강제적 정보를 말한다.

느슨하게 알고 있는 상식은 상식이 아니라 똥고집일 뿐이다. 필자는 투자자들이 기본에 대한 정보마저 불확실하게 알고 있지는 않은가 하는 우려에 대해 말하고 싶은 것이다.

롱런투자와 대안투자

장기투자도 과학적 투자방법이다

최근 장기투자에 대한 투자자들의 관심이 크게 늘어났음에도 불구하고 우리나라의 일부 투자자들 간에는 3~4년 이상 보유할 생각을 전제로 투자한다는 개념이 낯설게 느껴지는 것 같다. 나아가 장기투자 전략은 선진국에서나 가능한 이상론일 뿐이며 언제 무슨 일이 터질지 모르는 우리나라 환경에서는 부적합한 전략이라고 주장하는 투자자들도 실제로 많이 접할 수 있다. 그러나 장기투자를 통한 긍정적인 효과를 누릴 방법은 존재한다. 외국의 사례 및 각종 투자성공 사례들을 분석해볼 때 다음의 네 가지 전략이 필요하다는 것이 시장 전문가들의 견해이다.

1   2~3년이 아닌 20~30년간 꾸준히 투자하는 장기적인 자산배분

2 경기상황 및 기업 펀더멘털 변화에 따라 종목별, 업종별 투자비중을 조정해나가는 중기 비중조정 전략(전술적 자산배분)

3 특정 종목이나 업황에 집중되지 않는 분산투자 전략

4 주식매수 시기를 분산시킴으로써 시간과 관련된 위험을 분산시키는 매입비용평균화 전략

문제는 20~30년 동안 꾸준히 잘 분산된 포트폴리오를 유지하는 일 자체가 현실보다는 이상에 가까울 수 있다는 점이다. 예를 들어, 남북한 간의 대립과 긴장이 극단적인 상황으로 치닫고 있던 1960년대에 20년 후를 바라보고 선뜻 주식을 살 만한 투자자는 없었을 것이다.

즉, 20년 후를 내다보고 투자를 하기 위해서는 장기적인 투자여건에 대한 합리적인 예측과 전망이 가능해야 한다. 이에 대한 가시성(visibility)이 불투명하다면 휴지가 될 수도 있는 금융자산보다는 장롱 속의 금 덩어리 혹은 땅 문서를 투자자들은 더욱 신뢰하기 마련이다. 따라서 단순히 이론적인 관점에서 장기투자가 가장 좋은 방안이라고 목청껏 외치기 이전에 20년 후를 내다본 장기투자가 가능할 만한 여건이 만들어졌는가에 대한 검토가 선행되어야 할 것이다. 필자는 장기투자 문화의 성공적인 정착을 위해서는 다음의 세 가지 여건이 필요하다고 생각한다.

신뢰할 수 있는 통화 및 금융시장 정책

과거 미국 시장과 관련된 외국계 증권사의 코멘트를 살펴볼 때 인플레이션 압력에 대한 연준위의 대응방법이 시장의 큰 이슈로 부각된 적이 있었다. 특히, 그간 자본시장과의 커뮤니케이션 부분에서 검증된 능력을 보여온 앨런 그린스펀 연준위장이 물러난 이후 미국 주식시장의 변동성이 커졌다는 점은 예측 가능한 범위 내에서 이루어지고 장기적인 성장잠재력을 보호하는 통화정책이 주식시장에 미치는 장기적인 영향력이 막대하다는 것을 방증하는 좋은 사례라 할 수 있다.

경기변동성의 감소 및 질적성장 구조로의 전환

경제성장률 자체가 매우 높은 이머징마켓은 경기호전기에는 높은 상승률을 보이나 경기둔화 시에는 매우 큰 충격을 받는 소위 '호황과 침체(boom and burst)의 사이클'을 거듭하는 경우가 많다. 이런 현상이 거듭될 경우 투자자들은 정석투자에 나서기보다는 경기가 호전될 때 매수를 해서 경기악화 시 매도를 하는 마켓 타이밍을 노리는 매매를 선호하게 마련이다. 반면, 비록 경제성장률이 높지 않더라도 변동성이 적어 신뢰할 수 있고 경제성장 구조 자체가 질적성장의 구조로 바뀐다면 경제 전반에 대한 가시성은 크게 늘어날 수 있을 것이다. 일본 경제가 안정성장 구조로 진입한 1980년대의 니케이지수가 괄목할 만한 성장을 보였다는 점은 향후 우리나라 증시의 방향성에 시사하는 바가 매우 큰 것으로 판단된다.

장기투자를 목적으로 매수했던 투자자들의 매도욕구를 가장 자극할 수 있는 요인은 무엇일까? 필자는 가격 이전에 벨류에이션, 즉 고평가 여부가 가장 중요한 변수라고 생각하고 있다. 예를 들어, 아무리 장기적인 관점에서 투자하는 투자자라도 PER 10배 부근에서 매수한 종목이 특별한 이유 없이 PER 30배에서 거래되고 있다면 당연히 매도욕구를 느낄 수밖에 없을 것이기 때문이다. 따라서 주가가 크게 상승했더라도 최소한 투자자들이 납득할 수 있는 벨류에이션을 유지하고 있고 나름대로 리레이팅(re-rating)의 논리를 제공할 수 있다면 단기적인 차익실현 매물을 억제하는 중요한 요인이 된다.

장기투자의 전제조건이 성립하고 있느냐의 문제가 더 중요할 수 있다. 장기투자 문화가 성립하고 유지되기 위해서는 거시경제 전반에 대한 가시성이 투자자들의 투자기간에 부합할 정도로 확대될 필요가 있다. 투자의 가시성이 확대되기 위해서는 ①자본시장 발전에 친화적인 금융 및 통화정책, ②양적성장에서 질적성장으로의 전환, ③투자자들이 납득할 수 있는 밸류에이션 유지 등 세 가지 여건이 필요하다. 이러한 의미에서 바라볼 때 현재 국내 주식시장을 둘러싼 환경 변화는 장기투자 문화의 조성 여부를 판단할 수 있는 좋은 근거를 제공하고 있는 셈이다.

그동안 일방적으로 이어져왔던 전 세계적 주식시장의 안정상승 기조가 미국 서브프라임 모기지의 부실 및 이로 인한 신용경색 우려로 흔들리는 모습을 보이고 있다. 또한, 이 시점에서 주식시장의 장기상승 추세가 유효하다는 점을 의심하는 의견이 증가하는 것으로 보인다. 그리고 주식시장의 변동성이 확대되고 있다는 사실은 무시할 수 없는 변수인데, 장기적인 기대수익률에 큰 변화가 없는 상태에서 이루어지는 변동성의 확대는 리스크를 크게 선호하는 일부 투자자를 제외한다면 대부분의 투자자에게는 좋지 않은 소식이다.

그렇다면, 주식시장의 변동성 확대에 대응할 수 있는 합리적인 수단은 무엇일까? 분명히 성급하게 현금투자 비중을 늘리는 전략은 장기추세에 기대감이 유효하다는 점을 고려할 때 권할 만한 대안은 아닐 것이다. 오히려 2008년과 같은 상황에서는 장기적으로 볼 때 안정적인 가격 형성이 예상되고 주식자산과의 상관관계가 낮은 자산의 투자비중을 높여 분산투자를 함으로써 포트폴리오의 변동성을 관리하는 전략이 바람직하다. 필자는 다음에 제시된 두 가지 이유를 들어 주식자산의 변동성이 확대되는 시기에 대비한 투자대안으로 원자재 등 각종 대안상품에 대한 투자비중 확대를 제시하고 싶다.

1   원자재는 장기침체에서 깨어나 중요한 투자수단으로 부각되는 자산이다.

2 역사적으로 원자재는 주식투자에 대한 헤징(hedging) 기능이 강하다. 헤징은 현물의 시세하락으로 생기는 손해를 막기 위하여 현물을 선물로 팔아버리는 것을 말한다.

장기침체에서 깨어나는 상품시장

원자재시장의 첫 번째 매력은 1980년대 이후 20년간 소외됐다가 최근에야 투자자들의 관심권에 들어선 시장이라는 점이다. 2004년 이후 급등했다고 하더라도 1980년 이후 2007년 6월까지 원자재 가격은 겨우 100% 정도 상승했으나, 동기간 동안 S&P500지수는 1,000%가 넘는 상승률을 보였고 미국소비자물가지수는 160%가 넘게 상승한 바 있다.

즉, 최근 몇 년 동안 급등했다 하더라도 길게 놓고 보면 미국의 평균 물가만큼도 상승하지 못한 셈이다. 따라서 지난 20년간 소외됐던 자산군(asset class)이 지금에서야 평가받기 시작했다는 점을 고려한다면 원자재 등 상품에 대한 투자는 장기적인 분산투자 대상으로서 충분한 가치를 가지고 있다고 말할 수 있다.

원자재 자산이 가지는 또 하나의 매력은 대표적인 금융상품인 주식자산과의 낮은 상관계수이다. 다시 말해서, 분산투자 효과가 매우 뛰어난 것이다. 1980년 이후 S&P500지수와 원자재지수 수익률 간의 상관관계를 보면 0에 가까운 수치이다. 이러한 결과가 나오는 이유는 주가지수의 수익률은 경기 사이클에 대해 매우 민감하게 반응하는 데 반해 실물자산의 성격이 강한 원자재시장은 어느 정도의 방어력을 가지고 있기 때문이다. 원자재는 주식시장의 예기치 못한 변동성 확대에 대응할 수 있는 분산투자의 대상으로서 적합한 자산군이다. 특히 불확실성에 대응할 수 있는 효과적인 자산군이라고 말할 수 있다.

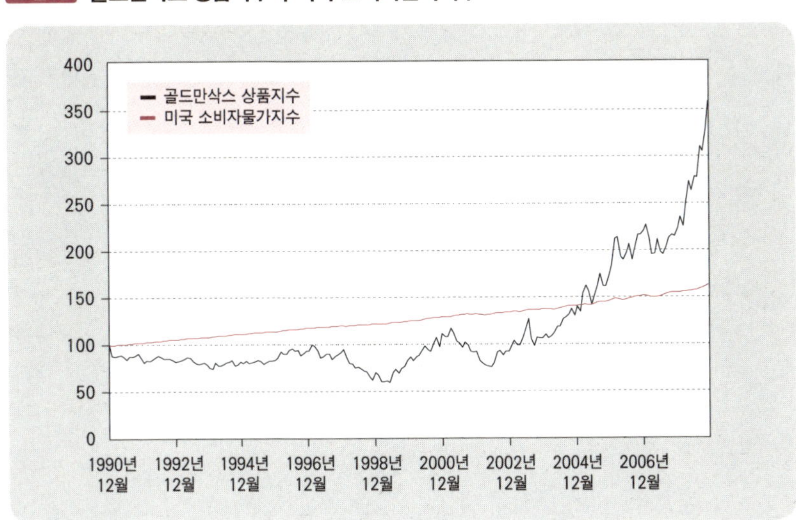

그림49 골드만삭스 상품지수와 미국 소비자물가지수 (1990년 12월 100 기준)

* 자료 : 블룸버그

만일 금융시장의 불확실성이 매우 커지면서 안전자산 선호현상이 전반적으로 확산된다면 변동성을 관리하는 대안은 미 국채 등과 같은 투자등급이 좋은 채권일 것이다. 그러나 급격한 변동성 관리는 불필요할 것으로 판단되며, 다만 주식시장의 예기치 못한 변동성 확대에 대한 관리 정도는 필요한 시점이 아닐까 생각한다. 장기적으로 볼 때 다른 자산 대비 가격상승폭이 크지 않고 주식자산 및 크게 보면 경기 사이클의 위험으로부터도 어느 정도는 방어가 가능한 원자재 등 대안상품에 대한 투자에 관심을 가질 시기가 바로 지금인 것으로 판단된다.

거대한 중국과 인도가 깨어나고 있고, 여기에 브라질, 러시아 등의 눈부신 경제성장은 곡물, 오일 등 원자재의 수요를 촉발하는 핵폭탄과도 같은 뉴스들이다. 또한, 경제성장은 삶의 질적인 부분에 대한 개선을 꾀하는 욕구가 분출되면서 원자재 수요를 한층 높이는 계기가 될 것이다. 이것이 장기적으로 원자재 투자를 강조하는 하나의 이유이기도 하다.

청산가치보다 낮은 저평가 종목

우리나라 증시는 자본시장통합법 등에서 나타나듯이 자본시장의 발전에 우호적인 각종 정책들이 발표되고 있으며 선진화된 대형 금융기관의 출현은 자본시장에 대한 투자자들의 장기적인 신뢰에 더욱 큰 도움을 줄 것이다. 또한, 통화정책과 관련된 시장과의 커뮤니케이션 능력도 외환위기 이후 계속해서 많은 발전이 이뤄지고 있다. 특히 소비자 신용버블 이후 우리나라 경제성장의 방향은 변동성이 큰 고성장에서 질적성장을 추구하는 안정성장 국면으로 변하고 있다는 점을 생각해볼 필요가 있다. 특히 상대적으로 이익의 안정성이 큰 보험업종 및 금융업종과 내수관련주들이 2005년 주식시장에서 크게 약진했다는 점은 우리나라 경제의 이러한 구조적인 변화를 반영하고 있다고 봐도 무방할 것이다.

2004~2005년에 걸쳐 우리나라 주식시장은 크게 상승했으나

우리나라 주요 기업들의 PER 수준은 10배 내외로, 투자자 관점에서 전혀 무리한 수준이 아니다. 아직까지도 기타 이머징마켓 및 선진시 장 대비 15~25% 저평가된 수준에서 거래되고 있다(우리나라 투자자들의 관점에서 볼 때 PER 10배는 매우 친숙한 밸류에이션이다.). 즉, 주가상승에 부합하는 기업내용의 개선은 이미 이루어지고 있으며 가격이 아닌 기업가치를 의식한 투자자들에게는 큰 무리가 없는 밸류에이션은 이러한 기업내 용 개선을 방증하고 있는 셈이다. 필자는 외국인들의 매도세에도 불 구하고 국내투자자들의 매수세가 유지될 수 있는 가장 큰 이유 중 하 나로 이러한 안정적인 밸류에이션을 들고 싶다. 이렇듯 한국 증시 실적이 좋아질 수밖에 없다면 투자자들은 실적이 좋아지는, 즉 돈이 되는 기업에 투자를 하고 싶어할 것이다. 만약, 몇 가지 종목을 염두에 두고 있다면 앞으로 이야기할 우량주에 대한 필자의 생각과 일치하는 지 비교해보자.

앞에서 필자는 실적과 뉴 플로(New-flow)가 우량주를 만드는 요인 의 전부는 아니라고 할지라도 최소한 실적에 대한 확신이 없고 미래 에 좋은 뉴스가 기대되지 않는 기업을 우량주라고 말하기는 힘들다는 점을 지적했다. 그렇다면, 장기적으로 실적이 좋아지는 기업을 어떻 게 선별해야 하는가 하는 문제가 남는다. 여기에 대해 필자가 제시할 대안은 다음 세 가지 정도이다.

🎵 전문가 의견 수렴

각 증권사에 발표되는 기업보고서를 신뢰할 필요가 있다. 각 증권사 리서치 센터의 종목 담당 애널리스트가 무조건 옳다고는 말할 수 없다. 그들의 투자의견에는 많은 오류가 있을 수 있고 그들이 추천한다고 해서 당장 주가가 폭등하는 것이 아니다. 그럼에도 불구하고, 해당 종목을 커버하는 애널리스트를 신뢰해야 한다는 뜻은, 최소한 그들은 실적이 주가에 충격을 줄 정도로 나빠지는 종목을 추천하는 데는 상당히 신중하며, 반대로 실적이 장기간 좋아질 것으로 보이는 기업은 남보다 일찍 발굴하려 매우 노력하고 있기 때문이다. 최근 들어 각 증권사의 애널리스트들이 매매에 큰 영향력을 미치는 기관투자자들의 시세장악 능력이 매우 크게 증가하고 있어 애널리스트의 투자의견에 관심을 둘 필요가 더더욱 커지고 있다.

🎵 자식보다 부모를 보는 투자환경

종목도 중요하나 업황은 더욱 중요하다. 전반적으로 업황이 좋아지는 상황에서는 업종 전체에 대한 투자심리가 확산되기 때문에 상대적으로 해당 기업이 주요 투자자들의 주목을 받을 가능성이 높아진다. 특히 상당 기간 부진에 시달리다가 장기적인 호황 사이클로 턴어라운드하는 초입에 있는 업종은 더욱 큰 관심이 필요할 것이다.

♫ 뼈대가 튼튼한 자산기업 선별

영업가치도 중요하나 자산가치도 무시하지 못할 변수이다. 다음은
2002년 한 언론에 실린 기사 내용이다.

청산가치에도 못 미치는 주식 많아

증권거래소 조사에 따르면 422개사의 1주당 순자산은 지난 27일 현재 3만
1,526원인 데 비해 평균주가는 1만 9,546원에 머물고 있어 순자산배율(PBR)
이 0.62 수준이었다. 대한화섬, 벽산건설은 0.08에 불과했으며, 동부제강과 금
호산업이 0.09, 태광산업도 0.11 수준으로 조사됐다. 대부분의 기업들이 30일
증시에서도 폭락한 것을 감안하면 주가순자산배율은 더욱 낮아졌을 것으로 추
정된다.

– 2002년 10월 〈한겨레신문〉

그림50 **청산가치에도 미치지 못했던 종목들의 주가상승률** (2002년 5월 ~ 2007년 10월)

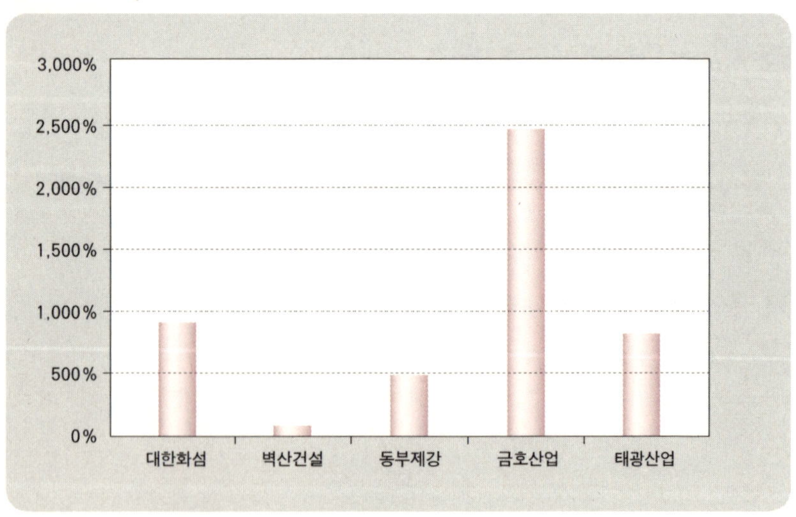

앞에서 언급된 청산가치에도 못 미치는 종목의 주가들이 지금은 어떻게 변했는지를 알면 놀랄 것이다. 청산가치란 기업이 영업활동을 중단하고 청산될 경우 회수 가능한 금액의 가치를 말한다. 즉, 이를 풀어보면, 기업이 부도가 나 그 회사를 팔아치웠을 때 생길 수 있는 돈이 현재의 가치보다 높다는 걸 의미한다. 흔히 부자가 망하면 3년 간다는 말이 있다. 기업도 마찬가지다. 자산가치가 높은 기업은 망하여 문을 닫게 되더라도 높은 자산가치를 인정받을 수 있는 것이다. 대부분의 투자자들은 수익가치인 PER에만 집중하지만 청산가치야말로 장기적으로 실적이 좋아질 기업을 찾아내는 데 중요한 변수로 작용한다. 실제로 가치투자자들은 청산가치를 밑도는 저평가 종목을 발굴하는 데 힘을 기울이기도 한다.

그렇다면, 자산가치 대비 저평가라는 기준이 성공할 수 있었던 요인은 무엇일까? 그것은 자산가치만큼 신뢰할 수 있고 투자자들을 납득시킬 수 있는 논리가 생각보다 많지 않기 때문이다. 더욱이, 자산가치 대비 저평가에 실적호전이라는 재료까지 더해지면 금상첨화이다. 가장 평범하고 쉬운 재료야말로 쉽게 지나치기 쉽다는 점을 기억하기 바란다.

중소형주의 손절매 전략

손절매 원칙, 꼭 필요한 전략일까? 종합주가지수 급락이 찾아왔을 때 실적전망이 불투명한 주요 테크종목의 낙폭이 예상외로 컸던 적이 있었다. 특히, 일부 종목들은 기관 및 외국인들의 손절매 물량이 나온다는 소문까지 퍼져 낙폭이 매우 확대되기도 했는데, 그만큼 대형 투자자들의 손절매 물량 출현은 짧은 시간 동안에 주가에 큰 타격을 줄 수 있는 중요한 변수로 작용한다. 손절매란 해당 종목을 매수하는 주문을 집어넣었던 자신의 '손'을 '잘라내는(切)' 매매라는 말이 있을 만큼 독한 마음을 먹지 않고서는 쉽게 결행하기 어렵다. 그럼에도 불구하고, 주요 대형 투자자들은 나름대로 손절매 원칙을 가지고 있으며 경우에 따라서는 눈물을 머금고 기계적인 손절매를 단행하기도 한다.

과연 손절매 원칙은 리스크 관리를 위해 꼭 필요한가?

인덱스 투자자라면 손절매의 필요성이 많지 않다. 개인적인 견해로는 인덱스형 펀드나 ETF 등 잘 짜인 포트폴리오를 보유한 투자자라면 손절매까지 하면서 자주 트레이딩에 나서기보다는 종합주가지수의 대세상승 기조를 믿고 장기투자에 나서는 전략이 유효할 것이다. 인덱스형 장기투자자는 특별히 손절매 원칙을 가져갈 이유가 없다고 필자가 생각하는 이유는 다음 세 가지 때문이다.

1 증권시장의 파동은 펀더멘털의 구조적인 악화가 아닌 중기적인 경기순환에 의한 경우가 대부분이다. 물론, 1990년대 일본 시장처럼 10년 이상 장기침체의 사이클로 접어드는 경우도 있으나 대부분은 2~3년 후 나타나는 다음 경기 사이클의 업턴(upturn) 시에는 충분한 주가회복을 기대할 수 있다.

2 외환위기 이후 적극적으로 구조조정 및 경쟁력 제고에 나선 결과 경기하락 국면에 대한 국내 기업들의 대응 능력이 눈에 띄게 개선되었다.

3 운 좋게 지수의 추가하락 이전에 현금화에 성공했다 하더라도 지수의 저점을 또다시 예측해서 재매수에 나서지 않는다면 장기적으로 볼 때는 큰 폭의 기회손실을 입을 가능성이 높아진다.

그러나 손실을 입은 개인투자자가 손절매를 했을 때보다 주가가 하락한 시장에서 재매수에 나서는 일 자체가 쉬운 일이 아니다. 그러나 필자의 경험에 비춰 볼 때, 만일 개별종목에 대한 직접투자에 나서는 경우라면 손절매의 원칙을 가지고 가야 한다. 왜냐하면, 종합주가지수와는 달리 개별종목는 다음 경기 사이클의 업턴 시 주가가 반드시 올라올 거라고 확신하기 힘들기 때문이다. 다음의 예를 살펴보자. 인덱스 관련 대형주의 경우도 경기하락 사이클의 손실분을 만회한다고 확신하지 못해 이번 대세상승 직전의 경기고점은 2002년 2분기 초까지 진행된 내수경기 사이클에 의해 만들어졌으며, 당시 지수고점은 900pt 초반이었다. 시가총액 상위 대형주의 당시 주가 수준과 현재 주가 수준을 비교하면 다음과 같다.

● **2002년 8월 주요 거래소 시가총액 상위종목들의 주가 변화 비교**

종목	수정주가(원) (2002.08.06)	수정주가(원) (2008.08.05)	등락(%)
삼성전자	300,000	567,000	89.00
SK텔레콤	210,500	197,000	-6.41
국민은행	52,400	59,000	12.60
KT	42,500	43,300	1.88
한국전력	20,750	32,700	57.59
POSCO	105,500	488,000	362.56
현대자동차	31,700	69,900	120.50
KTF	30,750	27,100	-11.87
삼성전기	49,500	32,500	-34.34
신한금융지주회사	18,150	47,400	161.16

* 자료 : 증권선물거래소

이처럼 우리나라에서 내로라하는 시가총액을 보유한 상위종목들도 경기 사이클이 하락했을 시 급락한 주가가 반드시 다음 사이클의 업턴 과정에서 손실을 만회할 수 있을 만큼 상승한다고 확신하기는 힘들다. 2000년 시장을 일방적으로 주도했던 통신서비스 업종의 주가 수준과 지금의 주가 수준을 비교해보면 이해가 쉬울 것이다.

예를 들어, 2002년 통신서비스 업종 및 일부 IT종목, 증권주 등을 보유하고 있었던 투자자라면 2002년 하락 시 과감하게 손절매를 하고 2005년 이후 새로운 경기 사이클에 다시 투자할 종목을 찾는 전략이 훨씬 더 좋은 성과를 올렸을 것이다. 중소형주는 이러한 종목들의 부침현상이 더욱 극명하게 나타난다.

● **2002년 8월 주요 코스닥 시가총액 상위종목들의 주가 변화 비교**

종목	수정주가(원) (2002.08.06)	수정주가(원) (2008.08.05)	등락(%)
LG텔레콤	5,980	8,950	49.67
하나로텔레콤	9,516	7,470	-21.50
휴맥스	17,000	9,830	-42.18
GS홈쇼핑	103,500	66,600	-35.65
CJ홈쇼핑	76,431	63,900	-16.40
아시아나항공	2,970	4,600	54.88
다음커뮤니케이션	24,495	64,700	164.14
한빛소프트	6,833	3,950	-42.19
국순당	17,169	4,500	-73.79
유아이엘	19,650	6,850	-65.14

* 자료 : 증권선물거래소

이처럼 중소형 종목들은 다음 상승 사이클 때 손실분을 만회하기는커녕 이전 고점 대비 폭락한 수준의 시가총액을 좀처럼 회복하지 못하고 있는 경우가 상당하다.

예를 들어, 2002년을 풍미했던 소프트웨어 관련주, 장비주, 부품주들의 현재 주가 수준을 살펴보면 한숨밖에 나오지 않는 경우가 허다할 것이다. 필자는 다음과 같은 이유로 개별종목에 대한 투자, 특히 중소형 개별종목에 대한 투자 시 손절매 원칙을 생각해볼 필요가 있다고 판단하고 있다.

첫째, 증권시장은 속성 상 미인투표의 성격이 강하다. 따라서 주어진 경제 환경에서 투자자들의 관심을 끌 수 있는 부분을 골라 그것을 확대하여 강하고 빠르게 반영하는 특성을 가지고 있다. 문제는 경기 사이클은 순환적이나 투자자의 관심은 순환적이 아니라는 점이다. 즉, 증권시장의 참여자들은 이전 경기 사이클의 주도주에는 관심이 없으며 오직 다음 경기 사이클의 주도주에만 관심을 가지게 된다. 따라서 경기 사이클이 하락 단계로 접어들고 주식시장이 이를 반영하기 시작했다면 해당 종목이 다음 경기의 사이클에도 주도적인 업황과 시장지위를 유지할 수 있다는 확신이 없는 한 손절매를 한 후 다음 사이클을 주도할 종목에 대한 저가매수에 나서는 것도 좋은 투자전략이 된다.

둘째, 단순한 주가 변화보다 더 무서운 것은 펀더멘털의 변화이다. 특히 대기업에 비해 경기에 대한 대응능력이 떨어지는 중소형 종목은 경기하락기에 해당 기업의 펀더멘털이 회복 불가능할 정도로 망가져버리는 경우도 비일비재하다. 산업변화로 인해 투자한 종목이 영위하는 사업구조 자체가 바뀔 수도 있는 것이다.

손절매의 기준은 몇 퍼센트 정도가 적당할까? 개별종목에 대한 투자라면 몇 퍼센트 정도에서 손절매에 나서는 것이 적당할까? 2001년 이후 종합주가지수의 연 수익률을 기준으로 종합주가지수 연 수익률의 밴드(band)를 구해보면 −42∼71% 정도로 나온다. 즉, 종합주가지수와 비슷한 정도의 변동성을 보이는 종목이 경기 사이클의 다운턴으로 주가가 하락한다면 최악의 경우 연간 42% 정도까지 하락할 수 있는 셈인데, 개인적으로는 이 수준의 3분의 1 정도인 15% 정도가 가장 적당한 손절매의 포인트라 생각한다.

따라서 경기가 뚜렷하게 하락하는 사이클로 접어들고 있으면서 주가도 고점 대비 15% 정도 하락하고 있으며 중기적으로도 시장의 흐름을 돌릴 만한 변수가 나타나지 않는다면, 개별종목 투자자라면 종목별로 손절매 여부를 판단해야 한다. 다만, 개별종목별로 손절매 원칙을 정할 때는 해당 종목의 변동성 및 펀더멘털의 변화 여부 등은 분명히 체크하고 손절매 여부를 결정하기를 권한다.

이머징마켓으로의 분산투자

이머징마켓의 일부 시장이 무섭게 하락하면서 많은 투자자들의 우려 감이 최고조에 달하고 있다. 하긴, 한해 내내 쌓아두었던 수익률이 단 3~4일 만에 날아가게 생겼다면 해당 지역의 자산을 매입한 투자자 들은 당연히 큰 걱정을 하지 않을 수 없을 것이다. 그러나 금융시장 환경이 단기적으로 불안해 보일수록 해외 금융상품에 투자하는 목적 과 방법에 대해 차분하게, 시장여건 변화에 대응하는 전략으로 포지 션을 잡아야 한다. 물론, 단기적인 리스크는 감수해야겠지만 좋은 투 자대상에 대해 장기적인 관점에서 투자에 나선다면 궁극적인 결과는 나쁘지 않을 것이다.

해외 금융상품, 특히 이머징마켓의 주식형 상품에 투자하는 가장 근본적인 이유는 무엇일까? 결국, 연근해에서 작은 물고기를 잡던 어 부가 큰마음을 먹고 넓은 바다로 배를 몰고 나가 국내에서는 구경할 수 없는 대어를 잡아보겠다는 마음이 바로 해외 금융상품을 바라보는 국내투자자들의 심리다. 이머징마켓과 관련된 해외 주식형 상품에 투자하는 가장 기본적인 이유로는 저성장국면에 진입한 우리나라와는 달리 이머징마켓의 주요 국가들은 높은 경제성장 잠재력을 보유하고 있다는 매력 때문이다. 또한, 좀처럼 저평가된 기회를 발견하기 힘든 선진국 시장과는 달리 이머징마켓의 시장은 여러 가지 요인(정치적 리스크, 불안정한 유동성 등)으로 인해 다소 비효율적인 경우가 많다. 따라서 일시적 충격을 이용한 바겐헌팅(bargain hunting) 기회도 선진국 시장에 비해 높을 가능성이 크다.

단순히 분산투자의 차원에서 생각해봐도 이머징마켓에 대한 투자는 효과적인 투자대안이다. 우리나라 주식시장만큼 고수익을 추구할 수 있으면서 우리나라 고유의 리스크(환율, 금리, 재정 및 통화정책, 대북문제 등)를 헤지할 수 있는 수단으로 이머징마켓 주식시장은 적절한 투자대상으로 각광받을 수밖에 없다. 그렇다면, 영양만점인 물고기를 낚기 위해서는 어떻게 접근을 해야 할까?

넓은 대양으로 나서면 예상치 못한 풍랑은 있게 마련이다. 대어(大魚)를 찾아 대양으로 들어서면 국내 연근해와는 비교를 할 수 없는 전혀 다른 리스크에 직면하게 될 것이다. 상상도 못했던 규모의 풍랑을 접하게 되고 지도에도 나와 있지 않는 이름 모를 암초와 안개를 만날 수도 있다. 그러나 국내와는 다른 규모의 거대한 풍랑을 만났다고 겁을 먹어 당장 회항(回航)한다면 기대했던 대어를 잡기는커녕 그동안 투자했던 비용마저 날리게 된다. 이머징마켓에 대한 투자도 마찬가지다. 당장 국내 주식시장에 투자했을 때는 큰 문제가 아니었던 해당 국가들의 환율이 매우 중요한 변수로 부각되고 원자재 가격 동향, 현지의 금리 및 통화정책, 정치적 환경, 외국인 투자에 대한 규제 등도 고려사항이 된다. 그럼에도 불구하고, 이머징마켓 주식시장에 대한 투자가 지속적으로 증가하는 이유는 역사적으로 볼 때 이머징마켓의 주식시장은 투자위험을 고려해도 상당히 매력적인 수익률을 보여왔기 때문이다. 거센 풍랑을 참고 견디며 장기적으로 기회를 찾아다닌다면 선진국 시장에서는 상상도 할 수 없는 대어를 낚을 수 있기 때문에 막대한 규모의 국제 투자자금이 이머징마켓으로 유입되고 있는 것이다.

그림51 **MSCI World 지수와 MSCI Emerging Market 지수 추이** (2000년 7월 100 기준)

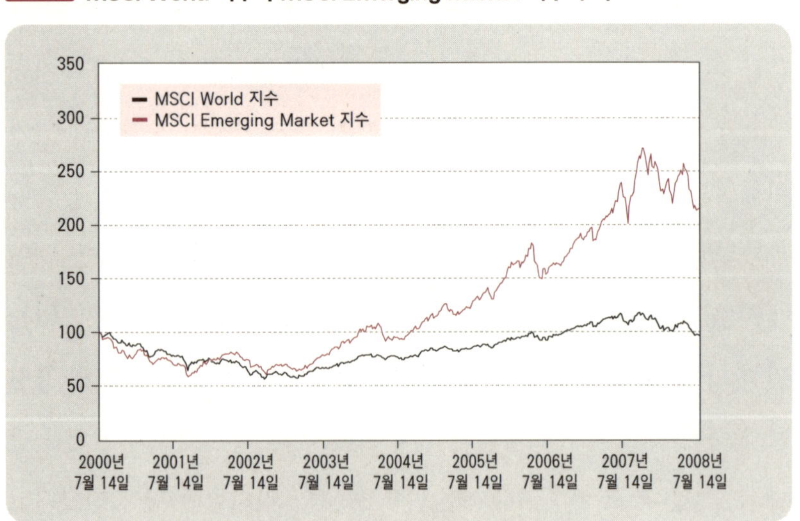

* 자료 : MSCI

🎵 이머징마켓 투자의 유의점

이머징마켓에 투자를 할 때 가장 먼저 고려해야 할 사항은 이머징마켓의 여러 시장에 분산투자하는 펀드인가 아니면 일부 몇 개 국가 및 업종에 집중적으로 투자하는 펀드인가를 살펴보는 일이다. 필자는 투자 대상 국가에 대해 상당한 지식을 보유하고 있고 직접투자가 가능할 정도의 정보망을 가지고 있지 않다면 몇 개 국가에 집중적으로 투자하는 펀드보다는 여러 국가와 섹터에 분산투자하는 펀드를 고려할 것을 권한다.

1 과거와는 달리 이머징마켓과 관련된 많은 상품과 투자대상들이 시장에서 활발하게 거래되고 있다. 예전과는 달리 해당 국가에 집중투자할 필요 없이 이머징마켓 주식시장과 관련된 여러 개의 펀드에 분산투자하는, 소위 재간접 펀드(fund of funds)가 충분히 가능해졌다. 낮은 비용으로 여러 국가 및 업종에 대해 분산투자할 수 있는 것이다.

2 몇 개 국가 및 업종에 집중적으로 투자하는 펀드는 펀드의 내부 규정상 시장상황의 변화에 대응하기 어려울 수 있다. 즉, 해당 국가의 펀더멘털이 상당히 악화되는 상황이 발생하더라도 펀드의 투자원칙상 급격하게 주식투자 비중을 줄여나갈 수 없는 경우가 발생할 수 있다. 그런데 여러 국가 및 업종에 분산투자하는 펀드라면 전 세계적인 투자비중 조정이 가능하여 이러한 상황에 직면할 가능성이 상대적으로 낮다.

3　이머징마켓 주식시장의 특징 중 하나는 제한적인 유동성이다. 따라서 일시적으로 국제투자자금이 급격하게 유입되면 유동성으로 인해 주가가 고평가될 수 있으므로 몇 개 국가 및 업종에 집중투자하는 펀드는 예상외 악재가 나타날 시 낭패를 볼 수 있다. 예를 들어, 1993년 미국 투자자들은 중남미 국가들에 특화된 펀드에 많은 자금을 투자했는데 1994년 갑자기 멕시코의 페소화가 붕괴되면서 큰 피해를 입었다.

또 한 가지 주의해야 할 점은 분산투자의 효과를 지나치게 신뢰하면 안 된다는 점이다. 고유가와 미국 경기침체 영향의 직격탄을 맞은 지금처럼 이머징마켓 주식시장의 특징은 경기변화에 민감하다는 것이다. 이머징마켓 주식시장의 주요 인덱스들은 세계경제의 부침이나 국제변화에 따라 같은 방향으로 움직이는 특성이 있어 분산투자의 효과가 제한될 가능성이 크다. 우리나라의 고유 리스크는 헤지가 가능하나 전 세계 주식시장의 흐름 전반에 대한 헤지는 기대하기 힘든 게 현실이다. 따라서 이머징마켓 시장에 투자한다고 해서 국내 주식시장 투자와 관련된 리스크를 크게 헤지할 것으로 기대한다는 것은 무리가 있다. 만일 주식투자 전반에 대한 리스크를 헤지하려고 한다면 귀금속 관련 펀드 등 다른 대상에 대한 투자를 고려할 필요가 있다.

그렇다면, 이머징마켓 주식시장이 엄청난 규모의 국제 투자자금을 빨아들인 가장 큰 이유는 무엇일까? 장기적인 관점에서 투자에 나선다면 위험은 상쇄할 만큼의 수익을 기대할 수 있다는 국제투자자들의 확신이 있었기 때문일 것이다. 물론, 아직까지 그 가정은 유효할 것이나 단기적으로 일부 국가들의 주가가 매우 급등해 있는 상황이고 분산투자의 효과가 크게 나타나지 않을 수 있는 상황에서 일부 국가나 업종에 집중된 펀드에 투자하는 행동은 적절해 보이지 않는다. 이머징마켓에 대한 투자는 넓은 바다로 대어를 찾아 나가는 행동인 만큼 투자범위가 넓고 여러 국가에 대한 분산투자가 잘된 대형펀드로로부터 출발하는 전략이 바람직하다.

주식고수의 첫 번째 질문

요즘처럼 '주식투자는 역시 위험한 자산'이라는 사실을 온몸으로 체감할 때는 투자종목이나 투자기법에 따라 결과가 달라지기보다는 투자자 간의 심리에 의해 결과가 달라지는 경우가 많다. 즉, 매도자와 매수자 간의 치열한 심리게임이 전개되는 것이다. 매도자들이 기다림에 지쳐 모든 것을 포기하게 되면 과매도 상태에 이르게 되고, 매수자들은 조급함을 참지 못해 한꺼번에 매수에 참여하게 되면 우리가 말하는 자산가격의 버블이 나타나게 된다.

예를 들어, 주택가격이 이상 급등하게 된 이면에는 '이제 더 기다리면 다시는 기회가 없다.'라고 생각한 실수요자들이 대거 집 장만에 나섰기 때문이라는 해석도 이러한 투자심리의 변화에 근거한 것이다. 이렇듯 투자자의 심리상태는 투자시장을, 더 나아가 경제구조까지 바꾸는 뒷심을 발휘한다. 다만, 우리 스스로 지각하지 못하고 있을 뿐이다.

주식시장이 좋을 때는 투자기법이나 투자종목에 대한 문의가 잦아지는 반면, 요즘처럼 시장이 나쁠 때는 투자타이밍에 대한 문의가 잦아진다. 후자 쪽이 심리적 영향을 많이 받는 요소라는 점에서 흥미로운 사실이다. 전자처럼 투자기법이나 종목은 '심리적인 요인'이라기보다는 '기술적인 요인'에 가까운 반면 '투자타이밍'은 시장상황이 불안하기 때문에 자꾸 돌다리를 두들겨 보고자 하는 투자자의 불안한 심리가 그대로 반영된다.

이럴 때 필자는 고객에게 해주는 말이 있다. "언제 투자를 하는 것도 중요하지만 왜 투자를 하려고 하는지 먼저 생각해보세요."라고 말이다. 특히 주식시장이 연이어 하락장일 때는 주식시장에 발을 담그는 일 자체가 쉬운 일이 아니다. 그러니 투자자 본인이 생각할 때 왜 주식시장에 돈을 묻고자 하는지에 대한 명확한 이유가 정립되어야 하며 동시에 '주식 한 주'를 어떻게 '운용해나갈 것인지'에 대한 고민도 함께 해야 한다. 그래서 필자는 이런 고민을 하는 개인투자자들에게 '톱다운 투자전략'을 소개한 것이다. 필자가 계속해서 투자자들에게 톱다운 투자전략을 권한 데는, 주식시장에서 돈을 벌지 못하고 나가는 대다수의 투자자가 가장 편하고 보편적으로 실천할 수 있는 투자전략이라고 생각하기 때문이다.

높은 수익률을 보장하는 투자기법이 있다 할지라도 그 기법을 다루는 기술 및 지식이 없다면 무용지물이 된다. 혹 조금만 노력해서 습득 가능한 투자기법일지라도 톱다운 투자전략의 하나인 장기분산투자만큼이나 효과적인 결과를 가져다주지 못할 것이라 확신하기에 거론조차 하지 않는 것이다. 왜 정답을 눈앞에 놔두고 복잡한 공식을 써가며 답을 내려고 하는가 이 말이다.

무엇보다 개별 투자자들은 주식고수에 비해 투자기법, 투자경험, 투자지식, 특히 심리게임에서 절대적으로 불리할 수밖에 없다. 차라리 그들과 상대하지 않고 시간에 의지해 승률을 쌓아가는 톱다운 투자전략으로 선회하는 게 바람직하다는 생각으로 이 책을 집필하게 되었다. 여기에 필자는 독자들에게 한 가지 질문을 던져볼까 한다.

"당신은 주식 한 주에 무엇을 담습니까?"

이것이 필자가 독자들에게 묻고 싶은 첫 번째 질문이자 마지막 질문이다.

"대박? 수익률? 아니면 돈? 도대체 무엇을 담았습니까?"
"아니면 기껏 한 주 가지고 뭘 할 수 있느냐며 무시를 하십니까?"

"제가 만났던 1% 부자들은 주식 한 주에 '자신들의 인생'을 담더군요. 그러니 한 주 한 주 자식 다루듯 소중하게 다룰 수밖에요."

이 이야기는 사실이다. 아니 필자가 맹신하는 이야기로 강의를 나가거나 고객을 상대할 때 단골로 써먹는 멘트이기도 하다. 이젠 책에까지 썼으니, 앞으로는 사용할 일이 없을지도 모르겠다. 하지만, 반드시 투자하기에 앞서 자신에게 물어봐야 할 질문임에는 틀림없다.

톱다운 투자전략의 바탕에는 '한 주의 주식에 담는 그 무엇', 그 무엇을 지켜내겠다는 굳건한 믿음이 깔려 있어야만 오랜 시간, 변동성이 심한 시장에서 살아남을 수 있다. 그러니 반드시 자신에게 질문을 해보기를 바란다. 그 '무엇'이 정해졌다면 그것을 지켜내기 위한 투자전략으로 주식시장에서 살아남기를 희망한다.

마지막으로 주식투자는 감(感)이나 깡으로 화풀이하듯 단번에 수익률을 올리는 투기수단이 아니다. 정기예금 금리보다 좀 더 나은 목표수익률로 장기 레이스를 펼쳐야 하는 재미는 없으나 달콤한 게임이다. 그렇기 때문에 주식투자는 단기적인 관점과 사술(詐術)이 아닌, 원칙을 믿는 장기적인 자세로 접근할 때 합리적 보상을 주는 효율적 투자임을 인식하는 것이 무엇보다 중요하다.

일반투자자의 'Success Story'를 기원한다.

2008년 8월의 끝자락에…

정영완

1% 주식부자들의 이기는 투자법
정영완의 톱다운 전략

초판 1쇄 발행 2008년 9월 8일
초판 2쇄 발행 2008년 10월 10일

지은이 정영완
펴낸이 김선식
펴낸곳 다산북스
출판등록 2005년 12월 23일 제313-2005-00277호

PD 임영묵
다산북스 임영묵, 박경순, 이혜원
마케팅본부 곽유찬, 이도은, 신현숙, 박고운
커뮤니케이션팀 우재오, 서선행, 한보라, 강선애, 정미진, 김태수
저작권팀 이정순, 김미영
디자인본부 강찬규, 최부돈, 김희림, 손지영, 이인희
경영지원팀 방영배, 허미희, 김미현, 이경진, 고지훈
외부스태프 기획 부크(www.booque.co.kr), 교정·교열 김정연

주소 서울시 마포구 염리동 161-7번지 한청빌딩 6층
전화 02-702-1724(기획편집) 02-703-1723(마케팅) 02-704-1724(경영지원)
팩스 02-703-2219
이메일 dasanbooks@hanmail.net
홈페이지 www.dasanbooks.com

필름 출력 스크린그래픽센타
종이 신승지류유통(주)
인쇄 (주)현문
제본 광성문화사

ISBN 978-89-93285-06-2 03320